從小康計畫到共好社會

葉至誠———著

出 版 心 語

　　近年來，全球數位出版蓄勢待發，美國從事數位出版
的業者超過百家，亞洲數位出版的新勢力也正在起飛，諸
如日本、中國大陸都方興未艾，而臺灣卻被視為數位出版
的處女地，有極大的開發拓展空間。植基於此，本組自二
○○四年九月起，即醞釀規劃以數位出版模式，協助本校
專任教師致力於學術出版，以激勵本校研究風氣，提昇教
學品質及學術水準。

　　在規劃初期，調查得知秀威資訊科技股份有限公司是
採行數位印刷模式並做數位少量隨需出版（POD＝Print
On Demand）（含編印銷售發行）的科技公司，亦為中華
民國政府出版品正式授權的 POD 數位處理中心，尤其該
公司可提供「免費學術出版」形式，相當符合本組推展數
位出版的立意。隨即與秀威公司密集接洽，雙方就數位出
版服務要點、數位出版申請作業流程、出版發行合約書以
及出版合作備忘錄等相關事宜逐一審慎研擬，歷時九個
月，至二○○五年六月始告順利簽核公布。

執行迄今，承蒙本校謝董事長孟雄、陳校長振貴、歐陽教務長慧剛、藍教授秀璋以及秀威公司宋總經理政坤等多位長官給予本組全力的支持與指導，本校諸多教師亦身體力行，主動提供學術專著委由本組協助數位出版，數量近八十本，在此一併致上最誠摯的謝意。諸般溫馨滿溢，將是挹注本組持續推展數位出版的最大動力。

　　本出版團隊由葉立誠組長、王雯珊老師以及秀威公司出版部編輯群為組合，以極其有限的人力，充分發揮高效能的團隊精神，合作無間，各司統籌策劃、協商研擬、視覺設計等職掌，在精益求精的前提下，至望弘揚本校實踐大學的辦學精神，具體落實出版機能。

實踐大學教務處出版組　謹識

二〇一七年八月

序　言

　　《從小康計畫到共好社會》乙書的撰述，是緣於中華民國社區發展協會成立迄今恰逢五十週年，筆者受謝孟雄理事長提攜忝列該公益組織祕書長，有責任彙集相關文獻，以為緬懷諸多曾為協會貢獻的師長及活動，並期盼根據已有的基礎前瞻未來。

　　這五十年來，歷經臺灣的輝煌建設成就，「小康計畫」的推展曾經伴隨社會轉型，讓臺灣省政邁入新里程碑。其間積極推動政策如：「客廳即工場」、「媽媽教室」、「消除髒亂」等重要施政。藉由救助、輔導就業等措施，以解決臺灣急速工業化，農村人口大量湧向都市所造成的城鄉差距及貧富不均。鼓勵婦女以自家客廳作為工作場所，從事副業，增加收入。同時配合加工出口導向的經濟政策，讓生產力從工廠生產線延伸到每一個家庭。

　　小康計畫推動「媽媽教室」揭開婦女教育，「消除髒亂」讓社會亮麗有序，這些成果不僅落實民生建設，更足為其他國家借鑑，引為典範。爰此，有識之士遂共同籌組「中華民國社區發展協會」以為推廣，協會成立於一九六七年十二月，以集結社會力量，推行社區發展，促進全國各社區福利機構團體及熱心有志人士聯繫合作，動員社區資源，滿足社區需要，加速社會經濟的平衡發展為宗旨。歷年來活動成果豐碩，獲社會各界好評。

　　在探索小康計畫的推展為我國社會工作揭開序幕時，令我們更加推崇時任臺灣省政府主席的　謝東閔先生的前瞻與務實。　謝求公傳承「修、齊、治、平」的政治哲學理念，認為我國五千年來的文化和傳統，對家庭非常重視，但我們的學校教育卻不甚重視家政教育，為補救這個缺失，提出「教育一位媽媽，等於教育一個家庭」的看法，乃有「媽媽教室」的推行。其目的就是要教她們如何去處理家務，管教子女應有的知識，也就是加強媽媽們的「親職教育」。並培養社區婦女領導人才，使婦女有能力參與

社區建設的教育，自然是一種最有價值的與符合現代需要的教育活動，亦具有社會安定的責任使命。

東閔先生力行「教育即生活，生活即教育」的理念，為推動社區教育於一九七二年將彰化二水鄉的古宅捐給實踐大學，成立「家政推廣中心」。是基於承先啟後，與維護文化，及提升生活品質，實現社區營造的理想。隨著時光推移，這項社區建設的成果留下可供借鑑的資料，並於社會發展中提供務實的作為，以為「典範永續」。爰此，《從小康計畫到共好社會》一書，依據社區發展的脈絡、社會的需求，將內涵區分為三大部分：

第一篇：勇於創新─以小康計畫的成果為內涵，

第二篇：敢於實踐─以社區營造的推展為主軸，

第三篇：止於至善─以共好社會的建構為理想。

雖社會物換星移，臺灣業已躋身人人衣食無虞之境，然而隨諸社會變遷快速，家庭型態變異，人口結構呈現高齡及少子化趨勢。追求人人安居樂業的「安康社會」則尚有努力空間。秉於《資治通鑑》所言「作之不止，習與成體，乃成君子。」是以，這項卓有意義的社區建設將為中華民國社區發展協會持恆努力的目標。

本書的編撰特別感謝謝孟雄董事長及林澄枝資政的指導與鼓勵，二水家政中心羅素卿主任提供許多珍貴資料與照片，實踐大學出版組團隊葉立誠老師、王雯珊老師的協助，及秀威資訊公司的專業服務，皆是這本專書得以呈現的重要推手，於付梓時敬致衷心感謝。

葉至誠　謹序

二〇一七年十二月

簡　介

　　隨著時光推移，當實踐大學伴隨社會的發展，邁向「耳順之年」的輝煌歲月即將到來，中華民國社區發展協會成立迄今恰逢五十週年，實踐大學二水家政中心深耕社區達四十五年。大學、協會、中心三位一體，傳承　謝東閔先生的精神與理念，共同攜手於社區教育的推展，服務桑梓，長期深耕，以發揮社會公益價值。

　　本書以「從小康計畫到共好社會」為名，將多年來這項社區建設的成果留下可供借鑑的資料，並啟發於社會發展中務實的作為，以為專業服務的跨越，積極朝向「典範永續」，為邁進「共好社會」而努力。

目 次

序　言 iii

簡　介 v

第一篇　勇於創新──以小康計畫的成果為內涵 1

　　第一章　臺灣推動小康計畫 3

　　第二章　媽媽教室的理念與推展 15

　　第三章　小康計畫與家政教育 21

　　第四章　小康計畫與農村社區工作 28

　　第五章　社區發展　繼往開來 33

　　第六章　從小康社會到富麗新農村 37

　　第七章　社區高齡健康促進 43

　　第八章　兩岸青年攜手社區服務 49

　　第九章　社區推動老人照顧 53

　　第十章　社區營造工作的推手 63

第二篇　敢於實踐──以社區營造的推展為主軸 69

　　第十一章　社區長照示範中心 71

　　第十二章　二水健康加油站揭牌運作 77

　　第十三章　二水社區式老人日照中心 82

　　第十四章　社區學院的理念 88

　　第十五章　社區學院的傳承 93

　　第十六章　社區學院的實踐 102

　　第十七章　社區教育與社區營造 118

　　第十八章　發揮健康促進　開創共好社區 130

　　第十九章　社區高齡照顧的作為 136

　　第二十章　學校參與社區長照服務 140

第三篇　止於至善──以共好社會的建構為理想 145

　　第二十一章　民生思想與社區建設 147

　　第二十二章　青年同心　攜手共好 154

　　第二十三章　大學推動社區學院的作為 158

　　第二十四章　社區學院與職業培訓 169

　　第二十五章　以社區教育實踐共學社會 175

　　第二十六章　兩岸青年社區志工服務 180

　　第二十七章　以社區長照落實民生主義建設 187

第二十八章　建立醫養教合一的社區長照體系 203

第二十九章　建設小康社會　邁向大同世界 210

第三十章　邁向文化大國的建設 227

參考書目 250

第一篇

勇於創新──以小康計畫的成果為内涵

第一章　臺灣推動小康計畫

前言

　　Davies（一九九九）認為文化的發展背景是建立在具有理想（ideals）、抱負（aspirations）與實踐（practice）等價值特徵的基礎上。社區是指一定地域性的社會生活共同體。這種共同體是指聚集在一定的地域的社會個人、群體和組織在社會互動的基礎上，依據一定的社會文化規範結合而成的地域性社會生活共同體。既是一個地域性概念，同時也是一個社會文化的概念，是社區概念的內在含義。西方著名哲學家泰勒（Tylor）就把文化定義為「一種複雜叢結的整體。這種複雜叢結的整體包括知識、信仰、藝術、法律、道德、風俗、以及任何其他的人所獲得的才能和習慣。這裡所說的人，是指社會的每一個分子而言。」這個定義的意思是指人類所有的東西，凡想得出的，都網羅在內，這種定義都是把文化解釋為人類知識的總集。

壹、謝東閔先生高瞻遠矚

　　臺灣省小康計畫（The Plan to Help the Needy in Taiwan）為臺灣省消滅貧窮計畫綱要，於一九七二年臺灣光復節，由當時省政府主席謝東閔先生宣布實施。由於當時正值臺灣光復後的鄉村經濟轉型，剛剛起步進入輕工業階段。所引用「小康（Well-to-do）」一詞採自於《禮記‧禮運》篇孔子之語，小康的原意是「天下為家，各親其親，各子其子，貨力為己，大人世及以為禮，城郭溝池以為固，禮儀以為紀，以正君臣，以篤父子，以睦兄弟，以和夫婦，以設制度，以立因里，以賢勇知，以功為己，故謀用是作，

3

而兵由此起；禹湯文武成王周公，由此其選也，此六君子者，未有不謹於禮者也；以著其義，以考其信，以著有過，行仁講義，示民有常，如有不由此者，在勢者去，眾以為決，是為小康。」以二十世紀七〇年代臺灣的社會狀況，尚無法以大同之世為計畫目標，乃以我國傳統小康之名與內涵以家庭為基本照顧單位，連結鄰里社區現代化及國家政策的推動，得便因應當時臺灣社會退出聯合國的挑戰，力爭民生經濟建設，與生活文化品質的提升之目標。

謝東閔先生於一九七二年受政府延攬出任臺灣省政府主席，適值我國退出聯合國，於外交上遭遇嚴重的挫敗之際，環境險峻可想而知，謝求公乃「以嚴肅端正的態度，審慎負責的精神，日新又新，自強不息」。臺灣省為反共復國的基地，省政建設，關乎國運，更應力求莊敬自強，衝破難關，開創新機。莊敬自強之道，自須同時加強政治、經濟、文教、社會各方面的建設，促使全面的進步。但不論哪一方面建設，它的基本目標，就是要建立一個安和樂利的社會，換句話說，也就是要先建立一個不見貧窮和髒亂的社會，然後在這富足、協調而有秩序的社會基礎之上，將各項建設再向前推展，以達於理想境界。因此，消滅貧窮、紛亂、骯髒和噪音，乃是省政建設的急務，也是莊敬自強在社會上的具體表現。「我們今天正應該以嚴肅端正的態度，審慎負責的精神，勇敢地提出挑戰的口號，向貧窮和髒亂進軍。」成為鏗鏘有力的宣示。而「小康社會」是指政教修明，人民康樂，為大同之世的前沿階段。孔子的政治思想源自於仁，仁在能愛人，消極面為己所不欲，勿施於人；積極面是己欲立而立人，己欲達而達人，小康境界是循序漸進，由小康而大同。小康之境雖不若大同世界的深厚崇高，但卻為邁向大同境界必經的歷程。此一計畫內容包括：「擴大救助、收容、安養」；「輔導生產」；「轉介就業」；「辦理職業訓練」；「興建平價住宅」；「指導家庭計畫、節制生育」；「鼓勵並延伸公民教育」；「推行社區生產福利事業、建構客廳即工作場所」；「發動民間企業、社會力量配合救助運動」等九大項目。以增加財產，興利於民，解決臺灣貧窮問題，防止新貧戶為目的，透過民間均富、小康之家而邁向大同世界。

　　面對省政建設經緯萬端，　謝求公提出「向貧窮挑戰（War Against Poverty）」，強調民生建設的重要性。民生主義的目的，就是要消滅貧窮，使社會均富。小康計畫係針對以上的致貧因素提出反貧的計畫構想，計畫採取兼顧消極以及積極救濟方式，以救助、安置、生產、就業、教育訓練作為根本措施，對於有工作能力者，著重在積極的輔導從事生產，對於無工作能力者，給與適當的救濟。為了匯集更多的資源，小康計畫發動社會力量配合救助運動，設置「仁愛專戶」，接受民間機構、團體捐贈物資，作為小康計畫基金；設置「仁愛信箱」，接納各界對於小康計畫的意見，或是民間機構可以透過仁愛信箱，提供技藝訓練或就業機會，以及組織仁愛工作隊，由社會熱心人士或學校機關團體的員工、師生所組成的服務團隊，利用假日訪問、關心貧戶生活狀況，深入了解貧窮原因，並協助其解決困境，希望藉此透過政府以及民間的合作可以最大化脫貧的效果。衡量當時，實行民主主義的經濟政策，國民生活日有改善，一般說來，大貧固然已不多見，而小貧還是不少。如何驅逐貧窮的壓迫，使全省人民都有免於匱乏的自由，都能享受水準以上的生活，實為重要課題。政府當時所採取的救窮之道，多偏於消極性的措施，如設立貧民救濟機構，推行貧民家庭補助，推行貧民醫療救助，興建貧民平價住宅等等。這些措施，自然也是必要的，唯其性質屬於救濟，只是維持貧窮者的生存，不能轉變貧窮者的環境，更不能防止貧窮者的產生。所謂向貧窮挑戰，是積極性的行為，就是要使社會上不再有貧窮的人，而將這些消極性措施縮到最小範圍。基於這一觀點，相應的對策，當置重點於防貧，免於貧窮造成的惡性循環。

　　第一，促進農、工業建設，加速經濟發展，以擴大就業機會，提高國民所得。

　　第二，發展職業教育，加強「國中」的技藝訓練，使人人有謀生技能。

　　第三，實施家庭計畫，以減輕人口負擔。

　　第四，加強醫藥衛生，保障國民健康，以消除貧病相關的因素。

　　第五，擴大貧民技能訓練，輔導就業，並用「以工代賑」辦法，化消費為生產。

　　以二十世紀七〇年代臺灣的社會狀況，乃以我國傳統小康之名與內涵，並以家庭為基本照顧單位，連結鄰里社區現代化及社會政策的推動，得便因應當時臺灣社會全面提升，積極朝向民生經濟建設，與生活文化品質的提升的目標。對於救窮之道，認為消極性的救助，只是維持貧窮者的生存，不能轉變其環境，更不能防止貧窮的產生，實踐「給人一條魚，只能吃一餐；不如教他釣魚，則可享用一生。」也就是要教困境中的族群謀生的技能，才是根本之道。若能激勵民眾勤儉持家的精神，以及人窮志不窮的信念，一定能順勢開發民眾的潛能，跳脫困境的挑戰，促進社區生產力。以增加財產，藏富於民，解決臺灣貧窮問題，防止新貧戶為目的，透過民間均富、小康之家而邁向大同世界。

彰化二水謝東閔先生的古宅，古樸單純；內部客廳依然保留原有陳設風格，整潔簡單。彰化二水家政中心設有　謝東閔先生行誼陳列室，多張珍貴照片呈現　謝求公公忠體國，建樹良多。　先生引介聯合國社區工作精神落實於臺灣省小康計畫的建設，成效可觀影響深遠。

貳、小康計畫執行要領

　　小康計畫排除傳統制式慈善性救助，透過個人家庭背景、體能、性向、專長等客觀分析而依不同需求，有的需照顧老人、幼兒，無法外出，有的體能反應不適擔任工廠生產工作；於當事人根據情況提出申請之後，承辦人員依據訪視、審查、與分析，分別提供家庭手工業、媽媽教室、農村副業、小康農場、小本創業貸款、小康市場、分配攤位、以工代賑，並由社政及農會家政工作人員或產銷人員指導引領。此外，根據貧窮問題系統分析，貧戶致貧的主要因素，分別為：

　　第一，依賴人口過多，導致家庭負擔過重，生活不易改善。

　　第二，技能不足僅能從事低薪低技能工作，導致所得不足。

　　第三，家戶內因有身心障礙者，造成依賴人口增加。

　　第四，感染不良嗜好，缺乏工作意願。

　　第五，遭遇天然災害及意外，導致生活陷於困境。

　　第六，教育程度低且無專長訓練。

　　因此，「小康計畫」執行要領如下：

　　第一，採標本兼治，消極與積極並重方式，著重於積極輔導生產、就業，對老弱殘障無生產能力者，則給與適當救助與照顧。小康計畫係針對以上的致貧因素提出除貧的計畫構想，計畫採取兼顧消極以及積極救濟方式，以救助、安置、生產、就業、教育訓練作為根本措施，對於有工作能力者，著重在積極的輔導從事生產，對於無工作能力者，給與適當的救濟。不同機構在村里間共同工作，社區組織互相連結。相互協商，徵詢社區內的組織與人民的意見。提供案主不同的機會或空間，使之能自助並互助。除此之外，小康計畫的推動工作團隊努力於住宅的改良工作，同步強化教育學生以消除髒亂與噪音；衛生與社政工作相輔相成，諸如街道上環境不潔，而影響公共衛生民生疾病與死亡，透過學校學生的協助把街道打掃清潔，以及配套式的家庭計畫教育的引導，生育率及死亡率亦因之而降低，人口數量得以控制，人口品質因而提高。

第二，發揮各級政府團隊精神，發揚社會仁愛精神與激發貧民自立自強精神，並配合輿論界的宣導，結合成整體力量，找出問題與需求。為了匯集更多的資源，小康計畫發動社會力量配合救助運動，設置「仁愛專戶」，接受民間機構、團體捐贈物資，作為小康計畫基金；設置「仁愛信箱」，接納各界對於小康計畫的意見，或是民間機構可以透過仁愛信箱，提供技藝訓練或就業機會，連同收容安養、家庭補助、貧民施醫、精神病患收治、殘障重建、創業貸款、職業訓練、家庭副業輔導等措施。使用參與投入的技巧；讓社區案主成員認識自己並發揮本身己有的技術和知識；訓練社區居民為達成目標而所需的技巧。協助案主發展因應的技能以處理他們在特殊境遇中的瓶頸。

第三，當時省政領導人　謝東閔主席的大力投入，親自不斷宣導督促與號召，實有莫大關係。所謂君子之德風，風行早偃，有以致此外，全力以赴，走訪專家學者，基層工作人員、各業領袖，的確做到了諮詢博採、廣納建言；計畫定案後，充分運用溝通協調宣導，凝聚社會共識，形成參與推動力量。培養社區人士參與地方服務的管理網絡，培育社區組織村里鄰長彼此建立相互連結系統。地方扎根服務以村里鄰為場所，省政工作人員與民有約，全省走透透；第一線專業社工人員與社會大眾做直接的接觸，聆聽民眾的需求，適應其環境，提升生活。為社會大眾辦補習教育，強化家庭生活與衛生教育並授以職業技能，一方面使他們變成有教養的公民，另一方面並設法激發民眾保存中華民族固有勤勞的習性。

第四，組織仁愛工作隊，由社會熱心人士或學校機關團體的員工、師生所組成的服務團隊，利用假日訪問、關心貧戶生活狀況，深入了解貧窮原因，並協助其解決困境，希望藉此透過政府以及民間的合作可以最大化脫貧的效果。均富的觀念提升民生品質，而不是被用來對抗外來政權的武器。在計畫推動過程中，則處處表現出不居功、不諉過，功成不必在我的開闊胸襟，以贏得各界的支持。協助改善特殊境遇的民眾，做到自立自強，不是社政機關所能單獨完成的工作，必須政府各部門、專家學者、民間企業與社會各界全力支援配合，才能發揮功效，政府全力投入各部門分工合

作，互相支援配合，發揮團隊精神。例如：農忙時辦理托兒所，由保育人員去督導，並設立媽媽教室以及家庭手工藝訓練推廣，打破貧窮女性化的循環，有效促進婦女社會力的參與及人力培訓的體現。

第五，運用社會工作的科學方法，才能真正輔導貧戶脫離貧窮而自立自強，小康計畫自起草，就可行性做深入探討評估，結合行政工作與學術，隨後頒訂各縣市「社會救濟調查綜合分析統計表」，提供統合性的福利服務，奠定並完成階段性專業化的福利工作，而且重新定義貧民為低收入戶。激發人們生長的家園、社區之愛與關懷，客廳即工作場所與媽媽教室的理念，打破了貧窮文化的循環迷失，進而創造了以社區為本位的福利生活方式。

第六，教育脫貧——輔導接受教育：臺灣省政府根據貧民需求提供必要服務，不重複、不遺漏，使所提供的服務措施足敷使用者的需求，服務計畫經實驗發現問題，隨時修改，充分考慮到使用者的接受意願。

1. 加強輔導、鼓勵貧戶學齡兒童入學，增加其知識，以累積其人力資本。
2. 提供就學貸款，鼓勵貧戶子弟就學，如成績優異者免除學雜費並贈與獎學金。
3. 辦理貧民成年補習教育，培養勤勞精神，灌輸生活知識，以增加其謀生能力。

第七，尋求資源統合運用：根據居民組織或團體依其需求來開發和連結外部資源，獲得經濟貿易上的資源及專家的協助。對於勞工有深切的同情並有積極的主張，除了平日為附近的勞工階級作實際上的援助或為其解決困難之外。在創業貸款時由省屬金融、各級農會、合作社等不同機構募得擴展業務所需的資金，推展創造更多的就業機會。針對有工作能力但無技能的貧民，由農、工、商等職業學校辦理職業訓練，促進其技能，以利輔導就業，或者，透過政府與工廠業主合作辦理職業訓練，學成之後在原工廠就業，另外還可以鄉鎮劃社區為單位，設立小型工廠就地辦理職業訓練並輔導就業。

第八，善用社會資源發揮助人目標：小康計畫的「資本」部分來自國內漲價歸公的土地增值稅，當時在政府的團隊推動下，遠比過去有效的方

式，細心規劃並妥善利用外國援助，以及貿易管道支持臺灣的農業社會轉型。推動市場經濟，處理貧窮問題，擴大了臺灣全球經濟貿易的範疇，對於國家正在實行的脫貧政策、改善國民基本生活水準，亦十分重要。

第九，運用社區為載體，動員社區企業組織：發動社區的力量，辦理社區的救助工作；倡導家庭副業，推行「客廳即工場」增加家庭生產；辦理社區托兒所，讓有工作能力之婦女有時間從事生產，以及社區內的「以工代賑」方案，社區內的興建公共設施，優先僱用貧民從事建設。

小康計畫同步針對社區中的企業為單位，了解其在外辦理工廠，已具規模之當地人士，發動成功的企業家錄用有勞動力之貧困子弟，按其志願能力輔導工作，協助企業家培訓貧民，並追蹤輔導。小康計畫就是把人窮志不窮的「有志工作者」送入企業及工廠，除了安排獨居者進入慈善仁愛機構，身心障礙者送入療養院等……，可以說是「個案轉介企業管理」的先導計畫。此種組織後來便成為臺灣就業輔導之基礎，進而鼓勵許多資本家承擔社會責任，除了捐款外，以為社會發展轉型之用，以增進一般民眾之幸福。

第十，激勵文化價值核心：小康計畫的任務之達成，歸根究柢是當時的主政者於公共救助的議題上重視人性的需求，包容不同族群的差異性，積極激勵文化價值核心，即勤儉美德，倡導均富，同步重視臺灣農村與都會，經濟與社會發展共生互惠運作的問題，始能在貧富兩個世界與龐大科層組織裡有效執行方案細則，貫徹工作。

第十一，尊重人性，以人為本：它包容尊重人性的尊嚴，不論貧富地位，都能有尊嚴和諧共榮，排除貧富之分，而非對立抗斥。它鼓勵民眾發揮自信，因此自我形成一種有機體系，健康地營造融合工作倫理，跳出貧窮的泥沼，突顯臺灣本土文化中無所謂的貧窮文化（culture of poverty），發覺並成長民間智慧。它排除了相對貧窮（relative poverty）及相對剝奪（relative deprivation）的社會不平等的情結，啟動轉化了解決貧窮問題的原動力。扭轉生活化的小康藝術文化，引導締造生活的打拼觀念與態度，是具體的理

念、操作方式和市場規則的碰撞、衝突和融合，為臺灣中小型企業文化灌注生命意義與價值。

　　第十二，一九七三年，臺灣省政府頒布「臺灣省各社區推行媽媽教室活動實施要點」，陸續在全省各社區推廣媽媽教室活動，至一九九一年內政部頒布《社區發展工作綱要》後，臺灣省政府重新修定《臺灣省各社區推行媽媽教室活動實施要點》，社區媽媽教室的體制已相當完備。實踐大學所屬二水家政中心成立之後，戮力推展媽媽教室研習課程，成為全省媽媽教室研習訓練中心，這也是實踐大學創辦人　謝東閔先生將二水家鄉故居捐獻社會以改為媽媽教室人員訓練場所。　謝東閔創辦人深受中華文化薰陶，認為母親為家庭之本，家庭也是人類第一個學習接觸的場所，培養一位稱職的媽媽，就能健全一個家庭，家庭健全社會自然安康祥和。因此，家庭教育是一切教育的基礎。媽媽教室活動是由社區、學校或家庭提供媽媽一個學習的園地，且由專家或有經驗的媽媽授予生活新知或技能，因此也是一種家庭教育、社區教室、家政教育與親職教育。媽媽教室的課程規劃包括：(1)倫理教育、(2)家政指導、(3)衛生保健、(4)生產技藝、(5)休閒康樂、(6)福利服務、(7)家庭法學、(8)生活新知等。

參、以家庭社區為中心

　　二水家政中心建構於一九七二年，實踐大學創辦人　謝東閔先生為造福桑梓，提高鄉親生活品質，推展倫理教育，強化家庭功能，以加速達成禮儀之鄉，本於「家齊後而國治」，特別推展「媽媽教室」及「社區建設」工作，並經由培訓中小學教師作為社區推展的種子教師，共同致力於「婦女家政教育」，促成民眾安居樂業，以帶動我國達到「除貧扶弱」邁向小康社會，並為社會的現代化奠定深厚基石，績效足資翹楚，引為開發中國家建設的模範。

　　謝東閔先生於臺灣省政建設於小康計畫除提出「向貧窮挑戰（War Against Poverty）」之外，並且也揭示「向紛亂挑戰（War Against Disorder）」。

考量進步的社會，是有紀律、有秩序的社會，大家遵守法令的約束，尊重別人的權利，和諧協調，互不侵犯。所以，在現代進步的國家中，很少有紛亂的現象。臺灣各項建設，都向現代化邁進，可惜社會秩序還沒有完全建立，紛亂情形尚到處可見，如公共場所的紛亂、建築的紛亂、交通的紛亂等等，其中尤以交通秩序之亂，最為嚴重。我們知道，秩序足以保障安全，紛亂勢必造成危險，倘不消除紛亂的狀態，則將無以維護社會的安全。因此我們要向紛亂挑戰，務必將之擊潰，使其不復存在。當時，謝主席強調應該是教育與制裁雙管齊下：

第一，灌輸守法的觀念：紛亂的造成，由於不尊重法令紀律所致。比如公共場所有公共場所的秩序，建築有建築的法令，交通有交通的規則，大家如能遵守這些法令規章或應有的約束，則秩序井然，何來紛亂？就因為一般人缺乏守法觀念，所以往往明知故犯。在學校教育、社會教育以至家庭教育中，普遍而經常地灌輸守法的觀念，使人人以守法為榮，而不願破壞各種事物應有的秩序，則社會上的紛亂當可逐漸消除。

第二，取締違規的行為：教育是生根的工作，不能立見功效，而紛亂情形，又不應予以容忍，故嚴格取締違規行為，以起嚇阻作用，至有必要。主管機關及執行人員，必須以嚴正的態度，負責的精神，對違規者作公平的處理。如車輛違反交通規則的固應處罰，行人違反交通規則的亦應同樣取締。罰嚴則人不敢生怠忽之念，罰平則人不致起怨尤之心，破壞秩序行為乃可制止，紛亂情形始能消弭。

第三，向骯髒挑戰（War Against Dirt）：骯髒不僅有損美觀，而且足以引起各種疾病，致人於死。所謂汙染，即由骯髒而來。我們所習見的，是汽車及工廠噴出的廢氣、煤煙及塵埃，汙染了空氣；垃圾、廢料及汙水傾倒入河川溪流，汙染了水源；糞便流入溝渠或廢物隨地拋棄，汙染了居住環境；以及老鼠、蒼蠅、蟑螂等蕃殖不絕，汙染了食物。這種種骯髒東西，都是人類生存的敵人。我們要保護生存，必須使我們的生活環境變為清潔美觀，因此要對骯髒宣戰，徹底加以清除。

(一) 汙染環境的骯髒東西，一部分乃是科學進步的副產物，所以仍須研究以科學方法去解決。現時有所謂「再利用」觀念，便是應用自然界中不同的循環，達成「廢物利用」，如汙水及垃圾，均可將其轉變為積極用途。

(二) 在尚未能利用廢物之前，只有盡量減少骯髒東西的產生。如改良汽車及工廠的裝置，禁燃生煤及改善燃料的燃燒方法，使排洩出的廢氣、廢料及汙水，減至最少數量。

(三) 已經產生的骯髒東西，就必須妥予處理。如不准隨便傾倒垃圾、糞便，禁止隨地吐痰及亂丟紙屑果皮等等，倘有違反，應予嚴重處罰。

　　第四，對噪音挑戰（War Against Noise）：一如骯髒的汙染環境，噪音同樣也是一種汙染，它刺激人的腦神經，震壞人的耳細胞，折磨人的心臟，會引起人的神經衰弱及高血壓、胃潰瘍等疾病，危害人體健康之大，絕不下於骯髒。噪音的騷擾，固然並非現在才有，但因近代科學文明進步，科學產品所製造的噪音，聲浪愈益高漲，幾無寧時，確是於今為烈。那些刺耳的喧囂，來自公路上車輛的喇叭聲和馬達聲，飛越空中的噴射機聲，工廠中的機器發動聲，商店中的擴音機聲（尤其是唱片行的播放唱片聲），收音機、電視機的播放聲，空氣調節器的旋轉聲，小販沿街的叫賣聲，整天對人轟擊，已至使人無法忍受的程度。這種情形，城市較鄉村尤為嚴重。我們知道，寧靜有益於心情的安定、精神的平衡及智力的發展，所以必須盡量避免噪音，不受騷擾。而噪音是和骯髒一樣可加以控制的，世界各國已有反噪音運動，以臺灣情形來說，除了噴射機發出的聲音我們尚無可奈何外，其餘都可以改善。我們應該絕對禁止汽車在市區內亂按喇叭，嚴令所有卡車及機車加裝消音器，不准商店使用擴音機，以及限制工廠和住宅內的聲浪越出戶外。只要有決心，我們對噪音的挑戰，是可以獲得勝利的。

結語

　　臺灣的小康計畫的特色是以家庭及社區為中心，緊密與社區各機構脈絡工作結合，推動各項救貧防貧方案。小康計畫達成了階段性成功的社區發展輔導工作方案，協助民眾度過危機，提供因應的資源策略。小康計畫有助於我們對臺灣的社會力及經濟趨勢的展望，重視社會福利乃是社會資本的累積、人力資本的提升、社會基礎的穩定及社會安全的維持。社會救助相關業務部門積極進行政策與方案的整合與協調，避免福利服務的提供發生片段，並調和所得維持社會服務的功能。強化人力資本的投資，提高職業訓練的效果，連結經濟發展。同步創造就業機會，提升青年、中高齡人口群的就業能力，鼓勵創業，公民美學、知識社會的落實。

第二章　媽媽教室的理念與推展

前言

一九七二年，　謝東閔先生受政府界以臺灣省政府主席，為治理這個「三民主義的模範省」，深受中華傳統文化薰陶及體察當時的社會情境，於推展小康計畫，將「媽媽教室」作為社區建設的重要一環。基於我國政治哲學中強調「修、齊、治、平」的理念，　東閔先生提出「教育一位媽媽，等於教育一個家庭」的看法。因為自傳統以來母親在家庭中占有極重要的地位，諸如管理家務、管教子女等，都由母親來負責，所以「媽媽教室」的目的，就是要教她們如何去處理家務，管教子女應有的知識，也就是加強媽媽們的「親職教育」。為發揮社區媽媽教室活動功能，以加強社區婦女親職教育，重建倫理道德；並且研習持家技能，培養現代生活觀念；提倡正當休閒活動，充實居民精神生活；以及本守望相助精神開展福利服務，致社會於安和之境等。因此，社區媽媽教室在文化上肩負有承先啟後的責任理念。社區媽媽教室推行多年來對家庭與社會的功能及為因應現代生活需求，卓有貢獻。

壹、社區媽媽教室的意義

媽媽教室是一種成人教育，它是一種教育、活動、組織等的過程以達啟發社區意識，鼓勵居民參與及培養社區婦女領導人才的功能。又因參與者多係成年婦女，故又可稱為成人教育。從社區發展來看，社區媽媽教室是推行社區發展的重要工具，從社會教育、農業推廣、文化建設等不同的施政角度來看，也是一種有力的工具。因它是媽媽們的組合，帶有傳統受

人敬愛的力量；媽媽是一家之主，負起日常生活的安排；媽媽是家庭成員互動的核心也是具有聯繫溝通的有效角色；她的決定可透過家庭組織而擴大影響社會，因此社區媽媽教室的設置、分布四方，使生活素質的觀念與行動向下扎根、向外推廣的功能，所以社區媽媽教室是提升生活品質的手段，也是推動社區精神倫理建設的動力。

謝東閔認為教育一位媽媽等於教育一個家，因此在其就任省政府主席時，提倡婦女再教育的「媽媽教室」，讓婦女有機會再學習新技能新知識；後來又倡導社區「新娘教室」、社區「婚姻教室」以落實社區家庭教育的具體做法。社區媽媽教室是社區教育活動的一種，因其推行的型態是根據當地社區組織的特色及成員的多寡與活動推行時的內容而定。初期著重家政推廣工作，以消滅貧窮髒亂為主。其後以提高生活素質著重高品質的生活面，如強化家庭功能、輔導家庭作有效資源管理與應用、普及營養保健工作，以促進與維護國民健康及創造優美的生活環境及推廣社區教育等為家庭推廣重點。

貳、社區媽媽教室的內涵

社區媽媽教室是以社區為範疇，以充實媽媽們的生活內容為目的。教導民眾生命安全的維護與生活秩序的規範，養成公德心的自覺能力，與個人榮譽的價值，這些觀念必須透過再教育的引導，以達人人有安身立命的良好生活環境及幸福美滿的家庭。其主要內容為親職教育、衛生保健、生產習藝、家政指導及社區服務，此種教育，目的在將婦女的家庭生活進一步擴大為社區生活，藉以推行社區中的互助合作，以擴充現代工業社區中核心家庭的功能，所以也是一種家庭教育。媽媽教室可使社會婦女有機會增加親職教育的常識，加強維護家庭生活的概念，研習家事及副業生產。它有社政親職教育的延續，也是提高親職教育的學習興趣及重視親職教育研習成就的一種方法。

社區媽媽教室活動包括親職教育、家政指導、衛生保健、生產習藝、休閒康樂、社會服務等多項。實施目標是提倡倫理道德，建立幸福家庭；實踐新生活，使生活內容合理化合情化；促進生產福利建設，提高生活水準；勵行敦親睦鄰，建立安和樂利之社會；倡導守望相助，疾病相扶持的固有社會道德，增進社會的福利服務。婦女參與社區活動對個人而言，改善夫妻關係、促進婚姻和諧、有益子女教養、改善婆媳關係；對子女而言，子女認為媽媽改變對子女管教態度、改善家庭環境、媽媽個性變開朗；對先生而言，先生認為妻子對管家能力、溝通能力、夫妻感情等均增強，且對家庭更有責任感，婦女參與社區媽媽教室活動，有益於婦女生活態度的改變。因此媽媽教室是提供進步與生存的親職教育，提高重視與維護良好家庭生活的質量，表現一種行動的計畫，作為一種社教的工具，促進親職教育的需要，和養成愛護家庭的習慣。

參、社區媽媽教室的實施

一九五五年聯合國通過「社區發展方案」，媽媽教室的推動亦採用「社區發展」的積極作為。社區媽媽教室是依據我國國情所推展的一種社區發展的良好模式。「社區媽媽教室」就是為成年婦女提供一個學習園地，教導婦女成為稱職的母親，在教育中給予社區意識，並培養社區婦女領導人才，使婦女有能力參與社區建設的教育，自然是一種最有價值與符合現代需要的教育活動。

依據一九七三年公布的《臺灣省各社區推行媽媽教室活動實施要點》，全省各縣市鄉鎮（市）區積極地展開媽媽教室活動。在實施方法上，利用社區活動中心設立媽媽教室，由社會局、教育局、建設局、衛生局、農林局會同會計年度實施標準，以為準則，且每一社區至少設置媽媽教室一所，分期設班。指導方式以座談為主，實習、觀摩為副，應避免上課式教學。每次活動實施前，輔導人員應集商輔導方法，準備各項事宜，活動結束後，應舉行輔導人員檢討會。活動單元設計，依當地需要，並每月至少舉行活

動一次，並列為年度社區發展考核的重要項目。在縣市政府部分由社會科成立「媽媽教室活動輔導小組」，鄉鎮市區公所部分由民政課成立「媽媽教室活動推行小組」，社區發展協會部分由社區發展協會成立「社區媽媽教室活動工作小組」。活動方式得以座談會、茶會、研討會、展覽會、專題演講、辯論會、觀摩活動、旅遊聯誼等方式辦理；活動次數以每二月舉行一次，可依實際情形彈性訂定；活動內容以主、副活動並重，交互進行；主活動教材以配合政令宣導、文教活動、國家慶典、民俗節目為主，因材施教，因地制宜；副活動以配合社區婦女之興趣與需要為主，寓教於樂。在實施內容包括：倫理教育、家政指導、衛生保健、生產技藝、休閒育樂、社會服務等六大項目。

　　為使各縣市能有一個正確實施社區媽媽教室活動的方法，除加強訓練社區媽媽教室輔導員的訓練外，各縣市政府也每年舉辦結訓學員座談會，或觀摩會，或臺灣省媽媽教室輔導人員研習會，在社區媽媽教室觀摩活動課程中，由省政府舉辦社區媽媽教室活動觀摩會時，也邀請被委託的社區相關人員一同參與社區媽媽教室活動觀摩會，共同研究活動的內容設計及社區婦女參與的需求而擬定活動進度。

肆、社區媽媽教室的推展

　　社區發展主要的目的，在於結合民眾力量，來改善民眾生活，增進民眾福利。而結合民力，使民眾在有條理、有系統的情形中團結一致，發揮整體力量，有計畫、有步驟的展開組織活動，從事各項民生福利工作。社區媽媽教室，使社區婦女積極參與社區事務，藉社區各種活動來吸收新知，學習技藝，以增進生活的知能，並可達到敦親睦鄰以促進守望相助，使社會更和諧的功能。社區媽媽教室的活動，無論參加的對象、舉辦的地點、活動的內容，或採用的方式，都因人、因事、因地而做彈性的運用，各種活動盡量利用社會資源，這是結合家庭教育、學校教育與社會教育的一種綜合性教育的活動。所以社區媽媽教室是實現社區教育理想的途徑。

在經濟突飛猛進，國民所得大為提升之際，生活品質亦日益提高。但一般民眾均著重於有形的物質建設，而忽略了無形的精神建設。以致產生嚴重的社會問題，造成一片紛亂現象，治安亮起了紅燈，人民生命財產時時遭受脅害。　謝東閔先生有鑑於此，乃於一九八五年發起無犯罪運動，並由二水鄉首先推動，期望鄉民作為表率，再由點而推廣至面，由二水鄉推展至其他鄉鎮，使社會能由病態中醒過來，不再沉迷於物質享受，不再迷戀財色酒氣，進而重視倫理道德的精神建設，再創祥和社會。有鑑於此，隨著社會型態的發展，社區媽媽教室今後努力方向之一是提升社區家庭成長，推動文化建設。讓媽媽教室在社區扮演文化催化者的角色，透過各種文化活動，提供機會，使社區民眾有見面交流的地方。同時是建立現代社區的行為規範與維護中華文化倫理道德的基石。

結語

家庭是政治發展的基石，我國儒家「修、齊、治、平」文化哲學是由家庭做起。因此推行「媽媽教室」理由所在就是讓每個家庭健全，才有和諧安樂的社會。聯合國文獻對社區本質的強調：「社區發展是一種教育的程序，因為這是改變足以妨礙社會和經濟進步的態度與習慣，提倡有利於這種進步的態度。建設社區文化的首務，就是用心喚醒、培養鄰里居民的社區意識和共同體意識。社區媽媽教室的推展與建設很重要，不僅提供家政教育的內涵，同時促進態度和關係方面所表現的質的變化，這種變化提高了人格的尊嚴，增進人民自謀達到既定目標的不竭能力；正體現著社區發展就是一種教育程序，是以臺灣本土為滋養的生命，激發對我們生長的家園之愛與關懷，客廳即工作場所與媽媽教室的理念，打破了貧窮文化的循環迷失，漸而創造了臺灣本土產業福利文化的主要元素。

二水家政中心舉辦媽媽教室「拼布藝術創意研習」。

生活美學、文化公民講座——健康飲食新思維。

第三章　小康計畫與家政教育

前言

　　「臺灣省小康計畫（The Plan to Help the Needy in Taiwan）」為一九七二年臺灣光復節，由當時省政府主席　謝東閔先生宣布實施，為《臺灣省消滅貧窮計畫綱要》之簡稱。在此之前，歷任省主席多由軍人出任，直到　謝東閔以公務員文官身分，於一九七二年六月開始主持省政，成為臺灣省政府第九任省主席，而且是第一位臺籍平民出身的省主席。因來自於民間，體會民眾的心聲，及當時社會的實況，充分發揮施政長才，提出諸多政策如：消滅貧窮計畫、消除髒亂等重要施政，對於社會救助、老人與殘障福利主張，也間接立法成為政策。　謝東閔任內全力推動基層建設，讓臺灣省政邁入新的里程碑。由於傑出的成就，一九七八年五月二十日出任中華民國第六任副總統，輔弼　蔣總統經國先生，是從政生涯的最高峰。　謝東閔雖然曾接近權力的核心，但是他待人存厚率真、雍容大度、平易近人且不失赤子心，也為臺灣政壇留下極佳的典範。本文依據當時執行成效的檢視，讓很多社會救助、社區營造的成果得以省思並得以借鑑。

壹、小康計畫防貧、脫貧社區方案之推動

　　回溯二十世紀六〇年代正值臺灣光復後的鄉村經濟轉型，剛剛起步進入輕工業階段。　謝主席以「民生主義的目的，就是消滅貧窮，使社會均富」、「臺灣二十餘年來，實施民生主義的經濟政策，大貧固然已不多見，而小貧還是不少，我們所以向貧窮挑戰，是積極性的行為，就是使社會上不再有貧窮的人，今後對策當置重點於防貧，而不以救貧為目的」。推動小

康計畫是從改善貧民致貧的外在環境著手，就登記有案之貧戶辦理訪問調查，依照案主個別環境，提供選擇性服務。譬如為了改善貧民居住環境，訂頒《臺灣省配合小康計畫興建與整修貧民住家實施要點》補助貧民興建與整修住家，以無屋或有屋而不堪居住者為優先。房屋興建圖樣由政府工作人員免費設計，除政府按每戶人口多寡，最高可補助十二坪外，並由社區理事會發動社區熱心人士捐助建材，提供人力協助興建，規定所建或整修之貧民住家，其結構必須為磚牆、水泥地面、瓦頂，以符合安全衛生。期間興建了貧民住宅近一萬五千戶，並提供整修貧民住宅七千餘戶。

　　對於救窮之道，認為消極性的救助，只是維持貧窮者的生存，不能轉變其環境，更不能防止貧窮的產生，小康計畫就是把人窮志不窮的「有志工作者」送入企業及工廠，除了安排獨居者進入慈善仁愛機構、身心障礙者送入療養院……等可以說是「個案轉介企業管理」的先導計畫。此種組織後來便成為臺灣就業輔導社會服務機構之基礎，進而鼓勵許多雇主承擔社會責任，除了捐款外，以為社會發展轉型之用，以增進一般民眾之幸福。

　　謝主席採取的方式是：「給人一條魚，只能吃一餐；不如教他釣魚，則可享用一生。」也就是要教困境中的族群謀生的技能，才是根本之道。因此，建立具體可行的作為：

表 3-1　小康計畫的救貧之道

項目	措施
擴大救助	擴建救助機構以及增加家庭補助的名額，讓貧民可以獲得妥善安養。
增加收容	對於身心障礙者則採用機構收容方式救助，以減輕家庭負擔。
醫療救助	擴大醫療救助，加強疾病防治，讓有工作能力者，可以很快恢復工作能力。
急難救助	辦理急難救助，減少因意外事故而陷入貧窮，有效防止新貧戶的產生。
輔導生產	以鄉鎮為單位，分期分區輔導有工作能力的貧民從事農、林、漁、牧以及手工業等生產工作；興建市場，分配給貧戶經營，並且透過公營金融機構辦理小額無息或低利息貸款，讓有工作能力的貧民有資金創業。
職業訓練	針對有工作能力但無技能之貧民，由農、工、商等職業學校辦理職業訓練，促進其技能，以利輔導就業，或者，透過政府與工廠業主合作辦理職業訓練，學成之後在原工廠就業，另外還可以鄉鎮劃社區為單位，設立小型工廠就地辦理職業訓練並輔導就業。

生產事業	發動社區的力量，辦理社區的救助工作；倡導家庭副業，推行「客廳即工場」增加家庭生產；辦理社區托兒所，讓有工作能力之婦女有時間從事生產。
就業脫貧	社區內實施「以工代賑」方案，興建公共設施，優先僱用貧民從事建設。
輔導就業	由公私企業機構提供就業機會，讓有工作能力的貧民按其志願和能力輔導就業。
生育計畫	教導貧民節育，以減低家庭負擔。
住宅興建	以社區資源，興建、整修貧民住宅，改善居住環境。
教育脫貧	加強輔導、鼓勵貧戶學齡兒童入學，增加其知識，以累積其人力資本。
資助就學	提供就學貸款，鼓勵貧戶子弟就讀技職學校，如成績優異者免除學雜費並贈與獎學金。
補習教育	辦理貧民成年補習教育，培養勤勞精神，灌輸現代生活知識，以增加其謀生能力。

（資料來源：作者整理）

　　東閔先生來自民間，不僅深知民眾所需，更服膺中華文化，認為若能激勵臺灣移民社會傳統賦有的冒險靈活、勤儉持家的精神，以及人窮志不窮的信念，一定能順勢開發民眾的潛能，跳脫困境的挑戰，促進社區生產力。換言之，「小康計畫」視貧窮為一種社會變遷脫序現象與文化現象，貧民的心理狀態冷漠、依賴、敵視、或懷疑，是外在環境迫使他們陷入孤立與無望的心情，不得不承受命運的安排，因此單靠住宅提供及就業計畫物質補助，尚難解決其心結；必得透過生活教育，改變貧民個案的自慚形穢、自我孤立與不信任，懷疑及敵視他人的心態，除了先建立友誼與信賴，進而改變其觀念，接受服務方法自立更生，協助案主面對特殊境遇。因而透過小康計畫的推動，結合了學校教育方案與消除髒亂方案三位一體，共同齊頭並進，期盼使貧窮及髒亂的落後現象同時在臺灣絕跡。

　　當年小康計畫推行之初，政府財政相當困難，社會福利制度並不完備，各機關多少存有本位色彩，社會參與意識相當淡薄的環境之下，主要是當時省政領導人謝主席的大力投入，親自不斷宣導督促與號召，實有莫大關係。同時，走訪專家學者、基層工作人員、各業領袖，的確做到了諮詢博採、廣納建言；計畫定案後，充分運用溝通協調宣導，凝聚社會共識，形成參與推動力量；在計畫推動過程中，則處處表現出不居功、不諉過，功

成不必在我的開闊胸襟，頗能贏得各界的支持，也是計畫成功的重要因素
（徐學陶，一九九六）。

貳、推展社區教育教導民眾邁向現代化之路

　　東閔先生熱愛中華文化，熟知《大學》八目所陳「格致誠正修齊治平」
的道理，社會的健全發展端賴家庭的健全，小康計畫的推動，應積極推行
倡導親職教育，恢弘家庭倫理觀念，是以開辦媽媽教室輔導人員研習營，
以培養基層社教人員提升婦女謀生能力，深化小康家庭的文化生活。社區
媽媽教室是以傳統的家庭制度為基礎，透過親職教育方法，以擴大社區教
育績效的一種社區營造及社會建設的模式，是基於承先啟後，與維護文化，
及提升生活品質，及實現社區意識理想的社會工作模式。由於「媽媽教室」
在社區發展中，可擔任精神倫理建設的重要角色，於是由臺灣省政府頒訂
《臺灣省各社區推行媽媽教室活動實施要點》。以開放學校一切教學設備及
人力，為媽媽們開闢一個研習園地，研習管教子女的方法，建立以母愛為
原動力，發揚我國固有倫理精神的家庭教育制度。使得家庭經營能邁向
「倫理化」、「經濟化」、「科學化」、「藝術化」等特質，提升生活品質。因
此媽媽教室是為增加家庭教育的功能，以促進社區精神倫理建設的社區教
育活動。

　　當時的工作團隊創作並運用活潑的「小康計畫歌與仁愛之歌」鼓勵士
氣，以促進弱勢族群發揮內在的推動力與工作倫理。　謝東閔先生的哲嗣
當時擔任實踐家專校長的謝孟雄先生亦共襄盛舉寫了一首〈小康計畫歌〉，
由音樂家呂泉生作曲：「一人有急難，大家來幫助，有錢出錢，有力出力，
消滅貧窮小康計畫好主義，消滅貧窮小康計畫好主義。老幼無依靠，大家
多照顧，發揮愛心，仁愛捐助，社會溫暖同胞情誼更親密。發揮愛心，仁
愛捐助，社會溫暖同胞情誼更親密。壯者有所困，鼓勵謀自立，培養技能，
努力做工，社會繁榮小康計畫早成功。培養技能，努力做工，社會繁榮小
康計畫早成功。有施必有愛，大家享安康，盡心竭力，勤奮合群，實現均

富佇看小康臻大同。盡心竭力，勤奮合群，實現均富佇看小康臻大同。」
透過歌曲，將小康計畫的精神與內容傳遞到千家萬戶中，以改變心態並促
進健康衛生習慣的養成，詞曲反映出對民生建設的內涵的精準理解，抒發
歸屬認同的親切情感，潛移默化植入具有正面影響的價值。

參、以媽媽教室推展家政教育

　　我國幾千年來的文化和傳統，對家庭非常重視，但我們的學校教育卻
不甚重視家政教育，為補救這個缺失，　謝東閔先生乃有「媽媽教室」的
倡議與推行。媽媽教室的理念即是輔育一個好媽媽，等於輔育一個家庭，
輔育好每個家庭，等於輔正社會，因此社區媽媽教室頗具有社會安定的責
任使命。媽媽教室是由社區、學校、或家庭提供媽媽一個學習的園地，是
為所有媽媽們提供學校的一切教學設備及人力，在社會各界的支援下，為
媽媽們開闢一個學習園地，以研習管教子女的方法，建立以母愛為原動力，
發揚我國固有倫理精神的家庭教育制度；由專家學者或有經驗的媽媽授予
生活新知或技能，因此它是一種家庭教育，也是一種社區教育；主要精神
是輔育媽媽們如何相夫教子，如何成為賢妻良母，及傳授以現代化的家政
知識，進而具有促進家庭、社會進步、和諧與團結的積極性作用。又因參
與的對象都是成人婦女，所以亦可稱為成人教育。

　　從社會學觀點來說，家庭是一個人首度接觸的教育機關，社區媽媽教
室是以傳統家庭制度為基礎，透過親職教育的方法，以擴大社區發展績效
的一種模式。初期的媽媽教室在於加強婦女本身的持家角色能力，也就是
以婦女的力量來影響家庭。從目的而言，它是強調婦女自我引導的教育成
長過程，著重婦女個人思想及行為的改變；從教育的方法而言，它是注重
自我發展取向的經驗學習，是以博雅的社區教育模式來進行其社區婦女教
育的工作。社區媽媽教室以社會運動方式來喚起社區民眾之社區意識，共同
參與社區各項建設及維護工作；使每一社區婦女都是社會教育的推行者，
能在活動中配合社會教育如革新家庭不良習慣的實施，以改善與扭轉社會

不良的風氣。並加強婦女的愛國情操及親職教育，以減少青少年違規犯法的機會。再加強倡導家庭正當的休閒活動，及公德心，有禮貌，守秩序。

肆、協助建構安居樂業的環境

運用社會工作之科學方法，才能真正輔導貧戶脫離貧窮而自立自強，小康計畫排除傳統制式慈善性救助，透過個人家庭背景、體能、性向、專長等客觀分析而依不同需求，有的需照顧老人、幼兒，無法外出，有的體能反應不適擔任工廠生產工作；於當事人根據情況提出申請之後，承辦人員依據再訪、審查、與分析，分別提供家庭手工業、媽媽教室、農村副業、小康農場、小本創業貸款、小康市場、分配攤位、以工代賑，並由社政及農會家政工作人員或產銷人員指導引領。根據貧窮問題系統分析可知，住家不理想及家長教育程度低且無專長訓練是致貧的主因。因此，採標本兼治，消極與積極並重方式，著重於積極輔導生產、就業，對老弱殘障無生產能力者，則給與適當救助與照顧。並且發揚社會仁愛精神與激發貧民自立自強精神，並配合輿論界的宣導，結合成整體力量，找出問題與需求。連同收容安養、家庭補助、貧民施醫、精神病患收治、殘障重建、創業貸款、職業訓練、家庭副業輔導等措施。同時，不同機構在村里間共同工作，社區組織互相連結。相互協商，徵詢社區內的組織與人民的意見。提供案主不同的機會或空間，使之能自助並互助。

小康計畫自規劃，就實踐性做深入探討評估，結合行政工作與學術，並頒訂「社會救濟調查綜合分析統計表」，提供統合性的福利服務，奠定並完成階段性專業化的福利工作，而且重新定義貧民為低收入戶。以協助改善特殊境遇的民眾，做到自立自強，不單是社政機關於政策上的努力，結合著專家學者、民間企業與社會各界全力支援配合，發揮功效，社會各部門分工合作，互相支援配合，發揮團隊精神。正如同當時傳唱的「小康小康，民富國昌，同胞奮起，莫再徬徨，自己努力，大家幫忙，人人工作，家家小康，克服窮苦，不怕風霜，中華兒女，走向康莊，接受訓練，奮發

自強，小康小康，民富國昌。」小康計畫達成了階段性成功的社區發展輔導工作方案，協助民眾度過危機，提供因應的資源策略。

結語

「臺灣省小康計畫」引用「小康」一詞採自於《禮記‧禮運》篇，小康之境雖不若大同世界的深厚崇高，但卻為邁向大同境界必經之歷程。儒家的政治思想源自於仁，仁在能愛人，消極面為己所不欲，勿施於人；積極面是己欲立而立人，己欲達而達人，小康境界是循序漸進，由小康而大同。孔子認為堯舜等五帝為大同之世，而禹湯文武周公雖政教修明，人民康樂，但猶遜於五帝時大同之世，故謂之為小康之世。

臺灣省積極推行小康計畫的各項社會福利措施，建立了：媽媽教室、社區發展、福利救助、就業輔導等照顧低收入戶民眾，並發展社會工作員制度，非常有意義。檢視該計畫，對照學者 Judith A. Lewis, Michael D. Lewis（一九九八）對區域發展的倡議，強調重視社區需要及動員社區力量參與的信念，著眼社區發展是一種教育程序，其目的在改變那些妨礙社會和經濟進步的態度和習慣，提高民眾接受各項改善進步的動力。臺灣的小康計畫的特色如同上述區域發展所述是以家庭及社區為中心，緊密與社區各機構脈絡工作結合，推動各項救貧防貧方案，拓展並增進貧民的就業福祉，以為自給自足，裨益安身立命。社區辦理托兒所，由保育人員去督導，並設立媽媽教室以及家庭手工藝訓練推廣，打破貧窮女性化的循環，有效促進婦女社會力的參與及人力培訓企業化的參考架構。爰此，小康計畫迄至目前為止，尚有諸多業務仍保留於行政體系中，如小本創業貸款、社區發展福利基金、媽媽教室計畫等，均存在對社會福利服務發揮具體與宏偉的功能。

第四章　小康計畫與農村社區工作

壹、思維

　　在臺灣，農村不僅是農民生產與居住的場所，也是大多數非農民的活動空間。農村的功能從以往以生產為唯一目標，轉而同時扮演著自然生存基本條件的維護、生物多樣性動植物的保護、文化及人文景觀的維護角色等。隨著全球化（globalization）和在地化（rurality），形成農村機能的變遷，我們必須知道農村與整個農業、農民在地區、國家或全球分工的生產網絡位置，和對於農民生活的社會結構關係。也需要了解農村中各種不同產業之間的網絡關係，以及它們對於農村生活的影響。如此，農村社區工作對於現代社會中的「農村」、「農民」、「農業」的意涵，才能周全、合宜。

　　中華民國社區發展協會，以集結社會力量，推行社區發展，促進全國各社區福利機構團體及熱心有志人士聯繫合作，動員社區資源，滿足社區需要，加速社會、經濟的平衡發展為宗旨，近年來積極著墨於「農村社區工作」的推動。「農村社區工作」是屬於社會工作專業範疇之一，引導深入理解農民與農村社會的關係，從而實現社會工作的服務價值——關注民生、服務農民。推展農村社區工作宜把握理論與實踐的相互依存關係，既能系統地梳理農村社區工作的歷史脈絡和現實環境，也能深入地認識農村社會工作各種理念、理論、價值觀、實務模式和方法技巧等。旨在能根據社會情境、歷史分析，整合地思考農村社會工作的介入模式。

貳、實踐

　　臺灣推動「小康計畫（The Plan to Help the Needy in Taiwan）」即是「農村社區工作」的體現，為根植於「消滅貧窮，厚植民生」計畫；於一九七二年臺灣光復節，由當時省政府主席　謝東閔先生宣布實施。由於當時正值臺灣光復後的鄉村經濟轉型，剛剛起步進入輕工業階段。小康計畫施行期間至一九七八年年底，共計六年的時間，根據臺灣省政府推行小康計畫工作報告指出，在計畫推動當時臺灣省貧戶為七萬四千二百四十七戶，六年後減少為兩千七百九十九戶，共減低了七萬一千四百八十八戶，約減少了百分之九十六的貧戶；若以人數來計算，貧民數自三十八萬三千零二十七人減低到八千四百三十六人，總共減少了百分之九十七（引自徐學陶，一九九一），成效彰顯。它鼓勵民眾發揮自信，因此自我形成一種有機體系，健康地營造融合工作倫理，跳出貧窮的泥沼，突顯臺灣本土文化中無所謂的貧窮文化（culture of poverty），發覺並成長民間智慧。

　　該計畫所引用「小康」一詞採自於《禮記・禮運》篇，是指：政教修明，人民康樂，為大同之世的前沿階段，小康境界是循序漸進，由小康而大同。小康之境雖不若大同世界的深厚崇高，但卻為邁向大同境界必經的歷程。小康計畫的任務之達成，歸根究柢是主政者於公共救助的議題上重視人性的需求，包容不同族群的差異性，積極激勵文化價值核心，即勤儉美德，倡導均富，同步重視臺灣農村與都會，經濟與社會發展共生互惠運作的問題，始能在貧富兩個世界與龐大科層組織裡有效執行方案細則，貫徹工作。

　　謝東閔創辦人深受中華文化薰陶，認為母親為家庭之本，家庭也是人類第一個學習接觸的場所，家庭教育是一切教育的基礎。培養一位稱職的媽媽，就能健全一個家庭，家庭健全社會自然安康祥和。爰此，臺灣省政府頒布《臺灣省各社區推行媽媽教室活動實施要點》，陸續在全省各社區推廣媽媽教室活動。為能建置媽媽教室的實施，以家政教育為辦學核心的實踐大學於創辦人　謝東閔先生的倡議率先成立「二水家政教育中心」，戮力

推展農村社區工作，其中媽媽教室研習課程，成為全省媽媽教室研習訓練中心。　謝東閔先生秉著飲水思源，為造福桑梓、提高鄉親生活品質，推展倫理教育，強化家庭功能，以達成禮儀之鄉，將坐落於二水鄉光化村的故居，捐助設立家政教育中心。媽媽教室活動是由社區、學校提供媽媽一個學習的園地，請專家或有經驗的媽媽授予生活新知或技能。主要的課程是家庭教育、社區教室、家政教育與親職教育，包括：(1)倫理教育、(2)家政指導、(3)衛生保健、(4)生產技藝、(5)休閒康樂、(6)福利服務、(7)家庭法學、(8)生活新知等。使小康計畫的特色是以家庭及社區為中心，緊密與社區各機構脈絡相結合，推動各項農村社區服務方案。鼓勵家庭為工作的場所，為家庭主婦（農家）帶來更好的生活，這是國內資本市場運作改善的直接結果，也是臺灣光復後重要的發展過程。

參、發展

二十一世紀是「全球化」與「國際化」的時代，任何一個國家與人民都無法閉關自守獨善其身。社會工作是起源西方國家的一種保護性社會制度安排，是其社會安全制度的組成部分。我國社會在現代化的過程中引進這種專業助人的機制，但我們在引入其理論、方法的同時，必須注意到中西社會的差異，積極探索我國社會工作在地化的道路；就是在立足我國社會發展現實的基礎上，把來自國外的社工理論、方法與我國的傳統、文化和價值觀念有機結合起來，使之能夠有效地服務我們的社會。借鑑小康計畫的「資本」部分來自國內漲價歸公的土地增值稅，當時在行政院團隊領導下，以遠比過去有效的方式，小心規劃並妥善利用外國援助，以及貿易管道支持臺灣的農業社會轉型。推動市場經濟，處理貧窮問題，擴大了臺灣全球經濟貿易的範疇，對於國家正在實行的脫貧政策、改善國民基本生活水準，亦十分重要。

農村社會工作是我國社會工作在地化的實施，也是社會工作專業化發展的重要領域。過去我們的農產品，以供應內銷為主，但是在全球化的趨

勢下，產銷方式、農家的生活型態，將受到很大的影響。農村社區的改變，將無可避免的衝擊農民的想法與鄉村生活的方式與品質，農村的結構都正面臨新的挑戰，這些都是農村社區工作重要的課題。當前，西方農村社會工作的議題轉向「社會網絡（social network）」和「社會資本（social capital）」。社區發展強調「資產（asset）」和「能力（capacity）」的充實（Kretzman & Mcknight, 1993）。資產建立（asset building）以「增能為本」的實務模式為基礎，旨在發現及重新肯定個人能力、天賦、智慧、求生技能及志向，以及社區的共同財產和資源。爰此，農村社會工作結合地（自然資源）、景（景觀資源）、人（人的資源）、文（文化資源）、及產（生產資源）等五項資源，注重對社區居民的直接服務，特別是從家庭、社區和個人的層面對農民提供面對面的支援和幫助，強調的是用專業知識與方法幫助處於不利地位的個人、群體和社區，克服困難，解決問題並預防問題的發生，恢復、改善和發展其功能，以適應正常社會生活的服務活動。

　　盱衡我國社會進入全球化、專業化，不論是在專業服務或是培訓人員方面，都需有能一窺農村服務領域全貌的關照，凡有志者皆可以一同朝向未來應建構的方向共同努力。為此，中華民國社區發展協會倡議並推動，結合兩岸大學校院共組「兩岸青年志工農村社會服務隊伍」，自二〇一一年七月起分別於大陸安徽合肥市、黃山宏村，臺灣彰化、南投、臺南、高雄，進行兩岸高校的聯合服務，使助人專業得以發揚永續。

肆、願景

　　「農村社區工作」有助於我們對臺灣的社會發展及經濟趨勢的展望，重視社會工作乃是社會資本的累積、人力資本的提升、社會基礎的穩定及社會安全的維持。同步創造就業機會，提升青年、中高齡人口群的就業能力、鼓勵創業、公民美學、知識社會的落實。這項專業服務根據實務經驗，希望委身於農村社區工作的專業人員，經由理論與實踐的循環往復，創造出適合在地特色的農村社區工作情境模式，以期達到：

第一，對於社工學系，增進於專業議題關照的高度。

第二，對於社工系教師，增進教師專業能力的寬度。

第三，對於社工系學生，增進渠等生涯能力的深度。

第四，對於實務單位，增進單位於社會實踐的廣度。

第五，藉由研究的成果，增進專業學術交流的厚度。

等寬泛功能，以便更好地建設農村社會，邁向「讓每一個人能平平安安、快快樂樂的過生活」的福利社會。

第五章　社區發展　繼往開來

前言

在中華民國迎接百歲以邁向新的世紀時，中華民國社區發展協會於二〇一〇年十二月二十八日在理事長謝孟雄講座教授的主持下，召開第九屆第四次理監事會議，集合理監事們的智慧以檢討過去策勵未來。

會中聽取葉至誠祕書長的會務報告，說明進行近半年以來的工作成果。並請歐陽慧剛老師介紹「民生學院深耕泰北國際志工服務團」，黃文忠老師介紹「協會官網設計規劃的概況」，張蕙芬老師介紹「第二屆兩岸青年志工農村服務隊規劃案」，李孟芬老師介紹「物資銀行規劃案」。大家共聚一堂，擘劃社區發展遠景。

壹、社區協會承先啟後

中華民國社區發展協會自一九六七年十二月成立，為一歷史悠久的全國性社團法人公益組織，歷年擔任理事長皆為社會賢達，有邱創煥、謝孟雄、方錫經等先生，現任理事長為謝孟雄先生，現有會員近二百餘人，團體會員十二個，分布於全國各縣市。成立宗旨為：「動員社區資源，滿足社會需要，加速社會經濟的平衡發展。」四十餘年來，著力於「社區發展的倡導與推行，社區福利事業的規劃與協調，社區資源的開發與運用，社區需要與問題的調查研究，社區服務工作的創辦與改進，社區社會工作專業知識技術的研討，社區工作人才的培育與訓練，社區發展理念的宣導，接受政府委辦的事項。」等工作事項。

我國自二十世紀六〇年代年代推動的社區發展工作已經超過五十年歷史，舉凡「小康計畫」、「媽媽教室」、「社區營造」、「農村再造」，皆與社區發展息息相關。社區發展係針對社區居民之需求，由當地社區居民自行擬定推動計畫。依循二〇一〇年度會員大會召開，特別邀請社會工作學者蔡漢賢教授，以「社區福利服務應有願景與作為」為題，倡議「社區福利化，福利社區化」的精神，強調：「社區發展在『以人為本』的架構下，循衣食住行育樂等要項，融入社區居民的日常生活及需求。」

貳、會務推動繼往開來

社區發展工作強調的是協助成員改善生活品質，強調自助、互助精神來進行，引導社區民眾共同參與，讓社區成員有機會討論社區問題決定以及社區所需，並找出社區發展的行動方案。本此，協會的作為，在理事長的揭示下，朝向：

第一，**專業實習與培訓**：提供大專校院社會工作專業學習、實習機會，以利培育社區工作專業人才。目前有世新大學社會心理學系研究生申請實習，日後將逐步推廣邀請至更多大專校院至協會實習。

第二，**青年志工培訓與服務**：培育青年志工參與社區建設工作，以發揮青年學子愛鄉助人的精神。目前志願服務區域包含臺灣、泰北及大陸。二〇一一年七月由理事長親率二十位實踐、世新及佛光大學師生與安徽黃山學院、安徽農業大學共計五校六十位師生，分別於安徽黃山秀里社區、合肥紫蓬鎮社區進行農村志工服務。

第三，**出版社區發展專業書籍**：為培養具備進入社區所需的文化能力（cultural capability），引導借鑑系列的學習經歷中，設計出適合社區的實作方案的能力。於二〇一〇年八月由實踐大學出版組出版《社區工作與社區發展》專書，該書第一部分在提供社區工作者鉅視的架構，使讀者能掌握社區工作的總體性質，介紹並討論社區工作理論、社區意識、社區組織、社區營造、社區政策、社區行動、社區參與等。第二部分在提供具體的社

區工作方案，使同好能掌握社區工作的堂奧；包括：老人社區工作、醫務社區工作、社區照顧、社區學習等。

第四，數位教材的製作與推廣：瞻望社區發展的新願景，需要社政部門求新求好、教育部門持久灌輸，也要傳播界的多元宣介；更需要橫跨家庭、學校、社團多層面來共同推行，是以我們展望社區未來時，將實施有具體成效的培訓資料加以數位化，以利社區發展工作的推廣。包括：「媽媽教室教材，小康計畫教材，社區大學教材，老人大學教材，社區服務教材，農村服務教材。」

第五，完成協會官網建置：為加強宣導，設計建置本協會的專屬網頁，網址為：「http://cacd.usc.edu.tw/」，除以為周知所屬會員外；另，於網頁列有「研討會資訊」、「活動推展」、「社區發展數位教材」、「彰化二水家政中心」等專區，以爭取社會對本會的認識，以利彙集社會資源。

參、社區服務持之以恆

本諸既有作為，持之以恆，前瞻社會發展，務實規劃，二〇一二年會務工作努力事項為：

第一，社區老人保健倡議與實踐：參與實踐大學許義雄榮譽教授結合陽明大學、開南大學、樹德科大等多所高校規劃的「高齡者運動健康促進推展計畫架構」研究計畫。以推動「計畫一：以大學為基礎社區高齡者運動健康促進模式，計畫二：高齡者運動健康促進社區推廣與輔導，計畫三：高齡者運動健康促進成果發表，計畫四：高齡者運動健康促國際研討會。」等計畫，進而推展至社區，以裨益社區老人健康促進。

第二，推展彰化二水家政中心成果：一九七二年十二月二十六日，實踐大學創辦人　謝前副總統秉持飲水思源、為造福桑梓、提高鄉親生活品質，推展倫理教育、強化家庭功能，以加速達成禮儀之鄉。近四十年來，該中心於社區教育迭有所成，除既有的社區大學外，隨著社會發展的趨勢，增加老人大學、生活美學等課程，使一年的服務人數超過六千餘名，績效卓著（如下表）。

表 5-1　二水鄉村家政教育推廣中心服務人數表

	2008 年度	2009 年度	2010 年度	2011 年度	小計
老人大學	521	734	801	1,210	3,266
社區大學	394	822	628	555	2,399
生活美學	3,881	5,400	3,410	3,350	16,041
兒童福利	150	150	150	150	600
社區發展	552	242			794

（資料來源：作者整理）

　　第三，推動小康計畫的成功經驗：一九七二年，時任臺灣省主席的　謝東閔先生，在全省推動「小康計畫」。以家庭為基本照顧單位，連結鄰里社區現代化，提升生活文化品質。有效解決了臺灣貧窮問題，奠定我國經濟社會發展基礎。隨諸大陸改革開放經濟快速發展，近年來著力於民生建設，正如大陸於二〇一二年十二月二十一日至二十二日在北京舉行中央農村工作會議。會議提出了農業農村工作的重點任務：「著力保障和改善農村民生，建設農民幸福生活的美好家園。綜合實施、多所並舉，提高農民職業技能和創收能力，千方百計增加農民收入。紮實推進農村飲水、公路、沼氣、危房改造，促進農村教育、醫療衛生服務體系、公共文化服務體系的建設和發展，抓好新型農村社會養老保險工作。制定和實施未來十年農村扶貧開發綱要及相關規劃。」若能將臺灣「小康計畫」的成功經驗發揚光大，相互觀摩，進而創造一套具可行性與前瞻性的新社區建設實踐方案。培養具備小康社會所需的能力，引導在一系列的學習經歷中，設計出適合當地社區的實作方案的能力。不僅落實社區發展，亦為兩岸人民之福。達到　謝東閔先生一生追求的「建立一個自小康社會到大同世界，讓每一個人能平平安安的過日子。」

　　中華民國社區發展協會作為一全國性社團，將結合專業人士及熱心志工竭盡心智，貢獻所長，以推動社區建設，期能使我國邁向「安居樂業」的祥和社會。協會歡迎所有關心社區發展的人士一起來共襄盛舉。

第六章　從小康社會到富麗新農村

壹、富麗新農村願景恢宏

　　中華民國社區發展協會成立於一九六七年十二月，為一全國性社團法人，以集結社會力量，推行社區發展，促進全國各社區福利機構團體及熱心有志人士聯繫合作，動員社區資源，滿足社區需要，加速社會經濟之平衡發展為宗旨。其具體會務工作事項，包括：社區發展的倡導與推行、社區福利事業的規劃與協調、社區資源的開發與運用、社區需要與問題的調查研究、社區服務工作的創辦與改進、社區社會工作專業知識技術的研討、社區工作人才的培育與訓練以及有關社區發展理念的宣導及接受政府機構委辦的事項等，歷年來活動成果豐碩，均獲社會各界好評。

　　為迎接建國百年，揭開協會第四十五個新年屆，中華民國社區發展協會結合實踐大學社會工作學系，特於二〇一〇年十二月三十日假實踐大學舉辦「從小康社會到富麗新農村」研討會，除邀請學者專家共聚一堂外，理事長謝孟雄講座教授特別請協會創會理事長邱創煥資政蒞臨講話，並請行政院農業發展委員會陳武雄主任委員以「農村再生——社區的寧靜革命」為專題講演，提示農村社區工作的新契機。

貳、精神倫理建設新意境

　　邱創煥資政以其於政府服務時，主持臺灣省政及擔任省政府社會處處長，倡議「社區發展」工作，強調以「基礎工程、經濟生產、精神倫理」為綱要，達成社區「除貧、扶貧」具體成果。盱衡農業範圍涵蓋了「農業、農民、農村」，屬於「生產、生活與生態」等領域的「三生」產業，因此

37

「農村再生」理所當然應兼顧農業、農民與農村問題的「三農」政策。農業是一種生產產業，它追求效率；農民生活與所得是福利問題，係追求公平；農村建設是基層與環境政策問題，追求生態平衡、適宜開發為手段。農村不只是產業或生活方式，還是人格發展中很重要的領域，農村是一個教育、文化保存的地方，而這些只有在農村發展有很好的規劃、建設的時候，才能找回尊嚴。落實「富麗新農村」的理念，係本諸提升全民生活素質；並且達到「造人──參與學習的提升」、「造景──生活環境的改善」、「造產──經濟生活的增進」，也唯有「造人」才是整個社區營造的重要核心。因此，精神倫理建設於現今社會益顯其重要性，也是農村社會工作的核心目標。

參、農村再生展現新氣象

農委會陳主任委員於專題講演，以豐富的影像資料揭示：農村再生著重在農村機能的活化、人力的培養，絕不只是硬體建設而已。鼓勵居民關懷自己的社區，發現生活環境內的自然生態、景觀與人文寶藏，進一步協助他們去整理、維護這些寶藏。農村再生強調農村社區內部之活化及整體環境改善，推動農村朝向土地活化利用，環境、文化與經濟等整體規劃發展，以促進農村社區內部的活化再生，滿足生活機能需求，重建人與土地和諧共處的生命秩序，打造成為富麗新農村。

《農村再生條例》的精神是「由下而上」，絕非「由上而下」。也就是由農民主導，由農村社區的在地組織或團體（如農會、社區發展協會等）提出整體建設和活化再生計畫，經縣市政府審查核定後，再由中央主管機關補助社區進行整體環境整建、公共設施、個別宅院整建和產業活化等建設。正因為是「由下而上」，以農民的意見為核心，所以《農村再生條例》的立法全考慮農民的需求和立場。

以宜蘭大進社區為例，在二○○七年社區居民參加人力培訓計畫後，激發了村民去改善髒亂的意識，在沿著村裡的道路兩旁種了數萬株的野牡

丹，也找回了失傳已久的野燒陶技術及發現了全世界僅有的三個地方獨有的石板水渠。社區居民準備在道路兩旁擴建人行步道，百分之九十的地主都已同意捐地出來，如果這條路是由政府規劃拓寬，不知道要花多少錢來買地。

　　環顧各國在面臨二十一世紀全球化趨勢下，紛紛將重建傳統特色之農村發展，列為重要之施政政策，我國為促進農村活化再生，將提升農村整體發展，恢復農村居民在地居住尊嚴，以達建設富麗新農村之目標，作為現階段重要之課題。因應整體農村發展之需要，運用整合性規劃概念，以現有農村社區為中心，強化由下而上之共同參與制度，建立農村整體再生活化，並強調農村產業、自然生態與生活環境之共同規劃及建設，注重農村文化之保存與維護及農村景觀之綠美化。藉以解決舊有農村社區生活設施用地不足問題，並由農村再生基金，執行農村再生計畫，照顧四千個農村及六十萬以上之農戶。

　　「富麗新農村」計畫目標：

　　第一，以農村社區為單位，培育農村社區居民，加強農村活化再生之宣導，推動農村再生。

　　第二，引導社區居民學習，培養農村規劃、建設、經營、領導、提案等能力，以規劃及執行具發展特色之農村社區。

　　第三，強化在地組織之人才培育及訓練，輔導在地農村社區發展組織之運作，為農村活化再生工作扎根。

　　第四，落實社區居民共同參與社區發展規劃與環境營造，塑造農村發展願景，以利後續推動。

肆、集思廣益共謀新社區

　　此次研討會集合協會理監事、學者專家及社區工作熱心人士，共計七十餘人共聚一堂。為期集合眾人智慧，研討會請：鄭淑子老師、羅素卿主任、顏淑玲老師、謝雷諾副祕書長、葉至誠祕書長等師長，分別以「實踐

大學二水家政實驗中心的成果與突破」、「兩岸農村志工服務」為議題,各自學理、實務等提出專業看法,強調:臺灣為小農結構,正是此一結構,使臺灣農村不只是糧食的生產基地,更重要的它是臺灣社會安全瓣。一九七〇年代石油危機,許多失業人口返鄉休養生息,俗諺「不過是多一雙筷子!」貼切的形容了臺灣農村調節失業的功能。若將眼光放遠,著眼於創造性勞動力入鄉,擴大農鄉第三部門的就業機會,為臺灣農村注入活水。

農業應該是以生產為基礎,延伸到在地知識、文化認同、生態體系、生活環境、各級產業發展等不同面向,成為一個整體性的概念與全面性的操作,事實上,多年來的農村營造工作,正是回應此一概念所進行的努力。因應整體農村發展之需要,運用整合性規劃概念,以現有農村社區為中心,強化由下而上之共同參與制度,建立農村整體再生活化。

「富麗新農村」的目的在突破農村長期窒息性的發展瓶頸,照顧留在農村社區的弱勢農民,還給農村一個尊榮,進而引導外出的子弟回鄉團聚,期望打造讓都市人流連忘返的富麗新農村,建構出完整且富各種機能的新農村社區。但此一擴散絕非無限制的任意擴散,而是透過整合規劃,由政府與農村社區共同打造全新風貌。

伍、社區發展突顯新作為

在二十世紀初之都市化風潮及工商蓬勃發展趨勢下,人口大量往都市集中,造成農村人口外移嚴重,居住之高齡者相對較多。另因資源有限,政府投注在農村之建設,僅能偏重於少數地區或重點式之硬體建設,導致農村之建設及公共設施不足。又因政府較少投入農村人文營造等軟體建設,造成農村發展嚴重落後,生活機能明顯低落,城鄉差距越來越大,致農村生活及文化特色逐漸喪失。環顧各國在面臨二十一世紀全球化趨勢下,紛紛將重建傳統特色之農村發展,列為重要之施政政策,我國為促進農村活化再生,將提升農村整體發展,恢復農村居民在地居住尊嚴,以達建設富麗新農村的目標,作為現階段重要之課題。

　　中華民國社區發展協會謝孟雄理事長於研討會總結時，提示以「農村社會工作」為協會努力的方向。隨著經濟及社會結構的變遷，許多農村多已呈現嚴重凋敝及窳陋破敗的現象，此時亟需政府及社會各界伸出援手，過去社區營造要去各政府機關找資源，但農村再生出來之後，我們發現這是一個救命丹，一個部會就能整合照顧到弱勢社區，不用疲於奔命到處去找資源。以林子內社區為例，它比較偏僻，土地又比較貧瘠，要發展有困難性，但保有很多生態及純樸的人，所以才以「心靈發展」作為特色，如果可以這裡變成讓人心靈調養的地方，對臺灣來說是很好的祝福。

陸、小康社會到和諧社會

　　「富麗新農村」是以農村及居住於當地農民的福祉為考量，努力扶植及振興農村相關產業，由此來扭轉農村的頹勢。有鑑於現行農村社區之分布，以小規模或非集約式之發展型態為主，其生活與農業生產環境息息相關，農村再生條例分別以總則、農村規劃及再生、農村土地活化、農村文化及特色等方向訂定相關條文，作為農村整體發展及規劃建設之法令依據；在具體做法上，優先獎勵自發性之共有土地自辦規劃或整建、改進農村社區土地使用管理方式及推動整合型農地整備等方式，透過訂定農村再生發展區計畫，活化農村土地利用，藉以解決舊有農村社區生活設施用地不足問題，並由中央主管機關設置新臺幣一千五百億元之農村再生基金，執行農村再生計畫，照顧四千個農村及六十萬以上之農戶。重新讓社區居民找到自己的自信及對土地的認同。農村是閉鎖的都市之外的一個廣大天地，好好的營造後，臺灣社會發展會有多元、更不一樣的選擇。農村再生條例牽涉到的，不只是工程，莊嚴地看可說是一種「社會文化振興與再造」，這社會工程正是臺灣這一個「大社區」進行社區營造的一部分。秉於「徒善不足以為法，徒法不足以自行。」這社區營造的工程不是等法令過關了才開始，而是現在就起步了，須賴制度、人員、資源的統合運用，方可克竟全功。

　　一九七二年，時任臺灣省主席的實踐大學創辦人　謝東閔先生，在全省推動「小康計畫」。推動民生經濟建設，有效解決了臺灣貧窮問題，奠定我國經濟社會發展基礎。二○○○年中共第十六次全國代表大會，提出《全面建設小康社會，開創中國特色社會主義事業新局面》報告，改善生活環境是實現全面小康的重要任務。中國共產黨第十七次全國代表大會五中全會《國民經濟及社會發展第十二個五年計畫建議》中列有「推進農業現代化，加快社會主義新農村建設」強調「堅持把解決好農業、農村、農民問題作為全黨工作重中之重，統籌城鄉發展，提高農業現代化水平和農民生活水平，建設農民幸福生活的美好家園。」若能藉由《農村再生條例》的落實，將「小康計畫」的經驗發揚光大，不僅賡續小康計畫的理念，產生源源不絕的熱情與毅力。讓臺灣農業達到效率、健康、永續經營的全民農業發展方針。不僅落實推動農村再生是「愛臺十二項建設」施政主軸之一，促進農村活化再生，建設富麗新農村，並透過整合規劃概念，協助農村打造全新風貌。將此寶貴經驗推展到大陸，彼此借鑑共同進行「新農村建設」，亦為兩岸人民之福，以期能使我民族能邁向「安居樂業」的祥和社會。

第七章　社區高齡健康促進

壹、緣起

　　隨著高齡化現象日益明顯，社會大眾普遍有建立一個「長者安居樂齡生活」的期待。政府於二〇一五年五月十五日通過《長期照顧服務法》的立法工作，期盼展開高齡者關懷照護作為。實踐大學二水家政教育中心，默默耕耘積極推展「長者健康促進活動」卓然有成，深值得借鑑。

　　一九七二年十二月二十六日，　謝前副總統東閔先生秉著飲水思源、為造福桑梓、提高鄉親生活品質，推展倫理教育、強化家庭功能，以加速達成禮儀之鄉，將二水故居捐給實踐大學，設立家政推廣教育中心。近半世紀以來，該中心秉持「時時有行動，處處有感動」散播社教之美，用真誠的心，提升社會的善良風氣。近年來更積極朝向「長青學苑」、「樂齡學習」形成社區高齡關懷照護工作的極佳範例。

貳、健康促進——活躍老化

　　世界衛生組織（WHO）在「活躍老化：政策架構」報告書中，將健康（health）、社會參與（participation）和安全（security）視為活躍老化政策架構的三大支柱。如何長期維持活絡的身心機能、樂活養生、過著身心愉悅的老年生活，創造生命的另一個高峰，是高齡者人生重要的課題。世界衛生組織更提出，健康促進的五大行動綱領，其首要則為制定健康的公共政策，因此，在因應高齡社會的需求下，建構一個符合長者健康需求的健康促進政策，是當務之急的首要工作。

　　中華民國社區發展協會結合實踐大學二水家政中心及敏惠醫護管理專科學校共同於彰化二水及臺南柳營推動「社區高齡者健康促進活動」。提出前瞻性推動願景，針對高齡者健康促進社區服務與輔導方案，期盼將社區高齡健康促進向各社區推廣，以利全面推展高齡者健康促進。

　　二〇〇二年世界衛生組織（WHO）提出「活躍老化」（active ageing）觀念，已成為 WHO、OECD 等國際組織對於老年健康政策擬定的主要參考架構。為了使老化成為正面的經驗，長壽必須具備持續的健康、參與和安全的機會，因此活躍老化的定義即為：「使健康、參與、和安全達到最適化機會的過程，以便促進民眾老年時的生活品質。」此一定義正呼應 WHO 對健康的定義：「身體、心理、社會三面向的安寧美好狀態。」因此，政策或計畫促進心理健康和社會連結，是與促進身體健康同等重要，並且使老年人維持自主與獨立。

　　推展社區健康促進工作宜把握理論與實踐的相互關係，既能系統地梳理健康行銷的脈絡和現實環境，也能深入地認識社區健康促進的各種理念、理論、價值觀、實務模式和方法技巧等。旨在能根據社會情境、歷史分析，整合地思考健康社區的介入模式。

　　在今日的專業服務中，社區健康促進工作強調「社區照顧（community care）」的方式，「社區照顧」源於一九五〇年代的英國，Walker（1982）認為「社區照顧是經由親戚、朋友、鄰居與志工等非正式服務網絡，加上正式的社會服務機構來共同照顧弱勢族群。」Bayley（1973）則認為社區照顧有三個理念，「在社區內照顧（care in the community）」、「由社區來照顧（care by the community）」，以及「由政府、專業者與社區合力照顧弱勢族群（care with the community）」。藉由社區自發性或組織性的運作過程而凝聚共識，及建構衛生保健施政之多元化基礎網絡，激發民眾產生自主、自發之參與動力，以由下而上的方式，對於自身所處的社區環境與健康問題能夠進行分析並願意共同參與，共同建立健康生活的支持環境，實踐健康的行為；透過民眾自身社區參與之體驗，強化社區健康促進與自我管理能力，共同營造健康的社區。

參、健康社區──老者安之

　　所謂健康社區促進工就是指把健康的資源和社區的資源，透過社會服務的橋梁有機地聯繫起來，並經由專業工作的理念和方法，把這些資源輸送至有需要者，從而推動健康及社區相關層面的協調和更好地發展的專業活動。

　　人類壽命的延長，事實上是人類追求的目標。個體生活的目的，不外追求活得久及過得好。生命期的向後推移，人口的老化，正是人類追求生命意義的實現，它是一種人類生活目標的體現，也是一種成就的標準。人口老化是一種正面的轉型，是現代科學的追求方向。高齡社會雖然展現了重要的意義，但銀髮革命也對社會產生了很大的衝擊，包括財政、經濟、政治、醫藥、照護、建築、商業、教育及家庭等層面。

　　健康國民是國家的最大資產，國民體能是國力的具體象徵，也是國家競爭力的關鍵因素、國家現代化衡量的指標之一。隨著高齡潮的來臨，老人人口的快速增加，老人教育機會的提供，將是一項急遽的需求，如旅遊學習、海外研習、老人寄宿所活動、第三年齡大學、長青學苑等，型態也愈來愈多樣化，參與人數倍增，將帶動老人服務的蓬勃氣象。

肆、多用保健──少用健保

　　保持身心健康與滿足福祉需求，是每個人的期望。社區健康營造活動是目前政府與公益團體推動之主要項目，以社區營造的參與方式，根據社區健康議題，讓居民學習與解決問題，引導社區建構其追求健康與福祉的具體目標。人民的健康生活可以透過社區過程去加以營造，健康生活社區化的理念，是強調要增進國民運動健身的觀念，並期望可激發民眾對健康的關心與認知，自發性地參與或結合衛生醫療專業性團體，藉由社區互助的方式，共同打造健康社區。

　　參酌內政部「老人狀況調查報告」可知：臺灣在一九九三年高齡人口數（超過六十五歲者）達一百四十九萬人，占總人口數百分之七點零九，高齡人口比例已超過聯合國所訂定的標準，成為人口高齡化之國家；目前高齡人口已超過三百萬人，占總人口已逾百分之十三。而在於農村，根據臺灣地區農業統計指標顯示，農村地區人口數為三百二十三萬人，同時請領老農津貼人數為七十三萬人，估算農村高齡人口應至少占農村人口的百分之二十二點六五，遠高於都會地區。我國老人日常生活主要活動為「與朋友聚會聊天」、「從事休閒娛樂活動」及「照顧孫子女」為主，相對於先進國家，我國在老人健康促進的推廣上仍有許多努力空間。推展「社區高齡者健康促進」活動，擇定二水家政中心辦理，以期達到長者健康促進，經由系列健康促進活動的參與，著重平日保健工作，以期減少醫療需求，不僅少用醫療資源，亦可發揮健康促進的效益，增進身體健康及生活品質，自利利他。

　　社區高齡健康促進在二水家政教育中心的積極推動，並拓展至鄰近的和合、海豐、湧泉、合興等社區，體現於促進老人的生理健康、心理快樂，使老人享受健康快樂的生活。彰顯該中心設置的前瞻努力，同時是中華民國社區發展協會服務桑梓的宗旨。

中華民國社區發展協會結合彰化二水家政中心書法班受邀至各級學校推展書法活動，深受好評。

結語

　　在高齡化與少子化的社會趨勢下，老人家的照顧需求相對增高，因此秉持著「美麗桃花園、銀髮新故鄉」的理念，為了提供老人完善的服務與全人之照顧，政府之衛生、福利、交通、營建及勞工等相關機關，皆有責任力促老人之福祉。社區照顧的服務輸送模式是英國在一九八〇年代初快速興起的理念。由於老人長期照顧的需求，加上福利國家的財務危機，使得新右派的福利意識型態崛起，並盛行自英國柴契爾政府及美國的雷根政府時代。本文僅就老人社區照顧，做一論述說明，推動老人福利措施可分成健康維護、經濟安全、教育與休閒、安定生活、心理及社會適應、其他福利措施等，以提供健全的老人福利服務，在社區式照顧服務，提供多樣性的服務，以彰顯老人福利服務措施之完善，讓我們的長輩得以安心舒適地生活。以期在這塊園地上全心全意地灌溉，期達成「老人福利全方位」之目標。以回應福利國家所積極推展社區照顧的目的，朝向「去機構化」（Deinstitutionalisation）或「轉機構化」（Transinstitutionalisation），一方面節省政府財政支出，一方面讓老人能留在社區中感受到更人性、更彈性的照顧情境，所採取民營化、分散化、參與化為主要策略目標，並讓權力回歸社區，給受照顧者「使能」（enable），並讓案主與照顧者都有更多的「充權」（empowerment），獲得人性化的服務。

上左｜本書作者葉至誠老師擔任「健康生活──樂活 120」課程。

　右｜二水家政中心推展「健康樂活──躍動 120」課程。

下左｜中華民國社區發展協會結合敏惠醫專師生至臺南白河竹門社區進行關懷中心彩繪
　　　活動。

　右｜中華民國社區發展協會結合敏惠醫專師生至臺南白河竹門社區進行長者關懷活動。

第八章　兩岸青年攜手社區服務

壹、緣起

　　中華民國社區發展協會成立於一九六七年十二月，為一全國性社團法人，以集結社會力量，推行社區發展，促進全國各社區福利機構團體及熱心有志人士聯繫合作，動員社區資源，滿足社區需要，加速社會經濟之平衡發展為宗旨。自二〇一〇年五月該屆理事會展開各項工作時，即以謝理事長所揭示，將會務發展規劃的重點為：「整合臺灣現有社區服務資源，以為開拓社區服務新領域。」「發揮臺灣小康計畫——社區建設成果，以影響大陸全面建立小康社會目標。促進兩岸『優勢互補，攜手共進』理想。」

　　由於大陸的「新農村建設」與臺灣「小康計畫」、「建設富麗新農村」的理念、精神及目標一致，協會嘗試以臺灣小康社會的成功經驗結合大陸培育農村建設人才——村官為例，期能建構一套具可行性與前瞻性的新農村建設實踐方案。

　　環顧各國在面臨二十一世紀全球化趨勢下，紛紛將重建傳統特色之農村發展，列為重要之施政政策，為促進農村活化再生，將提升農村整體發展，恢復農村居民在地居住尊嚴，以達建設富麗新農村之目標，作為現階段重要之課題。因應整體農村發展之需要，運用整合性規劃概念，以現有農村社區為中心，強化由下而上之共同參與制度，建立農村整體再生活化，並強調農村產業、自然生態與生活環境之共同規劃及建設，注重農村文化之保存與維護及農村景觀之綠美化。藉以解決舊有農村社區生活設施用地不足問題，並由農村再生，照顧農村及嘉惠農民。

貳、倡議

臺灣推動「富麗新農村」的目的在突破農村發展瓶頸，照顧留在農村社區的農民，還給農村一個尊榮，進而引導外出的子弟回鄉團聚，期望打造讓都市人流連忘返的農村社區，建構出完整且富各種機能的新農村，透過整合規劃，由政府與農村社區共同打造全新風貌。

二〇〇七年，大陸領導人胡錦濤提出了全面建設小康社會的一系列新要求、新思路、新舉措，其內容包括「新農村建設」。建設新農村的核心任務村朝向全面建設小康社會，是一次重大的制度創新和社會變革，要在試點的基礎上全面推進。為達成「全面建設小康社會」，必須認真解決好「三農」問題，著力推進新農村建設。要處理好發展農村生產力和促進農民增收的關係，推動農村產業全面協調發展，加大對農民增收的支援作為，加快農村教育、科技、文化、衛生等社會事業發展，開創建設新農村的新局面。其成就不僅能提升農村生活品質，亦能促進青壯人口留在農村，減少人口外移所帶來的困擾。

盱衡我國社會進入全球化、專業化，不論是在專業服務或是培訓人員方面，都需有能一窺農村服務領域全貌的關照，凡有志者皆可以一同朝向未來應建構的方向共同努力。為此，中華民國社區發展協會倡議並推動，結合兩岸大學校院共組「兩岸青年志工農村社會服務隊伍」，進行兩岸高校的聯合服務。為使助人專業得以永續，乃結合志工隊伍的實踐歷程及專業學理，服務參與，以期能推動這項服務工作。

參、實踐

共組「兩岸青年志工農村社區服務隊」係著眼青年為民族希望之所寄，志願服務則係展現社會關懷的核心價值。為落實該項構想，協會號召實踐大學、世新大學、佛光大學分別與安徽農業大學及安徽黃山學院、農業大學於二〇一一年七月，共同組織「第一屆兩岸青年志工農村社區服務隊」，

以所知所學加以專業培訓，以參與「新農村建設」的服務工作，以「環保、科學、健康生活」為主軸，分別於合肥、宏村等地進行為期十天的社區小學夏令營、敬老院關懷長者、社區民眾健康宣導活動；第二屆於二〇一二年二月假南投東山國小進行「富麗新農村」服務活動。第三屆活動於彰化二水實踐大學家政中心展開，以期發揮兩岸大學知識青年攜手合作共同達成我民族同胞所期待「安居樂業」社會的典範。

　　隨諸高齡化社會的到來，實踐大學在彰化縣二水家政服務中心已多年從事社區高齡長者的「長青學苑」社區教育工作。嘉惠地區民眾無數，第三屆青年志工活動是安徽黃山學院、湖北江城學院、湖北華中師範大學及實踐大學師生共同組成。活動深具意義，僅摘述部分實況：「教老人跳健康操，做按摩。還為長輩帶去了富有安徽特色的茶藝表演、黃梅戲對唱、功夫扇以及臺灣經典歌曲聯唱等節目。在志願者的帶動下，老人們忘記了年齡，和年輕人一起歡呼，跳躍，歌唱，度過了非常愉快的一天。活動結束時老人們和志願者們緊緊相擁，許多老人淚流滿面，依依不捨。服務青年走進彰化縣海豐社區發展協會，對社區進行訪問，與他們交流兩岸的文化，交流大學生活的感受，並與社區的居民聯歡，與他們擊鼓傳花，教社區居民唱黃梅戲，社區居民教青年同學唱閩南歌曲和日本民歌，氣氛友好而熱烈。與長輩一起參觀日月潭，大家一邊賞景，一邊談心，攙扶老人上下臺階樓梯，幫老人背行李、送茶水，親切如一家人般。為期兩週的志願服務，給當地老人、居民帶去了生氣與活力，與他們建立起深厚的友誼。許多志願者感觸很深，他們說我參與、我奉獻、我快樂，其實我們的快樂不是自己快樂，而是希望我們的活動讓更多長輩覺得很快樂、很自豪，這是我們的感動所在。」

肆、開拓

　　實踐大學創辦人　謝東閔先賢於一九七二年擔任臺灣省政府主席時推動「小康計畫」，其成果為「除貧扶弱」，邁向現代化社會建設，奠定社會

的全面發展。首設「媽媽教室」，辦理宗旨在培育具有「家庭倫理化、科學化、藝術化、經濟合理化」的建設及推動人才，以締造和諧的社會，建設富強的國家。該成就足為新農村建設實踐過程的借鑑。

值此全球化時代，所有人類的命運緊緊相繫，兩岸血脈相連，文化一體，均為地球村的一分子，於發展成就之餘，自當貢獻已力，協助農村地區教育、經濟發展，並使在臺灣富裕環境中成長的青年學子，了解當地，進而藉此機會學習感恩惜福，奉獻服務。並期望其在接受多元文化洗禮後，更具備開闊視野。兩岸青年共同組建「農村社區工作服務隊伍」，經由服務學習活動提供參與志工團的大專青年在物質相對簡單的環境中，與純樸的當地師生、村民共同生活，共同學習成長，期望藉由人與人之間最誠摯的交流，達成服務教育的目標。與此同時，透過認識當地歷史、地理、風俗，使青年志工的眼界得以開拓，深入了解農村社區環境，關愛生命，達成民族交融目標。

中華民國社區發展協會近年來著重於培養大學生實踐動手能力和服務社會及地方的意識和綜合素質，同時重視與大陸地區的交流合作。本諸於「實踐是檢驗真理的唯一標準」，借鑑臺灣「小康計畫」到大陸「全面建設小康社會」的實踐，是一項強化社會本身的體質與競爭力的構思規劃；兩岸同心協力共同塑造社會建設的新價值與新文化作為，以協力發展兩岸高品質的人文素養及生活水準。臺灣小康計畫的精神與經驗正呼應著「民生是歷史的重心，文化是生活的核心。」此亦為推展新農村建設的精髓，全面建設和諧社會的目標。

第九章　社區推動老人照顧

前言

　　老年社區工作主要以社區中的老年人為工作對象，經過發動和組織社區內居民參與集體行動，確定老年人在社區中的問題和需求，動員社區資源來預防和解決老年人問題，培養老年人的自助、互助、自決精神，讓老年人有愉快的晚年生活並維護社區的穩定。社區老年人工作與傳統的老年人服務最大不同的地方是強調老年人的潛能，鼓勵老年人的社區參與，提高老年人的社會意識，讓老年人從一個被動的受助者轉為一個主動的，有自動能力的，維護合理的權益。

壹、老人的社區福利需求

　　先進福利國家的老年社會福利服務體系由多種性質、多種類型和多種層次的服務網絡組成。在社區照顧服務過程當中，所謂「服務輸送」（service delivery）指的是一項服務提供，經由照顧管理者操作，運用並連結相關資源，俾將服務內容供給被照顧者使用的過程；另「服務網絡整合」（service networks integration）則是社會工作強調的基礎觀念。在工商社會裡，夫妻多為雙薪家庭，老人日間乏人照顧的問題日益突顯，逐漸的使社區照護觀念受到重視，社區照護的落實必須和其他福利措施相結合，才能發揮福利的功能。依《老人福利法》規定，老人福利機構可分為以下五類，各有不同服務對象。

表 9-1　老人福利機構

類型	服務內涵
長照機構	以照顧罹患長期慢性疾病且需要醫護服務之老人為目的。
養護機構	以照顧生活自理能力缺損且無技術性護理服務需求之老人為目的。
安養機構	以安養自費老人或留養無扶養義務之親屬或扶養義務之親屬無扶養能力之老人為目的。
文康機構	以舉辦老人休閒、康樂、文藝、技藝、進修及聯誼活動為目的。
服務機構	以提供老人日間照顧、臨時照顧、就業資訊、志願服務、在宅服務、餐飲服務、短期保護及安置、退休準備服務、法律諮詢服務等綜合性服務為目的。

（資料來源：作者整理）

　　以上五類機構得單獨或綜合辦理，並得就其所提供之設施或服務收取費用，以協助其自給自足。地方政府更應視需要設立並獎助私人設立上揭老人福利機構。

　　由於建造和經營照顧機構（院舍）是相當昂貴的，機構照顧是一種與社會隔離式的照顧，容易使老人們在心理上受到損害，妨礙獨立生活能力的需要。而大部分老人留在家裡由不具有照護專業能力的家人照顧，長期下來往往會造成照顧者疲累與壓力。因此，社區照顧是人性化及社會融合，讓有需要照顧的老人留在家裡，生活在熟悉的社區環境中，又能就近得到熟識的社區志工適切的照顧，相對於遠離家園去到一個陌生的機構（院舍）接受照顧，這種方式是更具人性化且較符合社會融合的原則。

貳、老人社區福利的推動

　　從社區照顧政策方案推動以來，回顧臺灣從一九九五年「全國社區發展會議」，接受與會學者提出「為落實社會福利政策，社會福利應推動社區，並建議加強社區各相關社會福利設施及服務方案的普及」之建議；乃至一九九六年訂頒《加強推展社區發展工作實施方案》，研訂「福利社區化」的具體措施與實施步驟，規劃推動「福利優先區」創新措施。

一、健康維護措施

(一) 老人預防保健服務：依據「老人健康檢查及保健服務項目及方式」，規定老人健康檢查及保健服務項目及辦理方式，各直轄市、縣市政府即據以配合全民健康保險成人預防保健服務項目辦理老人健康檢查。

(二) 中低收入老人醫療費用補助：為降低低收入戶就醫時之經濟障礙，對於其應自行負擔保險費、醫療費用，由政府予以補助；至中低收入年滿七十歲以上老人之保險費亦由政府全額補助。

(三) 中低收入老人重病住院看護費補助：為使老人因重病住院無專人看護期間，能獲得妥善照顧並減輕其經濟負擔，辦理中低收入老人重病住院看護費補助。

二、提供經濟安全補助

(一) 低收入戶老人生活補助：為照顧未接受機構安置之低收入戶老人生活，每月平均補助每人生活費用，以維持日常生活所需。

(二) 中低收入老人生活津貼：為安定老人生活，凡六十五歲以上未經政府公費收容安置之中低收入老人，其家庭總收入平均每人每月未達最低生活費用標準一點五倍至二點五倍者，每人每月發給三千元，而一點五倍以下者，則發給六千元。

(三) 中低收入老人特別照顧津貼：領有中低收入老人生活津貼，未接受收容安置或居家服務補助，經鑑定醫療機構診斷證明罹患長期慢性病，日常生活活動功能量表評估為重度以上，可申請每月五千元補助。

三、教育及休閒育樂活動

　　為充實老人精神生活、提倡正當休閒聯誼、推動老人福利服務工作，輔導鄉鎮市區公所興設老人文康活動中心，並逐年補助其充實內部設施設備，以作為辦理各項老人活動暨提供福利服務之場所。

四、提供居家、社區、機構照護服務

(一) 居家照顧服務：為增強家庭照顧能力，以使高齡者晚年仍能生活在自己所熟悉的環境中並獲得妥善的照顧，積極推動老人居家服務。

(二) 社區照顧服務：針對身心障礙中低收入之獨居老人，提供「緊急救援連線」服務。家庭照顧者因故而短期或臨時無法照顧居家老人時，可安排老人至安養護機構，尤其提供短期或臨時性照顧。

(三) 機構養護服務：補助民間單位積極興設老人養護、長期照護機構，同時輔導安養機構轉型擴大辦理老人養護服務，以增加國內老人養護及長期照顧的服務量。

五、加強辦理老人安養服務方案

(一) 為落實「加強老人安養服務方案」，藉由建立老人保護網絡體系、居家服務與家庭支持、機構安養、醫護服務、社區照顧及社會參與、教育宣導及人才培訓等措施，以達保障老人經濟生活，維護老人身心健康，提升老人生活品質。

(二) 提供獨居老人緊急救援連線服務：為加強對獨居老人的關懷照顧，保障其生命財產安全，適時提供緊急救援服務。

六、設置老人諮詢服務中心

為增進老人生活適應，設置老人諮詢服務中心，透過社會上對老人心理、醫療護理、衛生保健、環境適應、人際關係、福利與救助等方面具有豐富學識經驗或專長人士參與，對老人、老人家庭或老人團體提供諮詢服務，協助解決或指導處理老人各方面的問題。

七、老人教育及休閒育樂活動

為充實老人精神生活、提倡正當休閒聯誼、推動老人福利服務工作，輔導鄉鎮市區公所興設老人文康活動中心。

八、積極輔導未立案機構立案事宜

協助未立案老人安養護機構，經政府透過「輔導」、「取締」雙管齊下之做法辦理下，以達到社會需求的標準。

九、規劃老人福利機構評鑑

為加強老人安養護機構之監督及輔導，保障老人權益，促進老人福利機構業務發展，提升服務品質，辦理老人福利機構評鑑。

十、鼓勵民間單位積極擴（改、新）建老人養護機構

針對老人就養需求殷切及就養機構缺乏地區，優先獎助民間設置及增加公立老人養護床位，紓解老人安養、養護問題，改善及充實設施設備。

在家庭規模越來越小的現實狀況考量下，不可能單由家庭來承擔這樣的照護責任，更不可能要求家庭的子女或是親友完全獨攬老人的照護工作；機構照護的存在對三項以上日常生活活動（ADLs）或工具性日常生活活動（IADLs）的失能老人，確有其必要性，但對於一些尚有自理功能的老人，社區照護結合在地老化、人性化照顧等理念，是應予以落實。

參、老人社區式照顧服務

一項福利服務輸送的過程牽涉到應包括：第一，提供者（贊助者、購買者）；第二，輸送者（服務者、照顧者）；第三，使用者（消費者、被照顧者）等三個部分，但其中「輸送者」體系的福利服務供給方式，貫穿福利社區化中社區照顧的主軸，或者說輸送者的服務內涵，指陳出服務在「機構照顧」與「社區照顧」中的位置所在，重要性不言而喻。為使老人能在熟悉的社區中得到安養照顧，也能補強居家安養提供的不足，政府正有計畫、有組織的結合民間單位，辦理相關的社區照顧服務，尤其對獨居老人或因行動不便而其子女均在就業無法提供家庭照顧之老人，更有其需要及

迫切性。現階段，社區照顧的主要措施包括老人保護、餐飲服務、日間照顧、短期照顧等，分述如下：

一、老人保護

老人遭受家人的疏忽或虐待較不為人所察覺，而其居家安全甚為重要。是以《老人福利法》新增老人保護專章規定，加強推動建立各地方政府之老人保護網絡體系，提供法律諮詢服務、協助驗傷醫療、諮商輔導、委託安置等，以落實各項保護措施。為加強對獨居老人的關懷照顧，保障其生命財產安全，針對身心障礙中低收入之獨居老人，提供所謂的「緊急救援連線」服務，每人每月最高補助一千五百元租金，目前各地方政府均已開始積極執行，深獲肯定。所謂生命連線緊急求援系統（LIFELINE），它包含了一組連在用戶電話上的主機及一個無線遙控防水防塵的隨身按鈕，可當項鍊配戴也可配掛在腰帶上，用戶隨時需要幫忙時，他們只要按下這隨身按鈕，訊號將可透過主機在幾秒內傳送到 LIFELINE 生命連線控制中心，專業的護理人員將立刻與用戶透過語音系統溝通，和用戶取得聯繫，如需要幫忙時將立即聯絡用戶所指定的緊急聯絡人或救護車前往，確保用戶的安全。

二、日間照顧

對於沒有接受居家服務或機構安養之獨居老人，或因子女均在就業無法提供家庭照顧之老人，政府鼓勵地方政府設置日間照顧中心，白天由家人將老人送到日間照顧中心，由中心提供生活照顧及教育休閒服務，晚上將老人接回家中，可以享受家人的溫情關懷。藉由日間照顧不僅可增進老人社會活動參與，並可提供家庭照顧者休息的機會。日間照顧之模式計有二大類，一為醫療模式：提供醫療及復健服務，即衛生單位主管之「日間照護中心」；二為社會模式，提供餐飲及活動安排，即社政單位主管之「日間照顧中心」。

三、餐飲服務

在高齡化社會中國民平均餘命不斷延長，生活自理能力隨年齡增長或健康影響而退損，故須提供營養餐食以減少高齡老人炊食之危險及購物之不便。對於低收入戶及中低收入老人，政府最高補助每人每餐五十元，又為鼓勵志願服務人員參與送餐服務關懷照顧老人，並補助志工交通費最高每人每日一百元。有關用餐方式，對於行動自如之老人，係選定適當地點提供餐飲集中用餐；至行動困難者則以送餐到家的方式辦理，一方面解決老人炊食問題，一方面讓老人與社會接觸，獲得情緒的支持。

四、短期照顧

當家庭照顧者因病或因故而短期或臨時無法照顧時提供短期或臨時性照顧，以舒緩家庭照顧者之壓力、情緒及增進專業知能。

肆、社區照顧的相應作為

社區照顧政策的主要精神，在於服務輸送的近便性。現行雖已有居家、社區及機構式等服務提供，並設置長期照顧管理中心、居家服務支援中心、老人福利服務中心等服務窗口，惟考量人口老化速度急遽，現行之服務窗口普及性仍有不足，民眾使用之可近性仍不高；再者，初級預防照顧服務仍較為缺乏。因此，政府於二〇〇五年五月十八日公布「建立社區照顧關懷據點實施計畫」，二〇〇八年四月七日修正公布「建立社區照顧關懷據點輔導計畫」，以社區營造及社區參與為基本精神，鼓勵並輔導社區內立案之社會團體普及化設置社區照顧關懷據點，提供初級預防照顧服務。其中的要點為：

一、目的

(一) 以長期照護社區營造的基本精神，關懷社區老人，並運用社區互助支持系統，增進社區關懷意識，提供老人社區化之預防照護服務。

(二) 結合社區現有資源，強化原有社會支持系統，並開發新的社會資源，發展契合社區需求之照顧模式，以建構完善之社區照顧支持網絡。

(三) 結合各項資源，提供關懷訪視、電話問安諮詢及轉介服務、餐飲服務、健康促進等多元服務，提升社區老人生活品質。

二、服務對象

服務區域內設籍並年滿六十五歲以上之長輩及身心障礙者。

三、服務內容

(一) 服務項目：辦理關懷訪視、電話問安、諮詢及轉介服務、餐飲服務、健康促進等多元服務。

(二) 服務方式與規劃：

1. 關懷訪視部分：對於社區中獨居之長輩、家中有特殊需求之長輩、身心障礙、行動不變或長期臥床之老人，了解其健康狀況，給予情緒支持及紓解，並建立特殊問題發現及通報機制，成立「居家問安關懷組」志工隊，於各社區中招募具愛心、耐心、願意服務老人、自備交通工具及每一週或每兩週可外出訪視提供一次四小時的服務，並協助進行居家問安關懷服務之志工。

2. 電話問安諮詢及轉介服務：針對社區中獨居之長輩、行動自如且平日家中仍有家屬但參與社區活動意願低的老人或家中有特殊需求之長輩（如子女缺乏照顧能力之長輩）提供服務，另有健康問題需提醒追蹤之長輩為次要服務對象。藉由電話關懷，予以情緒支持及紓解，並提供長輩簡單福利諮詢及介紹，對有特殊狀況者，通報相關單位處理（如老人保護個案的通報）。對社區內行動不便、生活無法自理、獨居或乏人照料之長輩，每週一至週五提供外送服務，解決其中、晚餐用餐問題。

3. 健康促進活動：提供文康休閒活動設施如書報雜誌、卡拉 OK、健身器材及各種棋藝設備，增進老人休閒生活情趣，促進老人身心健康，

俾以聯絡彼此間之感情,進而提升社區老人生活品質。舉辦各項文康休閒活動,吸引社區老人使用據點的文康休閒服務設施,擬規劃於每月至少進行二次各類不同的休閒活動競賽,如棋藝比賽、運動競賽、閱讀比賽等。開辦各種課程講座如身體衛教保健講座、體能活動(如氣功教學、元極舞教學等)及文藝活動課程(如語文課程教學、文康活動教學等)。另外,推廣老人健檢活動為長輩提供健康管理、預防照護服務。

高齡化社會的來臨,最直接面臨的挑戰就是老人照顧問題。過去傳統社會多由家中的婦女擔負起所有的照顧責任,然而臺灣的婦女勞動參與率也逐漸提升,從人口及家庭結構的改變,顯示老人的長期照顧問題實具其迫切性,急需政府結合社會整體力量,推動妥適的政策與措施,提供資源以協助家庭,使老人照顧問題獲得適當的因應。社區照顧服務輸送體系,在強調責信(accountability)的現代社會工作專業中,於推動社區照顧,需考量「品質」議題,九○年代品質觀念受到重視,強調品質控制(quality control)、品質保證(quality assurance),甚至「全面品質管理」(Total Quality Management, TQM)概念,在政府部門及企業部門流傳著,進行著一場品質的革命。「品質控制」著重於服務的被監督,確保一致性品質;而「品質保證」更指的是管理體系確保輸送的服務是高品質的;「全面品質管理」則包括一系列策略,如承諾持續服務品質的改善、組織文化的改變,以及強調每個人對實際績效的貢獻。就層面與向度來看,是從有否服務取向,轉移到使用者的是否滿足取向,以確保服務品質。

結語

在宅老化與在地老化是世界各國發展老人照護政策的最主要目標,也是最符合國內老人期望的政策取向。然而,由於現行國內相關長期照顧資源以機構式為主,且存在機構或病床數分配不均的現象,致使無法完全落實在地老化。據此,未來的老人醫療保健應配合長期照顧保險的規劃實施,

適度減輕老人及其家屬的經濟負擔，使其可獲得適當的醫療保健照護。具體做法包括：第一，結合社區志願服務團體，提供臨時性的喘息服務，給予家庭照顧者必要的支持；第二，開辦「服務時間人力銀行」，鼓勵社區居民志願參與社區照顧工作；第三，改革公立醫療體系並設法與社區生活結合，除了提供必要的醫療服務外，更應強調社區居民中老年病的預備與控制，共同建構一個健康的生活環境；第四，整合各類長期照顧服務與醫療保健資源，落實在地老化政策，建構一個完整的社區照顧網絡；以及第五，研擬老人長期照顧保險的規劃，提供老人及其家屬適當的長期照顧，並適切減輕其經濟負擔。

彰化二水家政中心於高齡社會中推動銀髮族服務不遺餘力，定期培訓社區志工辦理高齡關懷活動，以發揮黃金人口的社會價值，深受長者肯定喜愛。

第十章　社區營造工作的推手

前言

　　實踐大學彰化二水家政中心創辦自一九七二年十二月二十六日，　謝故副總統秉著飲水思源、為造福桑梓、提高鄉親生活品質，推展倫理教育、強化家庭功能，以加速達成禮儀之鄉，將二水故居捐給實踐大學，設立家政推廣實驗中心。該中心多年來本諸謝孟雄董事長及林澄枝資政的指導，近三十年來，由實踐大學社會工作學系羅素卿老師帶領中心同仁負責規劃、推展工作，不分晝夜以專業熱情點燃生命關心地方上之人、事、地、時、物，深耕地方推動藝文教育散播社教之美，使人人都參與、時時要學習、處處有教室，推展終身學習理念，結合各機關資源、配合地方民俗教育及傳統民俗教育、生活禮儀教育等活動深獲社會各界人士之讚賞與肯定，鄉民更讚譽為體現終身教育精神的樂齡推手。因對社區教育的傑出貢獻，羅主任於近期榮獲教育部表揚「第三屆樂齡教育奉獻獎」。是項殊榮不僅是對羅主任工作團隊的高度肯定，也是彰顯實踐大學長期致力於社區建設的傑出績效。

壹、結合社會資源　推展社區學院

　　羅主任被鄉民讚譽為社教工作達人，出身於宜蘭，於彰化縣二水鄉奉獻服務長達二十多年，積極投身社區建設工作。同時擔任彰化縣二水鄉生活美學協會理事長、彰化縣二水鄉樂齡學習中心主任、社區衛生促進委員會委員、彰化縣鼻仔頭休閒農業區發展協會常務監事、長青大學及弱勢安親課輔班主任，多方位服務鄉親民眾。服務以來，為拓展社區教育，陸續開辦臺灣省社區媽媽教室輔導人員研習會、長青大學、社區大學、弱勢安

親課輔班,深受社區肯定。考量高齡教育的需求,於二〇一三年起首創「二水鄉樂齡學習中心」,積極熱心為長者籌劃各類多元活動,創造了老年人生命的第二春,羅素卿老師如今已經變成大家口中「比二水人還二水」的正港在地人。

當我們社會進入高齡化環境,老人議題日益受到重視,鼓勵長者參與志願服務活動,以達活躍老化及提高社會參與能量,成為重要的議題。羅主任本諸「社區學院」精神,及社會工作專業,善用在地化的人力、資源,積極結合敏惠醫護專科學校師生,及衛生福利部彰化醫院分別於:二〇一三年成立「二水鄉樂齡學習中心」,二〇一六年成立「健康加油站」,持續推動二水地區樂齡教育,推出一系列專屬銀髮族的特色課程,吸引著來自於二水、田中、社頭、和美、田尾、秀水等鄉鎮,高達一千餘位長者的參與,以達到終身學習與教育的目標,更是滿足了高齡化社會的需求。藉此建立樂齡學員的歸屬感,將二水鄉樂齡學習中心打造成為學員第二個家。

二水家政中心的社區服務由於深獲長者肯定,是以,以中心為據點,向鄰近社區開拓服務支援,深入關懷社區長輩,更將服務以宅急便的方式送到社區,塑造幸福洋溢、歡樂的「銀髮族桃花源」,讓社區長輩擁有健康、樂活又充實的人生。

彰化二水家政中心平日辦理兒童安親班,提供社區兒童多元學習。

貳、辦理健康促進　展現創新服務

相較我們社會的高齡人口日益增加，二水鄉的高齡長者比例幾達百分之二十，遠高於全國平均值七個百分點。為因應高齡化社會長期照顧的需求，生活周遭的年長者越來越多，作為一個學習者，長者對於知識的渴求也不比青壯年少；而作為一個教育者，如何將他們所學的技藝知識以及經驗傳承給下一代，也同樣是需要關切的。羅主任於推展社區健康促進，以其增進民眾健康生活，延緩長者失能，係參酌一九八六年於加拿大渥太華舉行的「第一屆國際健康促進大會」的主要倡議，及世界衛生組織（WHO）在「活躍老化：政策架構」報告書中，將健康（health）、參與（participation）和安全（security）視為活躍老化政策架構的三大支柱。如何長期維持活絡的身心機能、樂活養生、過著身心愉悅的老年生活，創造生命的另一個高峰，是高齡者人生重要的課題。

二水家政中心正積極朝向「社區長期照顧示範中心」建設，以擴展健康促進的理念與作為，並落實健康促進行動綱領與策略，包括：

第一，營造以健康促進、預防醫學的公共政策以對應高齡社區。

第二，協請彰化醫院於中心設置健康加油站以創造友善的環境。

第三，結合敏惠醫專健康講座以增強社區推展健康促進的行動。

第四，培育個人的健康習慣，協助長者定期檢測生理健康指數。

為體現「老有所學」，羅主任結合彰化醫院、實踐大學、敏惠醫專、中洲科技大學等多所大專校院、醫療機構於家政中心開辦二水樂齡學習中心，以社區營造及社區自主參與的精神，及配合推廣實驗中心「活到老、學到老」的教育理念，提供在地居民初級預防性照護服務，以加強健康照護的正確觀念，提升生活品質。達到終身學習與教育的目標，更是成就了高齡化社會的標竿與典範。這塊園地是個有情、有義、有愛的地方，在這裡志工及學員一起學習、成長；一起灌溉、播種。將家政中心形塑為樂齡族聯絡感情的交點，更是樂齡族心靈聯繫的接點，抱持著惜緣、惜福、感恩之心，帶動長者們將學習成果回饋社會實現自我，展現生命活力，讓生

命持續發光發熱，享受生命的喜悅。讓二水樂齡展風華、打造銀髮天使樂園、共享共樂幸福久久。

參、傳承地方文化　推動祥和社區

　　羅主任自一九八九年至二水家政推廣實驗中心任職至今，帶領工作團隊結合社區志工不分晝夜地關心地方上的人事物，推動藝文教育活動，散播社教之美。為謀能善盡社會關懷，提供社區推展借鑑，中心積極結合中華民國社區發展協會，共同推動樂齡教育、青少年教育、休閒教育、婦女成長、文化知性教育、終身學習講座、社會服務。

　　有鑑於彰化縣二水鄉是典型的農業鄉鎮，二水鄉家政中心努力結合社區文化，推動「村村有藝文——藝術造鄉」稻草創意美學研習活動，由於二水鄉每次辦理大型活動，都要要向埔鹽鄉商借道具牛隻擺設，來回路途遙遠十分不便，為讓鄉內未來辦活動不用再勞師動眾向外遠求，引發羅主任舉辦稻草美學研習活動，聘請專家韓光雄老師前來指導社區村民一起動手製作跟真牛一樣大的草編大牛。這項工作不僅使長者自懷舊中得到緬懷，亦能傳承年輕子弟正視傳統文化精髓。這頭用草繩打造的稻草牛完成製作，村民均驚豔指導老師的巧手構思，稻草牛不但長得健壯，利用粗細草繩不同的編排表現牛耳、尾巴、牛角細緻部分，讓稻草牛更顯逼真。吸引家長迫不及待抱小孩坐上牛背，體驗騎牛的感覺。許多村民藉由拍照、打卡，增添村民生活樂趣。這過程中，傳統文化的價值充分流露，民間技藝獲得傳揚，意義深長。羅素卿老師長年在地方上的社教工作領域默默耕耘，無負眾望，致力於辦理終身教育及社區教育，無私的奉獻自己，讓社區學院在二水鄉發光發熱，功不唐捐，可謂是二水鄉不可或缺的社區營造推手！

肆、發揮社區建設　恢弘社區營造

　　實踐大學彰化二水家政中心的創辦是秉著將社區教育及服務扎根於地方，結合民眾共建一個人人能安居樂業生活，試圖打造一個「人人都參與、時時能學習、處處有教室」的學習環境，提高鄉親生活品質，推展倫理教育、強化家庭功能，以加速達成禮儀之鄉，成為從臺灣中部出發，光化全省，進而將建設模式及成果恢弘於寰宇。本此，二水家政中心，結合地方資源，承辦無數大型活動及研習，成為社區教育的標竿。

　　當臺灣也和美國、日本一樣邁入了人口老化的社會。高齡化現象日益明顯，社會大眾普遍有建立一個「長者安居樂齡的生活」的期待。二水家政中心以多年推展社區工作的實務經驗，積極體現政府於二〇一五年通過《長期照顧服務法》的立法工作，期盼展開高齡者關懷照護作為。與衛生福利部彰化醫院謝文淮院長及敏惠醫護管理專校等單位，共同倡議推動「社區長期照護示範中心」，將二〇一七年訂為「推展社區長照的啟動年」。以期號召社會有識之士共同推展這項別有意義、影響深遠的社會建設活動，落實我國〈禮運・大同〉章所揭示「幼有所長，壯有所用，老有所終，鰥寡孤獨廢疾者皆有所養。」使社區成為民眾安居樂業之所。

第二篇

敢於實踐──以社區營造的推展為主軸

第十一章　社區長照示範中心

壹、緣起

　　面對急劇變遷的高齡化社會，老人生活照顧及養護問題已經不是單純的個案問題，乃是整個社會的結構性問題，亟有必要予以特別的關注。而在家庭面臨漸次小家庭化，原有全人、全時、全程照護無以為繼的實況下；「老有所養，老有所安」對銀髮族長者頤養與生活照顧更形重要，因此如何幫助高齡者在地老化成為社會關注及政府施政的重點工作。

　　為謀能善盡社會關懷，提供社區推展借鑑，中華民國社區發展協會謝孟雄理事長、林澄枝理事以多年參與公益服務的熱情，積極結合實踐大學彰化二水家政中心與衛生福利部彰化醫院謝文淮院長等專業賢達，共同倡議推動「社區長期照護示範中心」，將二〇一七年訂為「中華民國社區發展協會推展社區長照的啟動年」。以期號召社會有識之士共同推展這項別有意義、影響深遠的社會建設活動，落實我國〈禮運‧大同〉章所揭示「幼有所長，壯有所用，老有所終，鰥寡孤獨廢疾者皆有所養。」使社區成為民眾安居樂業之所。這項深具遠見的規劃活動於二〇一六年四月二十日假實踐大學博雅講堂，由實踐大學董事長謝孟雄講座教授、總統府資政林澄枝顧問、衛生福利部彰化醫院謝文淮院長共同主持，並有實踐大學推廣教育部詹益長主任、老人生活保健研究中心李孟芬老師、社會工作學系曾煥裕老師、敏惠醫護專校葉至誠校長等多位學者、專家共同參與規劃事宜。

貳、構思

社區照顧的出現源於二十世紀五〇年代，是西方國家當時機構式照顧服務所產生的許多問題而醞釀的一個新的發展趨勢。誠如學者森德（Sandel）認為：「社區的結合不只有利於個人目標的達成，或是為了共同的目的。在溝通中具有共同的語彙，且在認知和實踐上，要有一個不言而喻的背景。」社區營造強調是「生活共同體」，是人與人之間的「互助與互賴」，並共同承擔起生活中的責任，是一種從人民自發的意識，而這也正是社區照顧推展的重要價值。

隨著高齡化現象日益明顯，社會大眾普遍有建立一個「長者安居樂齡的生活」的期待。政府於二〇一五年通過《長期照顧服務法》的立法工作，期盼展開高齡者關懷照護作為。世界衛生組織（WHO）在「活躍老化：政策架構」報告書中，將健康（health）、參與（participation）和安全（security）視為活躍老化政策架構的三大支柱。如何長期維持活絡的身心機能、樂活養生、過著身心愉悅的老年生活，創造生命的另一個高峰，是高齡者人生重要的課題。

彰化醫院謝文淮院長多年關注於「以公醫與資訊角度探討長期照護」主張：在長期照護體系中，需要醫療照護、社會福利、家庭社區以及保養健康等由不同的面向來協助高齡、失能或失智者以解決其醫療以及生活照護問題。因此服務於長照體系中的各專業領域就包括了照護個管師、照服員、社工員、醫師、藥師、營養師、物理治療師、職能治療師、活動休憩治療師。由於長照本身時常面對的是多重面向的個案或家庭問題又是密集性人力需求，因此照護個管師的介入以及照服員勞力的提供有需求上的必要性，所以龐大的照顧人力必須培植訓練同時照顧品質也將被要求，以期長期照護的推展能把握「建立社區為主，機構為輔模式」；「健康促進為主，醫療照護為輔」；「發揮延長壽命，健康得以增進」等目標，建置完妥周密的長期照護系統。

參、規劃

社區照顧發揮「社區福利」的核心價值，是藉由社會福利制度的安排，針對因社會環境或人生發展過程中遭遇特定事故，導致生理、心理或社會條件缺損的居民，透過專業人員及志願工作人員所提供的服務措施，以預防、減緩或解決其所面臨的問題，並獲得符合人性尊嚴的基本生活保障。英國一九八九年的社區照顧白皮書中指出：「社區照顧意即提供適當層次的處遇與支持，促使人們達到最大的獨立及對自己生活的把握。為使此一目標實現，有必要在多元的設施與機構中發展並提供廣大範圍的服務。這些服務包括照顧的範圍，從針對長者在自己家中提供居家支持，至需更密集性的喘息照顧與日間照顧、庇護性公寓、群聚住宅、安養中心等增加照顧層級之可及性者、至住宿機構、護理之家及長期醫院照護或對長者提供其他形式照顧已形不足者。」

在規劃座談會中充分結合相關機構的特質，參酌臺灣社區實況後將著重「發揮特長，攜手合作」的原則，進行了相關的探索及分工規劃如下表：

表 11-1　社區長期照護示範中心

機構	推展事項
二水家政中心	健康學苑，志工延攬，健康托老
彰化醫院	巡迴醫療，照護系統，復健服務
敏惠醫專	專業培訓，青年參與，境外推廣
政府機構	照護系統，照護津貼，示範補助

（資料來源：作者整理）

肆、落實

社區照顧落實社區主義（communitarianism），意謂著在社區意識之基礎上，社區成員建立共同體的信賴關係，並藉此而創造生命的意義感。需要自主性的社區意識配合，同時應確立以公民參與為前提的溝通與決策。

因此,社區長期照護系統必須根植於三種特質:第一,共同分享信仰與價值;第二,建立直接和多元關係;第三,彼此之間有實質上的互惠。爰此,長期照護服務是一項體現「福利社區化,社區福利化」的實施,經由不同的機構互補所長,其目的在促使社區民眾在長期照護的推動中,不僅具有連續性照護的服務,亦是結合醫療、護理與社會服務領域的關懷作為。

表 11-2　福利社區化理念於長期照護系統的推展

特性	意義	內涵	實施
在社區內服務	care in the community	將需要關懷、照顧的民眾留在自己的社區內,給予妥切的關懷與照顧。	希望民眾於家庭或社區能得到專業服務。
由社區來服務	care by the community	經由社區願意付出愛心奉獻的居民,為社區內的民眾提供服務。	希望由社區的民間小型福利設施或服務團體以及案家等,以小型化的服務或社區自助的方式來提供照顧或服務。
為社區而服務	care for the community	建立社區居民休戚與共,相互扶持的生命共同體意識。	進行資源整合或服務整合,使各種機構式、社區式和居家式照顧及服務可以連結起來。

(資料來源:作者整理)

為期待能讓老人過著有尊嚴、自主和選擇的「在地老化」,社區長期照護示範中心的作為,將朝向:

第一,發展多層級的照顧模式;

第二,奠基於公民權利的理念;

第三,建立明確的政策為指南;

第四,設計一套照顧服務標準;

第五,統整社區資源發揮效能;

第六,建構資源網絡擴大服務;

第七,引進社區照顧管理機制;

第八,擴大照顧人力資源體系。

表 11-3　推展社區長期照護示範中心的活動規劃

項目	目的	主辦	地點
社區長期照護示範中心推動研討會	匯集產、官、學等專業人士，以集思廣益，裨益《長照法》2017 年啟動「社區長照元年」。	中華民國社區發展協會	實踐大學臺北校區
健康加油站	將社區長期照護觀念、做法宣導致民間社會，以帶動社區長照的實施。	衛生福利部彰化醫院	實踐大學二水家政中心
社區長期照護專業人才培訓	號召有志從事長期照護人員實施系統培訓，並採取分級制度，以利專業養成。	衛生福利部彰化醫院及敏惠醫護管理專科學校	衛生福利部彰化醫院及敏惠醫護管理專科學校
社區長期照護示範中心種子師資培育	將臺灣社區長照推動經驗推介至全國及境外，以觀摩方式邀請境外學者蒞臺學習借鑑。	敏惠醫護管理專科學校	敏惠醫護管理專科學校

（資料來源：作者整理）

伍、願景

　　二○○二年世界衛生組織（WHO）提出「活躍老化（active ageing）」觀念，已成為 WHO、OECD 等國際組織對於老年健康政策擬定的主要參考架構。為了使老化成為正面的經驗，長壽必須具備持續的健康、參與和安全的機會，因此活躍老化的定義即為：「使健康、參與、和安全達到最適化機會的過程，以便促進民眾老年時的生活品質。」此一定義正呼應 WHO 對健康的定義：「身體、心理、社會三面向的安寧美好狀態。」因此，政策或計畫促進心理健康和社會連結，是與促進身體健康同等重要，並且使老年人維持自主與獨立。

　　社區長期照護是提供給老人一個有尊嚴、自主和選擇的生活環境，是老人安養的主要方式，社區長期照護被視為是實現該目標的主要模式。一個社區化的照護服務體系，具有可進性、多元性，又提供連貫性的服務，受照護者才能享有人性化且高品質的專業服務。社區長期照護的發展，是從「機構照護」到「在社區照護」再到「由社區照護」。「社區長期照護

示範中心」的推展期盼能達到：「多用保健，少用健保」，「社區安養，安身立命」，「全人照顧，安老敬老」等願景。

上左｜謝孟雄董事長為兩岸青年農村志工授旗。
　右｜兩岸青年農村志工參與講習。
下左｜兩岸青年農村志工參與二水光化社區服務。
　右｜兩岸青年農村志工結束於二水服務，離情依依。

第十二章　二水健康加油站揭牌運作

壹、緬懷先賢

實踐大學創辦人　謝東閔先生於主持臺灣省政建設時，積極推展「小康計畫」，以落實我國「格致誠正，修齊治平」的為政之道，成為我國社會建設的標竿。秉諸「社區發展」、「飲水思源」的理念，一九七二年十二月二十六日，為造福桑梓，提高鄉親生活品質，推展倫理教育，強化家庭功能，以加速達成禮儀之鄉，　謝前副總統於二水故居設立家政推廣實驗中心。該中心本於「家齊後而國治」，特別推展「媽媽教室」及「社區建設」工作，並經由培訓中小學教師作為社區推展的種子教師，共同致力於「婦女家政教育」，促成民眾安居樂業，以帶動我國達到「除貧扶弱」邁向小康社會，並為社會的現代化奠定深厚基石，績效足資翹楚，引為開發中國家建設的模範。

貳、繼志承業

二水家政中心對社區的經營墾拓經年有成有目共睹，多年來在實踐大學謝孟雄董事長及總統府林澄枝資政的支持及指導下，陸續推動社區服務不遺餘力，貢獻良多，並與時俱進，受到在地民眾的高度肯定，成為偏鄉社會的文教中心。盱衡當臺灣社會快速邁入人口高齡化的人口結構，及社區長輩對健康促進的需求，進一步將二水家政中心的服務焦點聚集於高齡長者的「健康促進活動」，以發揮「老吾老以及人之老」精神。尤以國人目前平均餘命已超過八十歲，但根據衛生福利部統計：健康餘命僅七十一歲；換言之，多數長者處在「壽命延長但健康並無增進」，最後十年多處於疾病

或失能狀態，嚴重影響個人及家庭生活，全國醫療資源有百分之四十是運用在百分之十的高齡者。致使「健康促進，長者照顧」成為社會共同關注的議題。研究顯示：失能者愈仰賴照顧，就更加失能，如透過：健康促進、職能治療、物理治療、護理保健等多方專業介入，失能者或衰老者能夠恢復生活功能，進而減少被照顧的頻率與時數，進而達到「活躍老化」的目的。

根據專業分析，老年人若不運動或有運動障礙，更容易老化、失智，即便平常工作辛勤，仍需撥出時間進行健康運動。許多老人擔心麻煩子女，選擇獨居，減少社會連結，反而容易失智、增加死亡率。老人照顧最大問題為「城鄉差距」、「資源缺乏」；現行照顧模式未考慮可近性、可及性，老人照顧常為家庭的困擾，不少子女本身就是需要被照顧的對象，卻還得照顧老爸爸、老媽媽，出現「雙重老化」現象。為了發揮「社區健康促進」的社會教育功能，二水家政中心積極結合敏惠醫護管理專科學校專業師資團隊，於二水家政中心開設「健康促進講座」、「中醫經絡理療」、「疾病與療育」、「養生與保健」等課程，運用預防醫學、健康促進以利長者健康，以期長者「多用保健，少用健保」，深受長輩肯定喜愛，吸引著來自於二水、田中、社頭、和美、田尾、秀水等鄉鎮，高達一千餘位長者的參與，達到終身學習與健康活力的目標，成為高齡社會中健康養生的社區。

參、造福桑梓

相較於彰化的相關鄉鎮，二水鄉醫療資源較為匱乏，二水鄉親在醫療需求上多仰賴二水鄉衛生所，若屬重大傷病多須遠赴市區醫療院所，不僅因交通運輸較為困難，甚至造成延誤治療時機，形成痼疾，影響生活品質。為了善盡「活躍老化，健康老化」的社會關懷，提供社區推展借鑑，二水家政中心羅素卿主任以多年參與社區服務的熱情，在謝孟雄董事長的指導下，積極結合衛生福利部彰化醫院謝文淮院長與敏惠醫專葉至誠校長等專業團體的力量，共同倡議推動「社區長期照護示範中心」，以期落實我國〈禮

運‧大同〉章所揭示「幼有所長，壯有所用，老有所終，鰥寡孤獨廢疾者皆有所養。」使社區成為民眾安居樂業之所。衛福部彰化醫院在二水家政中心設立「健康加油站」，安排護理人員進駐，幫民眾量血壓、血糖及醫護專業諮詢，希望以公立醫院的力量，逐步提升二水的醫療資源，建立二水為老人長照的示範點。

彰化醫院隸屬衛生福利部在謝文淮院長的主持下卓然有成，更積極發揮公立醫療院所的特質，針對社會民眾需要，因應政府推展長期照顧的政策方向，為達到「一鄉鎮一日照」對長者的健康醫療照護，特別將醫護資源帶到二水鄉。這項創新性的服務，實係有鑑於　謝前副總統東閔先生因回饋地方創設立二水家政中心，成為二水鄉長輩一個活到老、學到老的好處所，而彰化醫院進駐設立二水健康加油站，醫院進入社區，對長者的照護將更完善。

目前臺灣老人平均臥床時間為七年，北歐等國家平均為兩年，政府希望藉由推展「長期照顧第二期十年計畫」能夠有效改善。隨著我們社會對長照需求日益迫切，民眾普遍希望增加照顧能量，偏鄉資源短缺問題也希望能在彰化二水「社區長期照護示範中心」中得到有效的對應之道，透過健康促進的軟硬體設備，提升照顧長者健康的積極作為，讓長照於社區的建構更為周延落實。健康加油站是彰化醫院在二水鄉社區服務的第一步，接下來還有老人日照中心的設立，也將與二水衛生所合作社區醫療，達成活絡二水鄉的醫療網絡。

肆、邁向至善

「二水健康加油站」揭幕當天，彰化醫院在會場設立癌症篩檢、健康促進等關懷活動，並以闖關遊戲方式，舉行單腳站立及大聲公等競賽，參賽的長者專注參與，效果十足；單腳站立競賽時，長者不服老，單腳撐得面紅耳赤，寓教於樂。中午，二水家政中心發動志工的巧手在現場舉辦健

康餐會，老人家在「均衡營養，健康保養」的活動中，提前度過快樂、健康的重陽節。

　　隨著高齡化現象日益明顯，社會大眾普遍有建立一個「長者安居樂齡生活」的期待。彰化二水「社區長期照護示範中心」的推動，以協助長者維持活絡的身心機能、樂活養生，能夠開創身心愉悅的老年生活，創造生命的另一個高峰。參與「二水健康加油站」剪綵與揭牌的實踐大學謝孟雄董事長，除代表二水鄉親表達對彰化醫院謝文淮院長及醫護團隊，積極投入二水社區長期照顧示範中心的諸多建設表達衷心感謝外，因謝董事長長期主持中華民國社區發展協會，期盼這項來自於社區積極結合醫療院所、地方政府、專業學府等資源的「自助人助，自立利他」作為，能夠廣泛的推廣至全國各社區，成為政府面對人口老化推展長期照顧工作的典範模式，以促進臺灣社會充分實踐「健康長者，活躍老化」的目標，成為全球在邁向高齡化趨勢時健康照護的示範基地。

中左｜謝孟雄董事長偕林澄枝資政參加二水健康加油站向二水鄉親致意問候。

　右｜彰化醫院謝文淮院長主持二水健康加油站活動。

下左｜彰化二水健康加油站的推展促進民眾對健康老化的具體協助，深受社區民眾肯定。

　右｜彰化二水健康加油站透過對民眾定期的健康檢查及健康諮詢，以推展健康促進活動。增進民眾健康，也有效紓解對醫療資源的合理運用。

第十三章　二水社區式老人日照中心

壹、高齡照顧困擾人類

　　從人類的醫護發展歷程中，人類的疾病型態已發生了明顯的轉變。傳染性疾病，已被慢性疾病所取代了。「慢性病」顧名思義其病程與所需之療護過程，必定也是緩慢而長期的，長期照護服務也就在此種情況下於焉產生。

　　隨著高齡化社會的來臨，預期壽命的延長並不等同健康的增進，相對的長期臥床需要仰賴周邊照顧的長輩估計已逾五十萬，且數量隨著人口高齡化日益明顯，老人照護需求日益迫切，臺灣現行已有超過二十五萬的外籍看護。綜此，高齡照顧的現象並未獲得完全的緩解，成為許多家庭的困擾。近日，有「中年流沙」及「下流老人」的說法，皆與高齡現象息息相關。

　　這是臺灣社會的縮影，在微暗的角落，愈來愈多中年人在貧窮線下掙扎；更有一群也有一些中年人原本是上班族，但為了照顧年老的雙親或是身心障礙的孩子而辭去工作，失去固定的薪水收入加上龐大的照護與醫療費用，讓他們跌入貧窮。在臺灣高齡人口越來越多、失能人口逐漸增加趨勢下，「照顧貧窮化」風險正在蔓延。「踩著貧窮線的中產階級」，儘管收入未跌至貧窮線下，卻瀕臨貧窮邊緣，如同陷入貧窮的流沙漩渦中載浮載沉，成為「流沙中年」。據不完全統計在臺灣，有兩百三十萬人白天工作、晚上看護長輩，這類「隱形照護者」中，有十三萬三千人為此離職。值得注意的是，長期照護勞心勞力，照護者不僅生理疲累、心理壓力也大。要讓老人生活過得更有品質，不僅能為社會節省不必要的醫療資源，也能讓每個家庭更為完整，照顧好老人不僅是家庭責任，也是整個社會的責任。

貳、老人日照中心迫切需求

臺灣人口結構的高齡化深受社會矚目，高齡照護的需求日益受到關切。爰此，政府於二○一六年十一月開始推展「推動長照二點零十年計畫」，預計將服務對象範圍擴大，由目前的五十一萬增加到七十三萬人，照顧模式分為「旗艦店」、「專賣店」、「柑仔店」ABC 三級制，並且在二○一七年將投入一百七十七億元財政預算支應。看似琳瑯滿目，但其實自己有長輩需要長照護理的中產家庭都知道，政府即使積極投入長照預算，但供需失衡導致各地的長照資源長期短缺，照顧及醫療人力缺口問題也日益嚴重，因此，公部門提供的長照服務對象幾乎都以經濟弱勢者為主。何況，今日老年人口約三百一十一萬人，十年後卻增加近六成到四百八十八萬人。反之，勞動年齡人口卻由一千七百二十九萬人減至一千五百八十二萬人。高齡照顧需求暴增，青壯年為主的納稅基礎卻遞減，中產人士想要依靠由稅收支持的長照計畫得到足夠的老年照護，可能太樂觀了。

世界各國面對高齡社會的挑戰，幾乎已達成一致的理念與共識。檢視國際高齡政策發展，健康與福祉已被聯合國認定為兩大主流議題，世界衛生組織更於二○○二年提出「活力老化」核心價值，認為欲使老化成為正面經驗，必須讓健康、參與及安全達到最適化狀態，提升老年生活品質；二○一二年世界衛生日更以「高齡化與健康（Ageing and Health）」為主題，認為保持健康才會長壽（Good health adds life to years）。對照我國高齡政策發展走向，重視高齡就業與人力資源、引進民間資源及產業化議題漸受重視，與國外理念及趨勢相符。參酌臺灣社會實況後，發揮民間專業力量著重「發揮特長，攜手合作」的原則，進行了相關的探索及分工規劃，並白彰化二水鄉為起點進行「社區長期照護示範中心」。

二水鄉曾於二十世紀六○年代臺灣省政府推動「小康計畫」扮演重要角色。為發揮引領作用，一九七二年十二月二十六日，擔任臺灣省政府主席的　謝故副總統東閔先生，秉著飲水思源、為造福桑梓、提高鄉親生活品質，推展倫理教育、強化家庭功能，以加速達成禮儀之鄉，將二水故居

捐給實踐大學,設立家政推廣實驗中心。四十五年來該中心積極推展包括:
「媽媽教室」、「長青學苑」、「樂齡大學」等績效卓著,深受地方民眾的高
度肯定。為因應人口快速高齡化現象,社會對老人照顧需求日為殷切,根
據二〇一六年的人口統計,二水鄉六十五歲以上老人占全鄉人口的百分之
二十一點四,遠高於全國近九個百分點,突顯出高齡化現象,又因為居民
以務農為主,白天子女需外出工作,家中長輩乏人照顧,建置日間照顧中
心有其必要性。

　　衛生福利部彰化醫院與二水鄉公所合作,將在二水鄉設立第一間公立
的社區式老人日間照顧中心,於二〇一六年十月二十七日共同簽署跨機關
聯合服務中心,老人日間照顧中心若設置完成,該鄉的年輕人將不用擔
心長輩無人照顧的問題。長輩白天在日照中心,減輕子女照顧上的負擔,
晚上返家與家人共享天倫,提升家庭支持系統,對長輩而言,這可以說是
最好的照顧模式,也期望二水鄉日照中心能成為全國老人日照的典範及示
範點。

彰化醫院、二水鄉公所共同簽署成立「社區老人日照中心」的設置。

上｜實踐大學、彰化醫院與敏惠醫專共同推展「社區長期照顧示範中心」。
下｜「社區老人日照中心」結合志工團隊為社區民眾服務。

參、社區醫照合一的落實

老年人容易因罹患慢性病，累積長期的身體病痛導致憂鬱，以臺灣老年人口醫療支出是一般人三倍左右，萬一有憂鬱現象不但恐增加醫療資源，更嚴重影響患者生活品質。臺灣二年後進入高齡社會，九年後進入超高齡社會。老年人口飆升的同時，我們的社會必須準備好面對老年安養與長期照護需求。

彰化醫院向彰化縣府提出「二水鄉公有零售市場日間照顧服務計畫」，獲縣府通過，將和二水鄉公所合作，在二水鄉零售市場二樓及三樓設置二水鄉第一間公立的社區式老人日間照顧中心，由二水鄉鄭蒼陽鄉長及彰化醫院謝文淮院長代表雙方簽訂備忘錄。彰化醫院希望善盡公醫院的責任，前進二水偏鄉設立老人日間照顧中心，之前，已經先在實踐大學附設家政中心成立二水健康加油站，幫老人家量血糖、血壓，聯絡情感，為老人日照中心預作準備，從這裡可以看出彰化醫院是「很有心的」。此方案不僅活化閒置空間，也將營造出一個給長者活動的溫暖環境。彰化醫院的醫護及照顧服務員將進駐老人日照中心，並結合長期參與地方社區服務的實踐大學二水家政中心及敏惠醫護管理學校師生，以多元整合方式。營造出老人家的溫暖空間，招收白天需人陪伴、且無傳染病的長輩，提供生活照顧，安排相關文康休閒活動、復健、備餐等服務，每天有多樣化的課表，也有社交活動，以延緩長輩老化。

肆、社區長期照顧示範中心

人人都希望能在退休後含飴弄孫、安享天年。但在人口高齡化、少子化、貧富差距逐漸擴大的時代，這個夢想並非是現行社會下，人人皆可輕易達成。我們當然期待社會福利制度能隨著社會進步而日漸完善，但在制度完善之前，想要有無憂的晚年，更切身的做法或許是改變我們的價值觀。

　　鑑於人口老化快速，高齡社會即將來臨，我國高齡政策必須突破傳統僅照顧貧弱老人的範圍，而應擴展至健康、亞健康老人，範圍也不宜侷限於失能者的長期照顧，而應當涵蓋食衣住行育樂養生各層面之需求。為回應民眾多元需求，單靠政府實無法完全滿足全部需求，唯有適度引進民間資源，透過公私協力機制發展創新服務，豐富銀髮服務以提供多元選擇，才能提高銀髮生活品質，促進高齡人口健康。由於人數眾多，大多數高齡族群的生活需求，具有一定經濟規模的量能，可透過自由市場機制來滿足；至於涉及病弱長者身體照顧或機構照顧部分，國家有責任建立規範，以維護服務品質，保障受照顧者權益。

　　人口老化已是近數十年來全球的趨勢，有關老年健康與長期照護已是各國關注的焦點，我國自邁入老化國家之列後，對於老年人的健康問題益發重視。在此一趨勢下，實踐大學二水家政中心結合彰化醫院、二水鄉公所及敏惠醫專共同推展的「社區長期照顧中心」，將使所有老年人的生活更健康、更滿足，而不僅是關注健康長者的健康促進，並且運用專業團隊在已生病或失能的老人照顧上，則為更具前瞻性的專業照顧服務，意義深長。

第十四章　社區學院的理念

壹、緣起──安徽職教培訓

　　二○一○年九月實踐大學謝孟雄董事長受邀參訪安徽省教育界與程藝廳長一見如故，爰共同商議如何發揮彼此教育優勢及特色，以期精進教育文化交流，其中包括：皖臺共建「職業教育培訓中心」，以分享兩地職業教育的特色，積極朝向技職人才培育邁進。

　　二○一三年十二月十日安徽省謝廣祥副省長專程蒞臺與謝孟雄董事長共同於實踐大學高雄城中校區為「職業教育培訓中心」舉行揭幕儀式，並舉行第一屆培育開訓典禮。同時每六個月自安徽組建「職業學校校長培訓團」蒞臺進行專業培訓，皖臺職業教育的交流合作於焉展開。

　　第五屆培訓班於二○一六年一月二十五日展開，適值大陸刻正推展「國民經濟和社會發展第十三個五年規劃綱要」，計畫從二○一六年到二○二○年發展國民經濟的規劃，並以「全面建設小康社會」為目標。

　　同時，有鑑於大陸國務院發布「關於加快發展現代職業教育的決定」，明確了今後發展現代職業教育的政策措施，提出「到二○二○年，形成適應發展需求、產教深度融合、中職高職銜接、職業教育與普通教育相互溝通，體現終身教育理念，具有中國特色、世界水平的現代職業教育體系」的願景宏規。

　　爰此，二月一日由謝董事長為培訓班以「社區學院的理念與體現」為題進行專題講演。本文係以謝董事長演講內容為主軸，摘述其內容大要，以饗讀者。

貳、理念──美國經驗引介

社區教育（community education）是一個很有特色又具時代意義的革新教育理念。早在六〇年代美國已經十分盛行，而且一直得到聯邦和各州政府及教育界的大力創導與支持。在美國社區學院發展最快，現在有近一千二百區域認可的社區學院，超過一千一百多萬學生。「社區學院」將教育和社區結合在一起，把教育和社會資源結合在一起。是一種社區學習的典範。除此之外，其補充高級中等教育的不足，甚至能替代大學前兩年的教育；更重要的是「社區學院」實現了許多民眾希望就讀高等教育的夢想。

美國社區學院是通識性教育學習，及準專業或只是職業、技能的培訓，所以兩年時間是適合的。它的入學資格不像大學那麼嚴格，一般是中學程度或有相關工作經驗便可，而且它可以照顧和給予許多所謂非正統的（non-traditional）學生進修和培訓機會，這些包括不同年齡、性別、學歷、社會背景、目的、興趣、學習能力而又有志要完成專業學習的人士。進修科目和課程安排較為多元化且進修的自由度也很大。除學生的通識教育之外，教學內容也是與社區有關，為整個社區的利益服務。這些職業訓練，覆蓋面極廣，從農業到工業、從家政到商業、從醫療部門到服務部門，無所不包，應有盡有，稱得上是職業技術教育的超級市場。

參、體現──專業對焦特色

現代社會由於政治和經濟結構的複雜化和多元化，加上人口和科技發展迅速，教育的任務主要著重專業技能和人才的培訓，以促進社會經濟發展和提高生產效能。因此，提高社會經濟效益，改善地區生活條件和人口素質，已成為現代教育的一個重要目標。

臺灣在一九七〇年代創造了經濟奇蹟，除了知名大企業以外，占業界多數的中小企業主，更是功不可沒。他們大多接受技職教育，擁有一身紮實的技術，以優異的實作能力創造臺灣經濟奇蹟，「黑手變頭家」的傳奇

到現在仍為人津津樂道。技職教育的理念在於提供不同於普通高中的專業技術教育，使學生擁有一技之長，畢業後立刻與業界接軌，培養專業人才提升國家競爭力。而在臺灣經濟起飛的七、八〇年代，便是仰賴著技職教育所培育出的人才，為臺灣經濟發展交出了亮眼的成績單。回首過往，技職教育對於促進臺灣經濟、社會發展可謂厥功甚偉。但在這一波輝煌之後，臺灣的產業升級導致產業結構與人力需求改變，教育政策亦產生了變化。

自一九九四年以來，教育改革倡議「廣設高中、大學」成了教育主軸，高中、大學如雨後春筍般迅速擴張，技職教育逐漸被邊緣化。而臺灣長期以來「萬般皆下品，唯有讀書高」的社會氛圍，使多數年輕人不願意進入技職教育體系，技職校院淪為普通學校後的第二志願。技職教育走向升學為主的學術體系，但此舉並未使技職教育提升地位，反而淡化技職教育就業導向的功能，造成技職學校與業界連結性不足，師資也缺乏實務經驗，教學內容與社會發展有所落差，技職生不敷使用，必須在職場重新學習專業技術，引發技職教育定位模糊、學用落差的質疑聲浪。

為興革技職教育的學用落差，二〇一六年教育部推出「新世代高等教育發展藍圖」，鼓勵國內大專校院找出自己的定位與特色，讓各校自己選擇，並設定不同的指標做評比。在大學定位部分，鼓勵大專校院透過國際卓越特色、學習創新、科技創新、專業聚焦、區域創新整合等五類，找到自己的定位及特色。其中專科學校將結合「社區學院」、「終身教育」理念，朝向「專業聚焦」的方向努力。

以「專業聚焦」為定位的專科學校極為適合引進社區學院成為辦學特色，因為，專科學校易達成「就近入學，適性揚才」於教育和社群的關係特別著重，通常是設在社區中與該區有密切關係，發揮：技術職業教育、補救加強教育、通識博雅教育、多元整合教育以及終身教育的特色。將以往非正式的進修、推廣課程納入一般的正規教育體系當中。

肆、理想——落實終身教育

　　「社區學院」的理念亦成為中華民國社區發展協會的重視與落實，這源於該協會成立近五十年，以集結社會力量，推行社區發展，動員社區資源，滿足社區需要，加速社會經濟發展為宗旨。實踐大學謝孟雄董事長自二〇一〇年接視理事長以來，特別著眼推展社區教育，用以提升社區建設成果。有鑑於社區學院的特點還在於它的地區性。從學校的設立、管理到課程編制、教學活動的展開，都與社區有著密不可分的聯繫。即：它是根據社區內居民的直接要求，教育內容編制以社區居民的需求為出發點，居民們直接參與教育內容的決定過程。

　　這項觀點正如同「中國近代平民教育學者」晏陽初於一九二〇年代致力於平民教育運動，他深感絕大多數的農民受教育程度太低，於是決心推動鄉村教育建設。選擇了河北定縣作為試驗區，帶領一批教授、學者、醫務人員進入農村，從認字開始幫助農民觸摸現代文明，號召「除文盲、做新民」為宗旨，以「民為邦本，本固邦寧」為核心，實施生計、文藝、衛生和公民「四大教育」，

　　即以文藝教育攻愚，培養農民的知識力；

　　以生計教育攻窮，培養農民的生產力；

　　以衛生教育攻弱，培養農民的強健力；

　　用公民教育攻私，培養農民的團結力。

　　具備了這四種力，才可以算作「新民」，以達到「固本強國」的目的。

　　實踐大學創辦人　謝東閔先生於主持臺灣省政建設時，亦本諸「社區學院」精神於故居捐贈實踐大學時，特別創設「家政推廣實驗中心」，以推展「小康計畫」，帶動我國的現代化發展，績效足資翹楚。當臺灣邁入了人口老化的高齡化社會，生活周遭的年長者越來越多，家政推廣實驗中心將服務焦點聚集於高齡長者的「健康促進學院」，發揮「社區學院」精神，結合在地化的人力、學習資源取用，吸引著來自於二水、田中、社頭、和美、

田尾、秀水等鄉鎮，高達一千餘位長者達到終身學習與教育的目標，不僅是滿足了高齡化社會的需求，成為高齡社區教育的典範。

結語

　　美國教育學者杜威（Dewey）在「實用主義教育」強調，學校與教育工作者的道德和責任源係於社群，脫離社群的學習和生活，是無目標和無意義的教育。隨著知識經濟的發展，傳統的升學教育、應試教育已不能完全適應社會與經濟發展，全面的素質教育與終身教育成為社會現代化所追求的目標，這將是「社區學院」的傳承與永續。

　　教育是國家和社會的百年基業，社區學院以開放多元化教育去推動社區文化和經濟發展，可以相信，這樣的社區學院會在知識經濟倡議終身教育的年代，將可從容發揮其獨特的教育、經濟和文化效能。

左｜謝孟雄董事長於實踐大學博雅講堂接待謝文淮院長。
右｜中華民國社區發展協會與二水家政中心長期以來共同舉辦社區居民共學活動，民眾反應熱絡，發揮終身教育精神。

第十五章　社區學院的傳承

前言

　　社區教育從本質來說是一種教育與社區生活相結合的教育型態（蔡秀美，一九九九）。人類社會最早的教育模式與教育型態實質上一是種社區教育。根據學者林振春的分析，臺灣地區推動社區教育發展進程上，有四個歷史性的關鍵階段：第一，是從一九六八年起開始推動社區發展工作，基本上以聯合國推動的社區發展工作為核心，逐漸轉換到社會的基層建設。第二，是一九八一年我國社區教育學會成立，著手推動社區教育工作。第三，是一九九四年「社區總體營造」政策，推動社區教育作為。第四，是一九九八年教育部「邁向學習社會白皮書」，宣示推動的學習型社區為主體，對社區教育理念與內涵產生不同程度的影響。

壹、社區教育的歷程

　　社區教育從起源至今，經歷了三個不同的發展階段（蔡秀美，一九九九）。

　　第一，原始萌芽階段：其特點是教育和社會生產、生活結合在一起。社會的生產、生活過程就是教育的過程；其過程中所累積下來的知識、經驗、技能和社會風俗、生活禮儀、宗教信仰及道德規範等等，都是教育的內容；而父母、師長或其他年長者則是教師，教育的方式也是透過成年人的口授身傳，對兒童個別進行的，教育和整個社會生活渾然一體。

　　第二，學校教育階段：其特點是學校教育逐漸占有社會主導地位。學校教育不僅出現專門從事教育活動的教師，教育內容到教育形式都逐漸系

統化和規範化。這一階段教育有一個顯著的特點，學校教育越來越演化與社區脫離的發展方向，成為少數菁英、優勢群體的培育力量。其一方面強化了教育的形式化、組織化、制度化，確保了教育的計畫性和目的性；另一方面又造成了教育與社會、生產、生活的分離，導致了為教育而學習，教育與生活各自發展。

第三，工業發展階段：現代意義上的社區教育，是伴隨著工業化生產及都市化生活的發展和進程而陸續出現和不斷發展的。最早可追溯到十八世紀末，當時工業革命的實現，使得教育的模式與體系比較完善，教育內容更為充實，更加結合社會發展的實際。社區教育最初在英國興起，一九七六年英國創立了「工藝學社」，最初目的僅是向社區內的工人免費傳授工藝和應用類科學知識，後來成立班級，取得了對工人基本教育的成功，進而達到「學習化社會」的階段：社區教育的普遍發展越來越受到重視。

社區發展原本是一教育過程，其意義是指對社會變遷企圖作有計畫、有目的的積極反應。就是說，在許多可行資源中考慮與採取最合理之行動；涵蓋所有受變遷影響的人在開放、民主的素養中作決定。因此社區發展可被定義為一種促進社區及其成員互動，並導致兩者同時進步的教導與教育過程（Heimstra, 1981）。在我國的社區發展體系中，對於社區教育的進行雖有社區與學校結合的規劃，但這樣的構想與其說是對學校資源有效的利用，更精確地來說，它所反映的是國家將社區教育類同於由國家所提供、鼓勵的國民素養的想法。爰此，更具歷史發展，本文提出「晏陽初推動鄉村學校」及「謝東閔推動媽媽教室」，為社區教育的重要里程碑。

貳、晏陽初推動「鄉村學校」

二十世紀二〇～三〇年代，我國的社區教育得到開啟性發展，晏陽初的平民教育運動和梁漱溟的鄉村建設正是這方面的典範。「民眾教育館」就是在這樣的運動中興建起來的。當時，「民眾教育館」可說是不計其數，但此一時期的社區教育還沒有和學校教育充分協調，其對象也主要是成年

人。由於中國處在積弱不振的階段，一九二〇年晏陽初回國後，即開始試驗和推廣平民識字教育，成立了中華平民教育促進總會。晏陽初提出了一套綜合的農村改造方案，從識字教育、生計教育、衛生教育和公民教育著手解決問題。政府決定把這種模式向全國推廣，全國各省設立鄉村建設研究院，並劃出一個縣做試驗區。一九二二年，他發起全國識字運動，號召「除文盲，做新民」，期間招聘的一百多位義務教師，走向民間、走進農村，成為「農民知識」的啟蒙老師。一九二六年，晏陽初帶著一批優秀的知識分子，和農民同吃同住，進行了著名的「鄉村學校」實驗，為能根本改變農村的時候，他又把社區教育發展為社區建設，積極進行社區改造運動，並逐漸推廣到全國。一九五〇年以後，晏陽初以我國實驗的基本經驗與社區教育與鄉村建設的理論為基礎，在印度、泰國、菲律賓、迦納、哥倫比亞、古巴、瓜地馬拉等國，指導推行鄉村實驗與社區教育，擴展為「除天下文盲，做世界新民」。

　　晏陽初一生致力於落後地區的平民教育與鄉村改造事業，被尊稱為「世界平民教育之父」，為聯合國聘為終身特別顧問。一九四三年，晏陽初當選「世界上貢獻最大、影響最廣的十大名人」之一，與愛因斯坦等同獲殊榮。晏陽初曾將自己比作平民教育的傳教士：「我是一個傳教士，傳的是平民教育，出發點是仁和愛。」為了這一目標，他放棄都市優越的工作條件與舒適的生活環境，「走出象牙塔，跨進泥巴牆」，「和農民同起同居」，成為一名鄉村的「科學布道人」。河北省定縣改造是晏陽初為了推進全國性的平民教育和社會改進運動做的重點試驗，獲得了較好的社會效果。在鄉村教育的基礎上，定縣在中國第一個實現了社區教育框架下，推而廣之，河北省也成為「鄉村學校」的模範省。作為一個可以推廣、可以複製的模型，定縣模式對當時其他地方的鄉村建設發揮了示範作用。據大陸於一九八〇年代初河北省的調查，定縣在抗戰爆發前已成為無文盲縣，消滅了天花；而當年引進的良種豬、優質白楊和良種蘋果，現在依然享譽河北，致富於民。

　　在定縣實驗中，晏陽初逐漸形成鄉村建設的整體思路。他將中國農村的問題歸為「愚、窮、弱、私」四端，主張以文藝、生計、衛生、公民「四

大教育」分別加以克服。在定縣，鄉村學校的知識分子們用農民聽得懂的語言和喜歡的方式，編寫了六百餘種平民讀物；選編了包括鼓詞、歌謠、諺語、故事、寓言等六十萬字的民間文藝資料，搜集民間實用繪畫、樂譜等；組織歌詠比賽、農村話劇社，舉辦各種文藝活動，以救農民之「愚」，培養他們的「智識力」。推行農業科學研究，創辦實驗農場，改良豬種和雞種，對農民進行「生計訓練」，開辦生計巡迴訓練學校，訓練比較熱心、能幹的中青年農民「志願者」作「示範農戶」，來帶領其他農戶使用新技術。還組織農民自助社、合作社、合作社聯合會，開展信用、購買、生產、運輸方面的經濟活動，以治農民之「貧」，培養農民的「生產力」。實施衛生教育，普及衛生知識，培養衛生習慣，還創建農村三級醫藥衛生制度，村設保健員，聯合鄉村設保健所，縣設保健院，以救農民之「弱」，培養農民的「強健力」。他們對農民進行公民教育，以救農民之「私」，養成農民的公共意識與合作精神。

晏陽初對於農民的公民教育特別重視，指出：「假使農民的知識已經培養起來了，生產技術也改良了，科學化了，體格也強健了，要是沒有團結力，所謂民力培養，完全失去目的，也是枉然！」他將公民教育作為平民教育的中心，創立了一套提高民族自覺心的教育的方法，如將歷史人物的故事彙編成小冊子發給村民讀，透過岳飛、關公、諸葛亮等農民耳熟能詳的人物故事培養他們的民族意識；讓農民在平民學校裡接受簡單的教育後，發動他們組織同學會，使中國農民第一次有了自發組織的社區生活，後來這些同學會成了晏陽初對農村進行民主改造的基礎。與此同時，晏陽初還在定縣領導建立了鄉議會組織，經由招募一些積極熱心的人組建公民服務團，讓農民進入鄉鎮的公民大會，或縣、鎮裡的管理委員會以及農村改造委員會，運用介入公共管理培養他們的公共意識。

參、謝東閔推動「媽媽教室」

　　基層民生建設即村里建設，為地方自治最基層的一環。政府遷臺以後，農復會為開發臺灣農村，於一九五五年起，先後在臺北的木柵、桃園的龍潭、宜蘭的礁溪等地試辦基層民生建設，其目的在求農村經濟與村民生活的改善。其工作項目有四：（一）生產建設、（二）教育文化、（三）社會福利、（四）衛生保健。一九六五年政府頒布「民生主義現階段社會政策」，乃將社區發展列為該政策的七大措施之一。一九六八年政府公布《社區發展工作綱要》。一九六九年獲聯合國發展方案（UNDP）之協助，指派社區發展顧問來臺協助社區發展與訓練工作。我國正式以「社區發展工作」之名稱，由政府推動結合民眾共同推動此項工作（徐震，一九九〇）。

　　一九七三年，擔任臺灣省主席的　謝東閔先生將「媽媽教室」納入臺灣省的社區發展計畫中，在臺灣省各地全面推動。從事的媽媽教室、敬老活動、守望相助，主要內容是動員以己身人力、物力，為國家從事基層社會福利工作服務，在社區發展工作項目中，可以明顯的看出在經濟方面以加強家庭生計為主軸。政治上則是配合國家發展，配合政令宣導，而文化則是以家庭為本的再生產活動。在這樣的過程中，家庭是則被界定為社會層級的基礎，而婦女又是家庭的中心。可以看到女性所扮演的角色是在大量城鄉移民、社會快速轉型的過程中，經由社區，將國家的價值傳遞至家庭，並在新的社區中作為發展出新人際關係及尋找新資源的觸媒。女性發揮的是類似安全瓣的作用。為此，當時省政府頒發的《臺灣省各社區推行媽媽教室活動實施要點》中，將「媽媽教室」納入臺灣省的社區發展計畫中，在臺灣省各地全面推動。即曾明白指出媽媽教室的成效，如：1.促進社區精神倫理建設具體化；2.擴大教育的領域，使學校教育、社會教育、家庭教育三者合為一體；3.啟發母性愛，減少問題青少年之發生；4.強化家庭主婦之責任，改善家政，使家庭能順應社會形態之演進，而更求進步；5.增加家庭收入、提高生活水準。當時參與設計的社工界的學者也指出：「『媽媽教室』在現代社會中的確有推廣的必要，因為它幾乎可以在社區中配合任

何工作計畫來推行，如改善社會風氣專案、社會革新工作、志願服務、社區發展三大建設、基層建設、禮貌運動等。」（蔡漢賢，一九八六）為國家從事基層社會福利工作服務，圍繞著以家庭為本的社區建設作為。

謝東閔先生認為：「教育一個婦女等於教育整個家庭，協助社區媽媽教室的推動，辦理各項技藝研習，健康防癌講座，社區母姊成長學園，提供社區婦女多元學習，讓與社會脫節之婦女重新接觸社會學習的跳板。」社區教育必須採社會運動方式，激發民眾自動自發精神，以本身之人力、物力，自動推行。同時，社區發展工作是臺灣在工業化發展過程中，試圖以社區為最小單位作為國家進行生產與再生產的基地。在生產方面，除了以社區發展之名從事基層建設的整備之外，在制度設計上更透過家庭副業、客廳即工場的推廣所。使社區所擁有的地緣、親緣關係被整合進入生產中，充分運用婦女、老人及幼童的勞動力，帶動家庭、社區及社會的發展。

「以社區發展工作推行家庭副業，此設計可減輕工廠勞力不足的壓力，緩和工資因人力不足而上漲的趨勢，利用家庭副業生產方式，減少工廠廠房、工人宿舍之投資，降低勞工徵募管理等勞動費用之支出，促進新的外銷產品，藉以增加生產，減少成本，穩定物價，加速經濟建設。」（徐震，一九九〇）此外，社區更以自足的形式，低成本地滿足了休閒的功能，並負擔起國家所應承擔的福利、治安等任務。對國家而言，社區發展工作的建立，有助於解決在大量城鄉移民的環境中，由於城市匿名性（anonymity）帶來的治安惡化、社區自助網絡瓦解的問題。

綜上，社區教育的歷史，社區學習的概念是讓居民經由學習，進而參與社區發展的工作。社區教育的目的是讓個人充分成長與社區能良好的發展，就社會發展角度分析，社區學習旨在促進社區朝現代化的發展過程，在此過程中，社區發展依賴政府的經費補助、學者專家的意見諮詢等外在協助。具有發展性的社區，剛開始勢必依賴外在的資源，中程階段逐漸減少依賴的程度，而後發展出屬於社區獨特歷史文化脈絡、人文地理景觀等社區風貌。另則社區發展學習文化的同時，必然遭遇全球化與世界體系的

衝擊，思維全球化、實踐本土化是社區發展必須思考的議題（李天賞，二〇〇五）。

肆、社區教育的模式

在變遷社會中，以社區作為穩定社會秩序的基石，期望以社區此一公共生活的單位為基地，從事撥亂反正，將「社區」視為是一個整體、內聚的單元，以「社區」作為道德振興的基地。「社區發展工作是國家建設的基石，因此社區發展工作中精神倫理建設方面，關於社會優良風氣的維護及倡導、公共道德法律知識之宣傳、敦親睦鄰之宣導、模範家庭及好人好事的表揚、守望相助及保防自衛之演練……自應以社區為起點，形成蓬勃的社會運動，扭轉社會風氣，重振國民道德，使社區發展工作成為建設三民主義新中國的先驅。」（蔡漢賢，一九八六）

社區教育模式依據其屬性可以劃分為（Chaskin & Venkatesh, 2001）：

第一，社區發展模式：社區教育工作者作為一個「協助者」，參與當地各種社區教育項目，提供訊息、資源和建設性意見，當有需要時，還需要為更系統的學習、專門技能與此相關的技術訓練提供機會。此外，成人教育工作者還努力組織相關機構，為當地地區提供教育面的服務、資源和有關的訓練。在這種模式中，社區發展和社區教育被看作是能夠將整個社區吸引進來，集中精力解決問題的過程。其接受了多元社區的性質，致力於透過解決社區問題，來提高不同的、有衝突的組織之間的交流和理解。

第二，社區行動模式：此模式特別強調社區教育與社區行動結合起來，強調在解決當地問題時建立可選擇機制的重要性，其提倡社區教育工作者與當地社區，以及在這樣的社區中建立的機構組織，保持有機的聯繫。該教育模式引起了人們對社區議題的重視。在其試圖改變所處的境況的過程中，居民們越來越深入地了解到影響其生活的因素，更清楚認識到與其他有組織的群體合作、共同努力的必要性。

第三，**社會行動模式：**此種模式與美國和英國的勞工運動有許多共同之處，其將重點集中於動機和內容，以及艱難的教育努力上，集中於社會行動上，認為有社區教育工作者參與並提供支持和幫助時，社區行動才可能成為一個教育過程。透過教育活動，人們將從更廣泛的社會、經濟和政治結構背景中，來探詢社區問題存在的社會根源。

學習文化藉由情境認知（situated cognition）的文化知識觀點做基礎（Leff,1997），從這個觀點知道如何了解情境（situated）的方法，如何與情境相互作用，脈絡情境用以支撐思想與學習不僅僅提供有用的訊息，情境脈絡與認知過程是不可分割的。是以，離開經驗脈絡的學習，不算是學習，只有在經驗中才稱得上是學習。是以，社區教育強調的學習模式有別於學校教育，其要素有下列（Leff, 1997）：

(一) 終身的學習（lifelong learning），傳統的教育系統已被終身學習所取代，學習的歷程是從搖籃至墳墓（womb to tomb learning），學習必須是個人生涯全程的活動，此為「終身學習」，以知識為基礎的社會。終身學習的觀念取代了階段、特定的教育系統。因此，社區教育必須發展並促使教育系統得以確保學習成果與個人生涯相結合，既是鼓勵社會成員能持續不斷地學習，終身學習讓個人生涯發展彈性化，並且在快速變遷的社會，增進個人的適應力與能力增進。

(二) 主動的學習（learning driven learning），社區教育的學習驅力，是來自學習者本身，學習者同時得到師長或支持團體的指導，根據學習者的需要，規劃並實踐學習活動，促使個人充分的發展。

(三) 即時的學習（just-in-time learning），即時的學習係指社區教育要能在學習者有高度學習動機及渴望參與學習時，學習機會與學習管道能及時提供。

(四) 定製的學習（customized learning），定製的學習是指社區教育系統及學習諮商者應規劃、設計及輔導，針對不同學習能力與偏好的學習者，定製合適的教育套材。

(五) 轉換的學習（transformative learning），學習促使人們面對挑戰，能改變人們的信念體系、行為型態，以因應新的需要與機會，並克服劣勢及不利地位，學習的主要目標在於促使個人價值體系的改變。

(六) 合作的學習（collaborative learning），現今多元的社會強調有效的合作學習，尤其是現代化的社會，個人能力有限不可能知道任何事，唯有採取合作廣泛眾智的深化知識，方能面對複雜的問題，而深化知識需依賴個人、組織相互的合作學習文化。

(七) 脈絡的學習（contextual learning），脈絡學習主張學習必須要與學習者的經驗及期望相關聯，傳統的學習觀念認為知識要由博雅者透過傳授、講述的方式。學習坐在課堂上聆聽達成學習的效果。脈絡學習文化則強調學習的產生是藉由真實生活的環境與社區教育而完成。

(八) 方法的學習（learning to learn），過去對於學習的假定，人們不需要學習如何學習及思考，僅經由灌輸便能達成教育目標。現今則假定，人們知道如何學習及思考，則能提升其學習與思考的能力。學習與思考的教學是當前教育體系的一項重要工作，經由個人與團隊能力的發展，才能了解有效的學習計畫，進而管理及實踐自身的學習活動。

結語

　　社區教育秉持人的一生當中有無限可能，需要探索與實踐，透過學習能多方面成長，使人生充滿希望，終身學習有三寶，意即終身運動、終身學習、終身反省，所以學習是件快樂的事，必須不斷充實自我發揮生命力，可使美夢成真。並落實「邁向高齡社會老人教育政策白皮書」的四大願景：終身學習、健康快樂、自主尊嚴、社會參與。

第十六章　社區學院的實踐

前言

　　二十一世紀正處於國際競爭激烈的知識社會，強調以建立學習社會為「新世紀教育的展望」，重視「全人教育、終身學習與學習型社會」的推動。為此，除了家庭和學校外，社區是居民生活的重要空間，也是人們成長中的重要領地。因此，社區教育的意義和落實不容忽視，社區學院主要的是將教育融入到社區，增長豐富多彩、健康和諧的社區生活之中，促使社區居民自活動中有所啟發、有所收穫，其中蘊含著終身教育的理念、原則以及方法。

壹、社區學院的重要性

　　社區教育就是社區整體的、長遠的、發展的關鍵，從社區的教育與學習著手才是社區發展的活水。社區想要發展良好，必須從社區居民的教育著手，而社區教育成功的關鍵又以社區學習最為重要。是以，臺灣於一九六八年頒行的《社區發展工作綱要》第十二條的精神倫理建設，強調社區學習的重要，進而塑造社區學習文化。教育部於一九九七年公布「邁向學習社會白皮書」中，明確推展學習型社區方案，「促進社區學習體系的建立……增進社區學習的機會與風氣，以塑造社區學習的文化。」社區教育是對於社區發展有著重要的影響，有助於社區發展與社區學習體系的建立。所強調的學習具有以下特徵（王政彥，2002）：

　　第一，學習是一種情境過程（learning as a situated activity）：從情境認知的觀點，學習是參與一個文化意義系統（culture meaning system）的過

程，要了解和學習意義必須嵌入文化之中，孤立於環境與文化不能算是學習。學習須和環境、他人進行意義系統的分享，這個概念強調學習是經驗的核心。

第二，**學習是一種社會經驗**（learning as a social experience）：就情境學習而言，學習植基於參與社區的實踐，大部分的學習是經由觀察、模仿和參與而獲得，並非只有實質的東西才能學習。社會學習理論（social learning theory）認為人類的學習，係透過人際與環境因素的交互作用，獲得有用的訊息所產生的過程，此為個人社會化的歷程，經由社會中的交互作用，運用增強、模仿與認同作用等方式來學習。

第三，**學習創造嶄新的自我**（learning a new self）：經由情境認知、社會互動的學習歷程後，其最終的目的是自我的改變（change of identity），學習與自我是不可分割的，自我無法從學習和文化層面分離。同一依靠在自我的概念上（identity rest on self-concept），由三個部分組成，分別是個人的（private）、集體的（collective）和公共的（public），個人的係指個體的特性、狀況與行為；集體的是指個人是團體的成員；公共的意指個人如同他人的代表（individual as represented to others）。所有的自我均涵蓋上述三種範疇的成分之一，但在一個特定的自我概念運作的程度是隨社會的文化脈絡與行動的立即情況而變化。

第四，**教育學習文化的要素**：在二十一世紀為了建立一個以知識為基礎的產業架構，是需要發展學習文化的，學習文化的要素是什麼？從終身教育理念的推動及學習型組織的發展，均促使學習文化的接續出現，並引起社會的關注。在一九九〇年代至二十一世紀早期，世界快速變動，知識的創新累積與過時更加迅速，每一個人需要不斷地學習，在觀念上有繼續不斷學習態度，並發展新的技術與能力以便適應遽變的世界。

現代社區教育的基本特徵是在於充分利用社區資源，對社區成員實施全方位、全過程的再教育過程，即社區活動的教育化和學校教育的社區化，其是以社區成員身為教育主體和對象，面向人生、面向全社會的新的社會化方式。

為提升教育的社會功能，學校宜善用學校資源及及朝向社區教育推動，引進帶動教育新視野，以助於社會品質提升、人民素養增進，並使教育持恆發展等多元功能。積極將教育理念及教育作為朝向社區學院的方向推動，將教育內涵擴充至社區，將教育對象推向全民，善用教育資源成為啟迪社區民眾的機制，帶動社會的全面提升。

「社區學院」的理念，認為現行的社區生活充滿待提升的生活習性，若能藉由高品質文化學習活動的推動，將能提升全民生活素質；並且以「造人——參與學習的提升」的行動策略來落實社區發展目標。同樣地，在社區學院的過程中，所強調的「造景——生活環境的改善」、「造產——經濟生活的增進」，其中「造人」是整個社區營造的重要核心。社區教育不單是營造一個民眾期待舒適的社區環境，同時是讓民眾在社區教育過程中，得到啟發與重視，並且透過參與的過程，發展公民意識與社區認同，從而開展生存意義與生命觀感，進而與社區生存及發展行動相互符應。

貳、社區學院的借鑑

社區教育工作亦是一種為社區民眾服務的實際行動，在決策形成的過程中，若能採取民主化、由下而上的行動程序，將更能引起民眾的熱烈參與；因此，如何透過社區學院過程，將民主教育的精神，潛移默化於民眾的日常生活中，將是社會教育活動品質與永續發展的重要立基。提出社區學院的推動，可藉由六種工作程序來進行：第一，知識與資料傳播；第二，領袖人才的培訓；第三，社區群眾的動員；第四，居民關係的建立；第五，社區互助的促成以及第六，社區行動的帶領（林振春，二○○一）。

借鑑世界各國由於政治、經濟和文化背景不同，其對社區學院的理解和認識也不盡一致。國外社區教育的主要組織形式有：北歐的「民眾學校」、美國的「社區學院」、日本的「公民館」（Raymond, 1995）。本文以美國的社區學院為例，說明如後：

　　美國是由許多州所組成的聯邦國家，教育行政採取地方分權制度，各州的學制，完全由各州自行管理，大多數的州，將其管理教育的權力，付託於地方政府，因此各地的教育計畫與程序，頗不一致，而各州教育行政制度及學制，也有殊異，頗能因地制宜。美國的社區學院，是一種具有多重功能的教育制度，值得作為推動社區發展的借鏡。

一、社區學院的內涵

　　美國的社區學院（Community College）是實施十四學年或大學二年級以下半專業性的教育機構，其宗旨是為了整個社區作教育服務，為社區居民實施職業訓練，使其能充分就業，並強化社會教育，促進社區的繁榮與發展。由於各社區的環境、條件及需要不同，故各社區學院的任務，都因時因地而制宜，教學課程也極富彈性，包括半專業及專業教育、工藝及技能訓練、成人教育課程、普通教育課程等，其學生也可轉入四年制的大學就讀。

二、設立社區學院的背景

　　美國人認為其離鄉背井，不如留在家鄉服務。一般人所持的教育哲學見解，以為教育是一種公民訓練，使未來的公民，多受幾年教育，特別著重人際關係及社會適應的訓練。美國的教育，是以地方自治為基礎，最初各州的法律，只在鼓勵地方社區徵收稅款，為其轄區內的兒童設立學校，迨至十九世紀中葉，州政府的行政機關，才正式建立。立法態度也有轉變，主張地方社區應該設置學校，負擔教育經費，社區的發展因此極為快速。又以大多數的學生不能遠離家庭，而進入正式的大學。同時有些學生並未計畫完成全日制的四年大學課程，或者無力負擔遠離家庭受正式大學教育的經費，社區學院於是應運而生，負起開發社區人力資源的任務。

三、社區學院的功能

第一，具體實踐民主思想：美國的社區學院，不僅代表傳統民主精神思想的實踐，同時更表現了它的真實感與具體性，承認人類生而平等，不分種族、性別、職業和貧富，人人都有接受高等教育的權利和機會。

第二，提供符合社區需要的課程：由於絕大部分的社區學院是公立，用政府的稅金來辦，因此社區學院必須符合並滿足社區的需要，要有彈性地提供社區居民日常需求，及設計合乎未來社區發展需要的課程。

第三，奠定社區發展的基礎：社區學院須提供社區居民廣泛的文化與休閒活動，藉以培養出身心健全的居民，以追求締造社區的福祉。社區學院並且要充分培養及開發社區內的人力資源，從而奠定社區的經濟基礎，促進社區的發展。

四、社區學院的教學內涵

美國的社區學院，規模大小雖然各有不同，但一般而言，它在教育上，大致可分為下列三類：

第一，專科技術教育：採學分制，招收高中以上程度的學生，相當我國的二年制專科學校，但不同的是，它不僅頒授畢業生「副學位」（Associate），而且學生畢業後，如果自己覺得有需要的話，尚可插班進入一般大學三年級就讀。

第二，職業教育：美國教育的特色之一，就是注重職業教育，凡是年滿十八歲的社區居民，都可以申請入社區學院，目的在訓練學生專門的職業訓練，協助社區居民獲得謀生的技能，另一些則類似「在職訓練」，使在職的人獲得新的技能，提高其技術水準。

第三，成人教育：美國「終身學習」（Life-Long Learning）的號召，由加利福尼亞大學推廣部提出後，日益流行。社區居民，不分年齡，即使是五、六十歲的人，也可以申請入社區學院，這些學生，通常是為了某種興趣或需要而來進修的。

五、社區學院的特色

在社區學院中，都具有下列共同的特色：

第一，對殘障者施行「特殊教育」：在美國社區學院中，有少數設有「殘障評估中心」，所謂「殘障評估中心」，通常有一個由心理學家、社會學家、教育學家及醫生共同組成的小組，負責對殘障學生加以評估，找出他們至少做些什麼事的潛能，然後再由專家針對他們潛在的優點，訓練他們謀生的技能。使他們成為「殘而不廢」的人，仍能為社會國家做出一些貢獻。

第二，設有「職業評估中心」：該中心設立的目的，在針對一般普通學生，找出他們興趣之所在，然後施以短期的職業技能訓練。這種職業技能訓練，時間有三個月或六個月不等，學生可以利用寒、暑假、星期日，或夜晚來學習。職業技能訓練的種類很多，如美容師、廚師、木匠、電工等，可以任由學生選修。

第三，設有「學習中心」（Learning Center）：學習中心的設立，旨在發揮輔導的功能，一方面協助學生自我評量，以找出並發揮其某方面的潛力；另一方面則是協助學生選課，並指導學生主動的讀書精神與習慣，使學生在兼顧興趣與志願的情況下，獲得良好的教育和職業技能，培養出有責任感，並對社區有貢獻能力的好公民。在學習中心，申請入學的學生，先要接受一種測驗，然後再依智力的高低和程度深淺的不同，學習不同的教材。由於都是電化教材，老師的責任只是在安排課程、指導進度、解答疑問，所以一個老師可以同時指導二十多個學生學習不同的教材。學生學完某一門課程後，如有自信，可以馬上參加考試，接受測驗。經過學習中心的協助與訓練，每個學生都能達到一定的水準，學習進度頗有彈性，學習進度程度好的學生，可以把一般人要花四個月時間才唸完的課程，在一個月之內修完。然後再去唸別的課程。可供選修的課程多達數百種，但由於全部使用電腦作業，只要操作鍵盤，就立刻可以找出某一學生想要選修的課程及適合他的上課時間，非常方便。

第四，**課程的設計，因地制宜**：美國各地社區學院課程的設計，並非全體一致，而是因地制宜，各具特色。例如：當地社區的環境如屬於農業區，則社區學院的課程，以農牧課程為主；如屬於商業都市，則以商業課程為重；如屬於工業都市，則以工業課程為重，務使能配合當地區發展的需要。舉例來說，路易士安那州的紐奧倫是一個港口，造船工業頗具水準，因此當地的社區學院，便設有很多有關造船工業方面的課程。再以佛羅里達州是美國太空中心所在地，因此，當地的社區學院，對於天文學課程很重視；設有太空資料中心和天文臺。德克薩斯州更有一所專門研究太陽能的社區學院，除了介紹太陽能以外，該社區學院本身就使用太陽能。

第五，**重視兼任師資**：社區學院的兼任師資在教學上也擔任了重要的角色。有些科技課程，由於進步太快，所以必須聘請那些技術趕得上時代，在公司擔任工程師的專家來授課。兼任教師多的另一個好處是，他們都有本職，兼職能收「教學相長」之效。

第六，**學院與社區相輔相成**：美國的社區學院，其經費來源有來自政府的補助，及學生學費。由於社區學院的經費，主要是來自地方政府，所以社區學院都希望把學校辦得更好，以吸引更多的學生，學院辦好以後，不但一般民眾都樂意遷到學校附近來居住，一些公司、工廠也樂意遷來。以就近僱用受過良好教育的工作人員。社區學院的學生一畢業，就被公司聘僱。因此，學校辦得越好，學生就越多，就越能促進社區的快速發展，而社區繁榮之後，地方政府的稅收就隨之增多，於是學院的經費也更加充裕，社區學院則可辦得更好，形成與社區建設的良性循環。

表 16-1　美國社區學院現況表（2010）

學校數量與類型			
類型	公立	私立	宗教性
數量	987（84.1%）	155（13.2%）	31（2.6%）
總數：1,173 所			
招生人數			
有工作的	無工作的	全職生	非全職生
680 萬人	500 萬人	40%	60%
總人數：1,180 萬人			
人口統計			
平均就讀年齡	低於 21 歲	22～29 歲	40 歲以上
28 歲	46%	40%	16%
男性	44%		
女性	56%		
職業情況			
全職學生	41%		
兼職學生	59%		
每年平均學費			
公立社區學院	$2,544 元（約 NT$81,779 元）		
公立四年制大學	$7,020 元（約 NT$225,650 元）		
收入來源（以公立學院為例）			

聯邦政府補助	州政府補助	縣政府補助	學雜費收入	其他
11%	37%	21%	17%	14%

（資料來源：作者整理）

　　美國社區學院面對的是社區各界多元式的教育需求，普遍具備職業技術教育、補償教育、非學歷教育、大學轉學教育和普通教育五大職能。其包含以下六點內容：第一，方式：利用現有學校的師資及設施。第二，參與：參加者包括所有年齡、階層、種族。第三，目的：有助於滿足參與者的需要和成長。第四，規劃：發展多種計畫以適應這些需要。第五，協調：充分結合社區內的各種機構和部門相互協作。第六，資源：多方面資金來源，包括公共的和私人的。

借鑑美國社區學院的多年推動的內涵，如能以「社區學院」為中心帶動社區的發展，至少有下列優點：

第一，學院是知識分子聚集的地方，而知識分子又是社會的中堅，受人尊敬的一群，在地方上具有領導作用，容易帶動整個社區的發展。

第二，我們在社區內辦學校，不僅可以繁榮地方，而且可以培育當地的人才為本社區服務，不致使人才外流，也不會使人才向都市集中，造成偏遠地區缺乏人才的現象。

第三，社區人才多了以後，又可進一步促進地方繁榮，而形成一種良性循環，使整個社區不斷地欣欣向榮。

語云：「他山之石，可以攻錯。」美國的社區學院，頗值得我們作為借鏡。當然，我們不必完全模仿美國社區學院的做法，而應針對我們自己的特殊環境，來分別加以設計，針對每個社區不同的需要，而作不同特色的安排。透過社區學院的創辦，來帶動整個社區發展，從而達到繁榮地方的目的，使我們民生主義的實施，達到更完美的境界。社區的民眾，可在社區學院學得一技之長，謀到很好的工作，使「人人有事做，事事有人做」。使得教育的目標在於激發人的潛能，帶動社會的發展，促發人類的進步，發揮社區學院的精神。

參、社區學院的歷史回顧

二十世紀二〇～三〇年代，我國的社區教育得到開啟性發展，晏陽初的平民教育運動和梁漱溟的鄉村建設正是這方面的典範。由於中國處在積弱不振的階段，一九二〇年晏陽初回國後，即開始試驗和推廣平民識字教育，成立了中華平民教育促進總會。晏陽初提出了一套綜合的農村改造方案，從識字教育、生計教育、衛生教育和公民教育著手解決問題。政府決定把這種模式向全國推廣，全國各省設立鄉村建設研究院，並劃出一個縣做試驗區。一九二二年，他發起全國識字運動，號召「除文盲，做新民」，期間招聘的一百多位義務教師，走向民間、走進農村，成為「農民知識」

的啟蒙老師。一九二六年，晏陽初帶著一批優秀的知識分子，和農民同吃同住，進行了著名的「鄉村學校」實驗，為能根本改變農村的時候，他又把社區教育發展為社區建設，積極進行社區改造運動，並逐漸推廣到全國。

一九五〇年以後，晏陽初以我國實驗的基本經驗與社區教育與鄉村建設的理論為基礎，在印度、泰國、菲律賓、迦納、哥倫比亞、古巴、瓜地馬拉等國，指導推行鄉村實驗與社區教育，擴展為「除天下文盲，做世界新民」。他將中國農村的問題歸為「愚、窮、弱、私」四端，主張以文藝、生計、衛生、公民「四大教育」分別加以克服。在定縣，鄉村學校的知識分子們用農民聽得懂的語言和喜歡的方式，編寫了六百餘種平民讀物；選編了包括鼓詞、歌謠、諺語、故事、寓言等六十萬字的民間文藝資料，搜集民間實用繪畫、樂譜等；組織歌詠比賽、農村話劇社，舉辦各種文藝活動，以救農民之「愚」，培養他們的「智識力」。推行農業科學研究，創辦實驗農場，改良豬種和雞種，對農民進行「生計訓練」，開辦生計巡迴訓練學校，訓練比較熱心、能幹的中青年農民「志願者」作「示範農戶」，來帶領其他農戶使用新技術。還組織農民自助社、合作社、合作社聯合會，開展信用、購買、生產、運輸方面的經濟活動，以治農民之「貧」，培養農民的「生產力」。實施衛生教育，普及衛生知識，培養衛生習慣，還創建農村三級醫藥衛生制度，村設保健員，聯合鄉村設保健所，縣設保健院，以救農民之「弱」，培養農民的「強健力」。他們對農民進行公民教育，以救農民之「私」，養成農民的公共意識與合作精神。

晏陽初對於農民的公民教育特別重視，指出：「假使農民的知識已經培養起來了，生產技術也改良了，科學化了，體格也強健了，要是沒有團結力，所謂民力培養，完全失去目的，也是枉然！」他將公民教育作為平民教育的中心，創立了一套提高民族自覺心的教育的方法，如將歷史人物的故事彙編成小冊子發給村民讀，透過岳飛、關公、諸葛亮等農民耳熟能詳的人物故事培養他們的民族意識；讓農民在平民學校裡接受簡單的教育後，發動他們組織同學會，使中國農民第一次有了自發組織的社區生活，後來這些同學會成了晏陽初對農村進行民主改造的基礎。與此同時，晏陽

初還在定縣領導建立了鄉議會組織，經由招募一些積極熱心的人組建公民
服務團，讓農民進入鄉鎮的公民大會，或縣、鎮裡的管理委員會以及農村
改造委員會，運用介入公共管理培養他們的公共意識。影響深遠，也成為
「社區學院」的典範作為。

「經濟影響今天社會的生活，科技左右明天社會的實況，教育決定未
來社會的發展。」二十一世紀是知識經濟及終身學習的新時代，一九九八年
聯合國教科文組織（UNESCO）呼籲各國政府要把高等教育延伸為「終身學
習」。今日社會必須因應這項時代需求與趨勢，尤其面對知識社會的來臨，
社區學院的推動格外重要。參酌世界各先進社會於應對知識經濟社會時，
社區學院的教育理念厥為主要的發展途徑，將教育對象推向全民，善用教
育資源成為教育大國，以帶動社會的全面提升。為了達到經由社區學院的實
施，以增長社區民眾素養，可依據對象採取不同的類別，發揮民眾在知識、
態度、行為和價值觀念上的潛能和積極性，採取集體行動去建構一個理想
的社會。藉由大學豐厚的資源導入到社區教育，可以辦理的項目包括：

表 16-2　社區學院的辦理項目

項目	內涵
生活教育	陶養具備「學會認知」、「學會做事」、「學會相處」和「學會成長」的態度和作為。
公民教育	其目標是為公民有效地參與社會的政治、經濟、文化的運作提供準備，更為生活在日趨多元化的社會做準備，其目的是啟動群眾的覺悟，提升其自立、自決的能力，以積極主動的姿態參與社會。
終身教育	以社區為單位，以社區的發展為目標，以社區成年人為教育對象，針對社區發展的特定需要而展開的教育活動。社區成人教育面向大眾，體現教育平等和民主觀念，體現教育終身化和社會化的精神。
生命教育	建立具有「人文素養，社會關懷」，及「尊重生命，包容群體」的特質，以建構現代社會的需求。
生涯教育	隨著知識技能的變遷及產業型態的變化，人們無法依從原來的專業智能，以適應社會需求。為謀個人因應產業的發揮，以提高專業學能，對應職場的需要，延續並開拓個人生涯及志業的培訓。

（資料來源：作者整理）

實踐大學於彰化二水設置家政推廣
實驗中心耕耘社區績效卓著,在四
十餘年的努力成為二水鄉社區大
學,進而建構社區長期照顧示範中
心嘉惠地方民眾,成為民生建設的
典範。

　　一九七三年,實踐大學創辦人　謝東閔先生於擔任臺灣省主席將「媽
媽教室」納入臺灣省的社區發展計畫中,在臺灣省各地全面推動,為國家
從事基層社區工作,奠定其後「小康社會」的到來。秉著飲水思源、為造
福桑梓、提高鄉親生活品質,推展倫理教育、強化家庭功能,以加速達成
禮儀之鄉,將二水故居捐給實踐大學,設立家政推廣實驗中心。中心坐落
於二水鄉光化村,建地五百四十餘坪,為一中西合璧之四合院式建築。配
合臺灣省政府推動小康計畫的實施,為辦理「社區媽媽教室」的示範工作,
舉辦全省國中小學、高中、大專校長研習會,討論如何推動社區教育,加
強民眾社區意識、堅強社區組織、期望社區發展工作得以和教育工作結合。
實踐大學「彰化二水家政教育推廣中心」,結合有志於社區教育領域的學者
專家、實務人員共同致力於社區教育的推展。其內涵:在經濟方面以加強
家庭生計為主軸,政治上則是促使社會「脫貧」與「扶弱」,社會上是達成
縮小貧富差距建立均富社會,而文化上則宏揚以家庭為本的傳統倫理。經
由社區將社會價值傳遞至家庭,並在新的社區中作為發展出新人際關係及
尋找新資源的觸媒。

　　二〇〇九年為落實終身教育的時代趨勢，進一步成立「彰化二水社區大學」，秉持「終身學習、即時受用、及時學習、終身受用、處處學習、事事學習、時時學習」精神。為發揮「時時有行動，處處有感動」，散播社教之美，用真誠的心提升社會的善。並以進一步弘揚中華民族尊老敬老的傳統美德，大力發展老齡事業，給予老年人更多生活上的幫助和精神上的安慰，讓所有老年人都能安享幸福的晚年。課程有：（一）養身：健康塑身瑜伽，養生保健班。（二）運動：九九太極拳，四十二式氣功推手。（三）知識：電腦基礎網路初探班，外籍配偶及失學民眾識字班，實用日語會話班。（四）環保：環保創意手工皂。（五）休閒：卡拉 OK 教唱班，大都會排舞，國際標準舞，中東肚皮舞，社交舞，民謠二胡，書法班、詩詞吟唱班。社區學院秉持人的一生當中有無限可能，需要探索與實踐，透過學習能多方面成長，使人生充滿希望，終身學習有三寶，意即終身運動、終身學習、終身反省，所以學習是件快樂的事，必須不斷充實自我發揮生命力，可使美夢成真。並落實「邁向高齡社會老人教育政策白皮書」的四大願景：終身學習、健康快樂、自主尊嚴、社會參與。

　　社會福利學者蔡漢賢教授指出：「『媽媽教室』在變遷社會中的確有推廣的必要，因為它以社區為單元，以家庭為核心，達到：如改善社會風氣、推動社會革新、倡議志願服務、裨益社區發展、充實基層建設、提倡禮貌運動等，皆有具體成果。為國家從事基層社會福利工作服務，發揮著以家庭為本位的社區建設作為。」（蔡漢賢，一九八六）媽媽教室的成效，如：一、促進社區精神倫理建設具體化；二、擴大教育的領域，使學校教育、社會教育、家庭教育三者合為一體；三、啟發母性愛，減少問題青少年的發生；四、強化家庭主婦的責任，改善家政，使家庭能順應社會形態之演進，而更求進步；五、增加家庭收入、提高生活水準。

　　綜上，社區學院參酌的中西先進及歷史經驗，該教育的內涵為：「以民生為重心」、「以家政為核心」、「以社區為領域」、「以生活為內涵」等特質，體現教育學者杜威（J. Dewey）所倡導「教育即生活，生活即教育」的理念。

肆、社區學院的推動作為

為了達到經由社區教育的實施，以增長社區民眾素養，社區學院推動時，可依據對象採取不同的類別（Hardcastle & Powers, 1997）：

表 16-3　社區學院的推動類別

項目	內涵
補償式教育	社區工作者服務的對象主要是一般大眾，社區學院課程和社區工作者所提供的教育機會，可彌補其沒有受過正規教育而造成的知識短缺。
公民式教育	這種教育強調公眾行為的規範。這種教育的目的在於導正不守公德和秩序的行為，以建立公民應有的態度和表現。
啓發式教育	主要是把群眾從過去一些傳統思想的束縛中解脫出來，發揮其在知識、態度、行為和價值觀念上的潛能和積極性，採取集體行動去建構一個理想的社會。

（資料來源：作者整理）

其主要的三大功能：一是素養提升，使居民意識到社會對個人的責任；二是培養居民的集體參與的過程，能在日常生活及思考方法上培養出理性的思維；三是集體行動，以眾人的力量達到所追求的目標。

社區學院的理念係參考美、德等國的經驗，並針對臺灣社會的條件而推動。其課程特點為：

第一，拓展生活視野課程：有學術課程、社團活動課程與生活藝能課程。社團活動課程的目的，在發展學員的公共領域，藉由公共事務的參與，面對社會問題，引導社會關懷，提供宏觀思考的培育。以實務結合學術課程所研討的理論，學員可以得到較紮實的自我成長機會，深化自己對周遭世界的認識。另一方面透過社團活動，發展緊密的人際網絡，則有利於促發民間力量的形成。辦理社區規劃課程，深入社區各角落舉辦社區活動、蒐集居民需要，對理想的社區環境進行規劃，像圖書館、文化中心、綠地、兒童遊戲場、居民聚會場所、游泳池等的配置、道路分布、人車分流、植栽設計、社區美化等。辦理地方文史課程，探查地方過去的歷史、人文典

故、特殊建築與民間藝術。辦理環保課程、社區工作課程、老人關懷課程、婦女兒童虐待防治工作課程、原住民文化研究課程等，在在都有益於凝聚社區意識。

　　第二，**提升人文素養課程**：讓學員以較寬廣且較深刻的觀點去看待生活世界，才不致使人對世界的認識，流於狹窄與表象。宏觀而深入的檢視自己與他人（人文學）、與社會（社會科學）、與自然（自然科學）的關係，才能夠作較根本的思考。

　　第三，**藉生活藝能課程充實生活內容，重建個人的價值觀**：經由修習生活藝能課程，以充實社區居民的生活，使得生活內容變得多元而具創造性，以走向進步社會所必要的多元發展。像水電修護、汽車修護、木工，以提高生活自主能力；「居家建築與景觀設計」，培養對生活環境的美感，並激發不同的創意；「自製衣食」、「健康與飲食」，以充實生活內容，使生活多樣化，激發創意，產生新觀念與新文化。

　　社區學院的功能，在啟迪心靈，發展潛能，豐富生命，增進人的意義和價值，以「終身學習，多元成就，開發創意」為主軸方向發展，期待發揮「培育現代公民，帶動社會進步」的功能。以今日社會觀察，能力足於寰宇，厥為「發揮軟實力」及「善用巧實力」。綜觀臺灣的發展歷程，並非依憑物質資源及財貨資源，實賴人力資源。然而創造人力資本尚需教育啟蒙，尤其是全民的素養，社區學院的推行所倡議的是社區居民在學習的作為中，發展出社區學習文化，社區學習文化建立後，社區居民能夠充分發展，整個社區能永續發展。強調今日的社區教育是，建立在社區成人的學習需求與動機，個人及社區意識的覺醒，以及社區的發展，能保存、運用並創新的知識、精神、文化、歷史、地理的發展，進而使社會開創美好的未來，所形塑的一種持衡的學習文化，並隨社會的發展，融注於庶民生活之中，發揮敦厚尚禮的文化之邦，以達成知識社會的典範。

結語

　　「農業社會靠體力，工業社會靠勞力，資訊社會靠腦力。」社區學院
策勵時代發展需求，其旨趣是在使每一個人在人生的每一個階段，都有適
合其需要的教育機會。社區學院強調全人發展、重視個人需求、使學習成
為一種生活，擴展人生的意義與目標。社區學院主張個體在一生中的任何
階段均要不斷地進行學習活動，才能適應社會的需要；激發人們有終身學
習的動機和準備。隨著社會環境及個人生涯繼續增加新知、提升技能，以
適應工作和生活的需要。社區學院強調的教育是經由個人的一生，完成個
人的、社會的，以及專業的發展，以提高個人、團體、社區及社會的生活
素質，藉由教育的陶養，達到「人文素養，社會關懷」的目標。社區學院
揭示的學習文化是落實「貧者因學習而富，富者因學習而貴。」的深厚理
念，這也將是帶動我們社會邁向「和諧社會──富而好禮」社會的新境界。

第十七章　社區教育與社區營造

前言

　　教育部所訂頒「邁向二十一世紀的教育願景白皮書」強調：依據教育學理論，家庭教育、學校教育與社會教育三者，必須協力合作、交流並進，才能達到整體教育目標；而能融合家庭教育、學校教育、社會教育三者為一體的基本單位，即是社區（王政彥，二〇〇二）。因此，「學校社區化、社區學校化」是現代國家推行終身教育的主流。社區教育係針對一個地區、鄰里或鄉鎮，提供了居民所需的的教育與訓練等活動，進而透過學習機會的供給、社區的情境脈絡的環繞，創造一個充滿活力、積極參與、饒富文化的環境，形塑一種社區學習的生活方式，其目的在於型塑社區的學習情境，讓居民的能力得以開展，進行營造社會美好的願景。

　　二十一世紀正處於國際競爭激烈的知識社會，強調以建立學習社會為「新世紀教育的展望」，重視「全人教育、終身學習與學習型社會」的推動（教育部，一九九八）。為此，除了家庭和學校外，社區是居民生活的重要空間，也是人們成長中的重要領地。因此，社區教育的意義和落實不容忽視，社區教育主要的是將教育融入到社區，增長豐富多彩、健康和諧的社區生活之中，促使社區居民自活動中有所啟發、有所收穫，其中蘊含著終身教育的理念、原則以及方法。

壹、社區教育的理念

　　社區教育既是一種社會制度、經濟制度、政治制度，而且是一種社會文化、一種社會組織、一種認識論、一種整合化的生活方式。近年來，社

區終身學習已經蔚為一股重要的發展趨勢，欲發展學習社會，須先建構學習社區（林振春，一九九九）。隨著社會的發展，一九九五年政府推展「社區總體營造」，強調「社區」是居民生活圈的範圍，其內涵為：以社區作為建立文化認同的中心；以社區作為提升生活品質的起點；以社區作為公民意識養成的基地；以社區作為產業發展的地域；以社區作為整合社會資源的單位。因此，在「學習型社區行動方案」，社區的概念成為全民終身學習的網絡，積極塑造：社區是一個學習型組織；社區是屬於居民參與學習的園地；社區成為現代化社會的縮影；社區是具倫理與自律的場所；社區應成為公民社會的基層單位。社區教育強調是一種嶄新的教育工作形式，以社區為依託，跨出學院或學校的範圍，以全體社區成員為教育對象，為整個社區的利益而服務，是社區精神、倫理、文化、建設的基礎工程（楊國德，一九九六）。

　　社會學者哈伯瑪斯（J. Harbermas）將學習的類型分為三類，分別是技術性的學習、實踐性的學習與創造性的學習；社區教育是以此三者為理念的具體實踐，以期能體現社區發展所揭示——「福利救濟型」、「安全互助型」、「學習成長型」、「道德智慧型」以及「永續發展型」中的諸多目標（甘炳光，一九九七）。由於社區是組成社會單位的一部分，而家庭是組成社區的一部分，個人則是組成家庭的一部分；是以健全社區將有利於個人及社會的發展。是以，「社區教育」的理念，認為現行的社區生活充滿待提升的生活習性，若能藉由高品質文化學習活動的推動，將能提升全民生活素質；並且以「造人」（——參與學習的提升）的行動策略來落實社區發展目標。同樣地，在社區營造的過程中，所強調的「造景——生活環境的改善」、「造產——經濟生活的增進」，也唯有「造人」才是整個社區營造的重要核心（社區營造學會，一九九八）。社區教育不單是營造一個民眾期待舒適的社區環境，同時是讓民眾在社區教育過程中，得到啟發與重視，並且透過參與的過程，發展公民意識與社區認同，從而開展生存意義與生命觀感，進而與社區生存及發展行動相互符應。

　　社區教育的作為,是希望達成如同美國學者 Colemen(一九八五)所提出的「機能性社區(functional community)」的觀點,強調社區對民眾成長與發展的影響;社區影響學校的經營績效,學校提供社區教育的機會(蘇景輝,二〇〇三)。是以,社區充分結合鄰近的學校組織,透過與社區中心、教會或寺廟等共同的推動,以結合為一學習性社區環境。學習社區對社區成員的影響與學校對學生的引導是一致的,咸皆帶領著成員一起互動與成長;建立社會資本的普遍提升,這是一種強調社會性的「終身教育」,將有助於凝聚社區成員關係及生活品質的建立。

　　社區教育是落實終身教育,以對應社會發展的重要機能,而該內涵為(社區教育學會,一九九五):

表 17-1　社區學院的推動內涵

項目	內涵
全民教育觀念的推展	在一定區域範圍內實現「教育社會化」與「社會教育化」的目標。把教育納入社會大系統,使教育與社會融合,教育功能經由學校與社區共同推動。
以社區內成員為對象	社區教育著眼於提高社區內全體成員的全面素質提升,著眼於教育資源的開發與充分利用,尤其要建立終身教育體制,為個人達成終身教育提供學習條件。
與社區相結合的教育	發展社區教育的目的是使教育更好地為建設和發展社區而服務,為提高社區成員的生活素質而服務。
各種教育因素的集合	教育與社區雙向啟動,相互促進,社區教育促進社區發展,社區發展推動社區教育,實現教育與社區的結合,教育與社會的一體化。
立足於發展社區特色	要根據地區的特點,帶有自身特定的人文、地理和社會的特點,展開多形式、多層次、多元性的社區教育。

(資料來源:作者整理)

　　社區教育工作亦是一種為社區民眾服務的實際行動,在決策形成的過程中,若能採取民主化、由下而上的行動程序,將更能引起民眾的熱烈參與;因此,如何透過社區教育過程,將民主教育的精神,潛移默化於民眾的日常生活中,將是社會教育活動品質與永續發展的重要立基。提出社區

教育的推動，可藉由六種工作程序來進行：第一，知識與資料傳播；第二，領袖人才的培訓；第三，社區群眾的動員；第四，居民關係的建立；第五，社區互助的促成以及第六，社區行動的帶領（林振春，二○○一）。

借鑑世界各國由於政治、經濟和文化背景不同，其對社區教育的理解和認識也不盡一致。國外社區教育的主要組織形式有：北歐的「民眾學校」、美國的「社區學院」、日本的「公民館」（Raymond, 1995）。

一、北歐

視社區教育為「民眾教育」，其以成人為對象，是一個自主學習單位，採取自學和研討的學習方式，以提高人文素質為目標，透過教育，使社區民眾自覺參與社區各種生活過程。各種形式的成人教育與地方社區的關係緊密，強調面向社區內所有成年人，形成了一種終身教育的作為。

二、美國

社區學院面對的是社區各界多元式的教育需求，普遍具備職業技術教育、補償教育、非學歷教育、大學轉學教育和普通教育五大職能。其包含以下六點內容：第一，方式：利用現有學校的師資及設施。第二，參與：參加者包括所有年齡、階層、種族。第三，目的：有助於滿足參與者的需要和成長。第四，規劃：發展多種計畫以適應這些需要。第五，協調：充分結合社區內的各種機構和部門相互協作。第六，資源：多方面資金來源，包括公共的和私人的。

三、日本

公民館是日本最具代表性的社區教育綜合設施，其主要事務為：以青少年為對象的文化補習；開設各種內容的定期講座；舉辦展覽、研討會、實習會等；置備各種書籍、紀錄、模型、資料提供居民利用；休閒教育、體育活動，舉辦有關集會。另外，日本於推動社區教育時，強調為「社會教育」，其內容包含二個方面：第一是在學校教育的課程中加入有關社區生

活、社區問題的內容,使學生對社區有所認識,進而培養社區意識,增強鄉土感情。第二是指學校作為社區教育文化中心,要向社區的所有居民開放,並對其組織展開教育活動。強調學校教育在社區教育中的地位和作用,是圍繞學校教育來推動社區教育的。

現代社區教育的基本特徵是在於充分利用社區資源,對社區成員實施全方位、全過程的再教育過程,即社區活動的教育化和學校教育的社區化,其是以社區成員身為教育主體和對象,面向人生、面向全社會的新的社會化方式。

社區教育推廣策略的目標是透過各種形式組織的成長,例如:結合人力、財力與物力資源,藉由某些有組織的活動,創造有價值的服務,以服務社區成員及全體社會,是以其特點為(張菀珍,一九九九):

(一) **強化民眾對社區學習的認同**:以社區成長的共同經驗創造社群生活的提升,生活所積累的默契、情誼、價值觀、認同感與信賴感以及對彼此間的印象評價,以尋求社區生活重品質的提升。

(二) **引介社區學習對民眾的意義**:以滿足社區成員的學習需求為出發點,規劃學習的未來願景,嘗試尋求自我超越、兼顧預防性與教育性的工作策略,以作為活動課程設計、目標優先順序、方案設計及決策過程的參照。

(三) **社區學習目標的建制與評估**:社區學習宜透過現狀的檢討,以追求服務的創新性與差異性,強化現有人力、物力資源及社會關係,努力改善所提供服務團隊的品質;強調目標範圍的集中。個體價值觀念因為社會變遷帶來學習方式的改變,如何了解社區生活脈絡的影響,需要行動者與社區居民不斷的對話與行動反思,方能建構一個滿足個體與社區需求的學習方案。

(四) **專業知能的統整與再造活動**:透過專業規劃能力的再造、組織動員力量的激發、人力資源運作的技巧、督導溝通體系的建立、管理回饋的評估機制等,全面性的建構「社區教育專業知能的再造活動」。運用「組織合作關係」,是一種經由協商、承諾以及履行等階段的重複程序所形成,其間每一項都要以效率與公平性來評估。

(五) 社區教育規劃能力突破作為： 依據社區發展任務，訂定使命的達成、工作計畫或工作策略的運用，及社區學習的設置目標。例如：教育活動的內涵，係以親職教育、子職教育、兩性教育、婚姻教育等為範圍，在學習計畫與行銷策略的運用方面，積極落實學習方案所設定的目標。

(六) 督導溝通體系的建立與發揮： 妥善運用督導與溝通機制，協助社區成員解決問題、指引方向並能發揮激勵的作用，也是建立激勵制度的重要溝通體系。人力資源的運用，係依據當前及未來的方案要求與組織分工方式，培訓人力與資源調度事宜。

(七) 目標網絡的建構與發展策略： 要多元化、人性化，也要切合民眾真正的需求，從觀察他們的語言、文化和生活型態，繼而了解他們對於社區教育的態度與關注焦點，在提供最合適體貼的服務之餘，也能建立完善的規範，保障社區民眾的權益，形成一種共同利益的關係就是一種合作關係，知識上共同分享，以增強每個成員的能力。

(八) 組織動員力量的激發與執行： 結合人力資源、財力資源與物力資源，經由某一些有組織的活動，創造某些有價值的服務，以服務社區部分成員；即是經由規劃控制、流程設計、組織結構、權責劃分來整合資源、提供服務，以滿足社區的需求。受益對象的集中是指專門針對某一類人士提供服務，並且對該類人士的特性與需求非常了解，進而成為社區學習方案的主要對象，例如：老人、單親、雙薪、原住民、身心障礙、隔代教養家庭等，即是集中力量設法滿足目標對象的各種教育需求。

由於臺灣於面臨少子化趨勢下，高等教育招不到學生的問題，未來勢將更為嚴重！據行政院經濟建設委員會最新人口推估，未來十年、二十年，大學入學人數，將分別較目前減少百分之九、百分之三十八；甚至到二〇五六年時，大學新鮮人將只剩十二萬五千萬人！少子化現象對高等教育的衝擊很大，未來陸續會有一些大學面臨經營困境，推估可能有三分之一、將近六十所學校因為招不到學生而退場。教育部除了研擬大學退場機制的消極性措施外，宜採取積極作為，依據《私立學校法》，增列私立學校改其

他教育、文化或社會福利事業，善用學校資源及及朝向社區教育推動，將有助於社會品質提升、人民素養增進，並使教育持恆發展等多元功能。大學實可藉此環境的機遇，積極將教育理念及教育作為朝向社區教育的方向推動，將教育內涵擴充至社區，將教育對象推向全民，善用教育資源成為教育大國，促成教育為啟迪社區民眾的機制，帶動社會的全面提升。

貳、社區教育的策勵

社區教育就是社區整體的、長遠的、發展的關鍵，從社區的教育與學習著手才是社區發展的活水（陶蕃瀛，一九九四）。社區想要發展良好，必須從社區居民的教育著手，而社區教育成功的關鍵又以社區學習最為重要。是以，政府一九六八年頒行的《社區發展工作綱要》第十二條的精神倫理建設，強調社區學習的重要，進而塑造社區學習文化。教育部於一九九七年公布「邁向學習社會白皮書」中，明確推展學習型社區方案，「促進社區學習體系的建立……增進社區學習的機會與風氣，以塑造社區學習的文化。」社區教育是對於社區發展有著重要的影響，有助於社區發展與社區學習體系的建立。所強調的學習具有以下特徵（王政彥，二○○二）：

第一，學習是一種情境過程（learning as a situated activity）： 從情境認知的觀點，學習是參與一個文化意義系統（culture meaning system）的過程，要了解和學習意義必須嵌入文化之中，孤立於環境與文化不能算是學習。學習須和環境、他人進行意義系統的分享，這個概念強調學習是經驗的核心。

第二，學習是一種社會經驗（learning as a social experience）： 就情境學習而言，學習植基於參與社區的實踐，大部分的學習是經由觀察、模仿和參與而獲得，並非只有實質的東西才能學習。社會學習理論（social learning theory）認為人類的學習，係透過人際與環境因素的交互作用，獲得有用的訊息所產生的過程，此為個人社會化的歷程，經由社會中的交互作用，運用增強、模仿與認同作用等方式來學習。

124

　　第三，學習創造嶄新的自我（learning a new self）：經由情境認知、社會互動的學習歷程後，其最終的目的是自我的改變（change of identity），學習與自我是不可分割的，自我無法從學習和文化層面分離。同一依靠在自我的概念上（identity rest on self-concept），由三個部分組成，分別是個人的（private）、集體的（collective）和公共的（public），個人的係指個體的特性、狀況與行為；集體的是指個人是團體的成員；公共的意指個人如同他人的代表（individual as represented to others）。所有的自我均涵蓋上述三種範疇的成分之一，但在一個特定的自我概念運作的程度是隨社會的文化脈絡與行動的立即情況而變化。

　　第四，教育學習文化的要素：在二十一世紀為了建立一個以知識為基礎的產業架構，是需要發展學習文化的，學習文化的要素是什麼？從終身教育理念的推動及學習型組織的發展，均促使學習文化的接續出現，並引起社會的關注。在一九九〇年代至二十一世紀早期，世界快速變動，知識的創新累積與過時更加迅速，每一個人需要不斷地學習，在觀念上有繼續不斷學習態度，並發展新的技術與能力以便適應遽變的世界。

　　社區教育的目標是培養和塑造有知識、能力、以社區發展為己任的優秀公民，要達到此目標，必須在知識、行為和感情三個方面使工作對象有較大的進步（Fiffer, S. & Fiffer, S. S., 1994）。

表 17-2　社區教育的目標

項目	內涵
知識方面	掌握社區生活或共同問題的知識及資料；理解資料之間的相互關係，並能清晰地分析問題；在掌握和理解資料的基礎上能夠觸類旁通；在正確分析、評估問題及政策的基礎上提出創新的建議。
行為方面	對社區領袖而言，熟練掌握與群眾溝通的技能，善於表達對他人的關懷和愛護，能理解文件和有關資料，懂得行政及會議的技巧，擁有社會行動和基層動員的能力。對一般居民而言，應掌握資訊的技巧。方式是社區工作者帶領工作對象在模擬訓練、或實踐中邊做邊學。

感情方面	人的價值觀具有可塑性，會隨著年齡的增長和實踐的發展不斷修正。社區工作者從各方面引導居民，改變其對參與、社會公義、公民權益的觀感和價值取向；也可透過行為反思的方法澄清價值觀，是其在社區活動中由冷漠、消極、被動轉向熱情、積極、主動。

（資料來源：作者整理）

　　為了達到經由社區教育的實施，已增長社區民眾素養，社區教育推動時，可依據對象採取不同的類別（Hardcastle & Powers, 1997）：

表 17-3　社區教育的類型

項目	內涵	功能
補償式教育	社區工作者服務的對象主要是一般大眾，社區教育課程和社區工作者所提供的教育機會，可彌補其沒有受過正規教育而造成的知識短缺。	一、是素養提升，使居民意識到社會對個人的責任；
控制式教育	這種教育強調公眾行為的規範。這種教育的目的在於導正不守公德和秩序的行為，以建立公民應有的態度和表現。	二、是培養居民的集體參與的過程，能在日常生活及思考方法上培養出理性的思維；
啟發式教育	主要是把群眾從過去一些傳統思想的束縛中解脫出來，發揮其在知識、態度、行為和價值觀念上的潛能和積極性，採取集體行動去建構一個理想的社會。	三、是集體行動，以眾人的力量達到所追求的目標。

（資料來源：作者整理）

　　推動社區學習需要結合社區既有資源，其中的具體作為包括有（林振春，二〇〇一）：

　　第一，各地區的社區活動中心成為社區學習中心：社區營造著重軟、硬體的建設，運用社區活動中心，規劃成社區的學習資源中心。

　　第二，運用社區內的教育機構：位於社區的學校，包括大學校院、專科學校、高中職校與國中小學等提供場所、教師等相關資源，作為社區學習的場所。

　　第三，建構社區寬頻網路系統。在網際網路的世界，運用網路可進行e-learning、遠距教育等。因此，建構社區寬頻網路系統在資訊網路時代中

更顯得重要，社區有了寬頻網路系統，居民即可進行線上的同步及非同步的網路學習。

第四，有線電視系統作為社區學習的頻道：社區的有線電視系統網往往僅作為社區新聞報導、廣告宣傳、娛樂節目的播放，站在學習的角度思考，可依民眾的學習需求，規劃學習性的節目。

第五，社區大學也是社區學習文化的場所：依據《終身學習法》，地方政府得自行辦理或委託民間辦理社區大學，提供民眾學習的課程。

第六，公共圖書館要成為社區學習中心，在臺灣每個鄉鎮均設置有圖書館，圖書館內有藏書，作為社區學習中心是很合適的。

第七，結合各類社會教育、文化機構、民間學習組織、企業資源，建構學習網絡：各社區內有不同類型的機構、組織或團體，運用其組織的人力、設備或經費等資源，規劃暨建構不同類型的學習網絡。

藉由大學豐厚的資源導入到社區教育，可以辦理的項目包括：

第一，生活教育：生活教育工作員或社區工作人員利用講座、展覽、小組及宣傳活動，灌輸家庭溝通和人際相處的態度和技巧。

第二，公民教育：其目標是為公民有效地參與社會的政治、經濟、文化的運作提供準備，更為生活在日趨多元化的社會做準備，其目的是啟動群眾的覺悟，提升其自立、自決的能力，以積極主動的姿態參與到集體行動中來，解決困擾的問題。

第三，成人教育：以社區為單位，以社區的發展為目標，以社區成年人為教育對象，針對社區發展的特定需要而展開的教育活動。社區成人教育面向大眾，體現教育平等和民主觀念，體現教育終身化和社會化的精神。

第四，健康教育：主要為提供居民保健和預防疾病的知識，以達到預防保健，提高生活品質。

第五，培訓教育：社區工作者透過個別教育的方式，訓練社區領袖，向社區領袖傳授知識和價值觀念，培養其批判性思維，培養其領導和駕馭展開社區所需要的各方面的能力和技巧。

「經濟影響今天社會的生活，科技左右明天社會的實況，教育決定未來社會的發展。」二十一世紀是知識經濟及終身學習的新時代，一九九八年聯合國教科文組織（UNESCO）呼籲各國政府要把高等教育延伸為「終身學習」。今日社會必須因應這項時代需求與趨勢，尤其面對高齡化社會的來臨，「成人終身教育」格外重要。參酌世界各先進社會於應對知識經濟社會時，終身教育厥為主要的發展途徑，適值我國大專校院因少子化呈現教育資源過剩之虞，可藉此歷史的機遇，積極朝向社區教育的推動，將教育內涵擴充至社區，將教育對象推向全民，善用教育資源成為教育大國，其間借鑑世界教育先進社會，甚而是教育為啟迪社區啟蒙民眾的機制，以帶動社會的全面提升。

綜上，社區學院參酌中西先進及歷史經驗，該教育的內涵為：「以民生為重心」、「以家政為核心」、「以社區為領域」、「以生活為內涵」等特質，體現教育學者杜威（J. Dewey）所倡導「教育即生活，生活即教育」的理念。以今日社會觀察，能力足於寰宇，厥為「發揮軟實力」及「善用巧實力」。綜觀臺灣的發展歷程，並非依憑物質資源及財貨資源，實賴人力資源。然而創造人力資本尚需教育啟蒙，尤其是全民的素養，並隨社會的發展，融注於庶民生活之中，發揮敦厚尚禮的文化之邦，以達成知識社會的典範。

結語

終身學習的旨趣是在使每一個人在人生的每一個階段，都有適合其需要的教育機會，在縱向而言，包括家庭教育、學校教育與社區教育的銜接，在橫向而言，是正規教育、在職教育與非正式教育的協調（教育部，一九九八）。社區教育的社會強調全人發展、重視個人自由、使學習成為一種生活，擴展人生的意義與目標。社區教育主張個體在一生中的任何階段均要不斷地進行學習活動，才能適應社會的需要；它強調在兒童幼年時，就要激發他們有終身學習的動機和準備，成年時才能繼續增加新知、提升技能，

以適應工作和生活的需要。社區教育乃是經由個人的一生，完成個人的、社會的以及專業的發展，以提高個人及團體的生活素質，隨時接受的教育。

　　社區居民在學習的作為中，發展出社區學習文化，社區學習文化建立後，社區居民能夠充分發展，整個社區能永續發展。強調今日的社區教育是，以社區的地理空間內的居民，運用學習與文化交互作用衍生的學習文化內涵，透過不同的學習狀態，建立在社區成人的學習需求與動機，個人及社區意識的覺醒，以及社區的發展，能保存、運用並創新社區的知識、精神、文化、歷史、地理的發展及其產物，最終使個人獲得知識的開展，個人充分發展，進而使社區開創美好的未來，所形塑的一種社區學習文化，而此社區學習文化成為社區居民生活方式的一種，並隨社會、政治、經濟與教育的變遷發展，而不斷演變的一種學習活動。

上左｜羅主任以二水家政中心為家積極致力社區教育，深受社區民眾肯定。
　右｜二水家政中心結合彰化醫院及敏惠醫專推展健康加油站，推動健康促進活動。
下左｜羅主任帶領家政中心團隊號召地方志工，推展社區文化建設。
　右｜二水家政中心羅素卿主任帶領鼓樂隊學員參與彰化縣長青大學聯合成果展，展現磅礴氣勢朝氣蓬勃受到好評。

第十八章　發揮健康促進　開創共好社區

前言

在聯合國的研究報告中指出，全球老年人口（六十歲以上）占總人口比率，將由一九五〇年的百分之八，二〇一一年百分之十一，上升至二〇五〇年的百分之二十二，其中八十歲以上超高齡人口上升更快。我國六十五歲以上老年人口占總人口的比率，於一九九三年達百分之七，跨越人口高齡化國家（aging nation）的門檻；經過不到二十五年目前已近百分之十四。除了人口老化的速度已是「世界第一」外，平均餘命的增加健康情況卻未隨著提升，如何發揮「健康促進」不僅是關乎到長者的生存品質，也牽動家庭的生活品質，成為社會關注的重要課題。

壹、以二水社區長期照顧中心為推展標竿

隨著高齡化社會的到來，為了建構一個「老有所尊，老有所學，老有所養」的敬老尊賢，家庭安適的安和樂利社會，實踐大學、彰化醫院、敏惠醫專與中華民國社區發展協會多位師長本於長期致力「健康促進與醫療照護」的推動，共同以彰化二水家政中心為基礎，期盼建構「社區長期照顧示範中心」，逐步推展。正如，管理大師彼得・杜拉克（Peter F. Drucker）指出：「所謂創新，就是創造對顧客而言有用的價值，那不是科學或技術的創新，而是以對顧客的貢獻程度作為評價。創新的重要性最該被強調的是：技術性不會產生戲劇性變化的事業。」

相應於近年來多數國家由於國民預期壽命延長、婦女生育率降低，以及第二次世界大戰後嬰兒潮世代陸續屆臨退休，人口老化現象日益普遍；

未來人口結構老化現象難以逆轉，已對全球經濟、社會及政治產生重大衝擊。以臺灣為例，老年人口將於二○一七年達二百八十一萬人（百分之十四）成為高齡國家（Aged）；二○二五年人口中將有五分之一是老人成為超高齡國家（Super aged）。臺灣面臨人口老化浪潮的衝擊，將比其他國家來得更快、更急。「社區」、「健康」兩個詞彙都是社會在面對高齡化趨勢中重要的概念，以社區能夠營造出健康與有品質的安居樂業生活，成為社會關注的民生建設。

貳、發揮健康促進以增進高齡者生活品質

　　社區對老年人而言是十分重要並有密切關係，因為老年人是逗留在社區內時間最常的群體。他們具有以下的特性：社區內空閒時間最多的群體；對社區歸屬感很強；多年的社區生活經驗使他們掌握了很多社區資源及建立不少社區聯絡網；同時可藉由豐富人生經驗協助其他群體。運用社區工作方法，可以消除老年人社區疏離感。強調以社區為介入點，老年人與社區的關係會較為重視，而社區工作更著眼於發掘老年人的潛能，鼓勵老年人參與社區事務，改善社區生活。

　　二水家政中心建構於一九七二年，實踐大學創辦人 謝東閔先生為造福桑梓、提高鄉親生活品質，推展倫理教育、強化家庭功能，以加速達成禮儀之鄉，本於「家齊後而國治」，特別推展「媽媽教室」及「社區建設」工作，並經由培訓中小學教師作為社區推展的種子教師，共同致力於「婦女家政教育」，促成民眾安居樂業，以帶動我國達到「除貧扶弱」邁向小康社會，並為社會的現代化奠定深厚基石，績效足資翹楚，引為開發中國家建設的模範。

　　隨著人口結構日趨高齡化，「二水長期照顧示範中心」採取社區醫養康復結合的模式，為老年人提供養老生活安排的解決方案，引進彰化醫院為健康長者進行「健康諮詢」，由敏惠醫專專業教師及志工學生為長者進行「健康促進」，並於社區由彰化醫院結合二水鄉公所設置老人日照中心；將健康

及醫療資源引進社區，周延關照長者，也促進醫療養老的持續發展。相比
於傳統觀念依賴的「養兒防老」，選擇養老社區的居民，促使高齡者及家庭
的需求獲得周延的安排，既提升長者生活，亦裨益家庭生活品質。

參、醫養合一的鹿草鄉社區健康促進活動

　　長期照顧若依照顧服務的場所來區分，包括有三種：機構照顧、社區
照顧、家庭照顧。有研究指出：社區老人對於家事服務、餐飲準備、持續
性照顧、個人照護及護理照護等各項服務，無論是實際使用及自覺需要的
比例皆呈現上升趨勢；就服務提供者而言，家人朋友鄰居仍是家事服務、
餐飲準備、持續照顧、個人照護及護理照護等各項服務的主要提供者，但
隨年紀漸增，使用機構或受僱者所提供服務的老人比例顯著上升。所謂「社
區照顧」是指動員並整合社區內的人力、物力、財力等資源，針對社區中
不同對象的不同需求提供各項福利服務，使其能在所熟悉的環境中就近取
得資源獲得協助以滿足其需求。

　　本諸將二水家政中心推展「長期照顧示範中心」的理念，敏惠醫專、
中臺醫事科技大學結合醫療團隊於二〇一七年一月二十二日，將這項「社
區醫養結合」的宣導工作，於嘉義縣鹿草鄉後崛社區展開。鹿草鄉位於嘉
義縣西南部，與朴子市、太保市、水上鄉、義竹鄉、臺南市後壁區接壤比
鄰，人口數近一萬六千人。嘉義縣的嘉義縣青壯人口外流嚴重，老年人口
比例不斷攀升，老年人口比例全國第一，在鹿草鄉、六腳鄉更是六十五歲
長者超過百分之二十，長輩獨居或兩老相依的情形非常普遍，為落實福利
社區化理念，透過社會工作、醫療護理、復建及文康休閒等複合式服務模
式，讓長輩在社區內獲得妥善的照顧，進而達到延緩老化與疾病預防，以
及老人成功老化理念。師生及醫療人員為長輩提供量體溫、血壓、健康體
適能、健康講座、健康餐食及手工藝課程等服務。「關懷弱勢族群醫療照護
需求」一直是參與的醫護學校不斷教育學生的核心價值，從偏遠地區的健

康促進服務支援、特殊弱勢族群的照護服務發展……等，都是身為培育醫護人員積極參與的教育內涵。

全球性的銀髮浪潮來臨，因應未來社會銀髮照護與科技發展的需求，讓「健康在地老化」的銀髮照護目標得以實現。以更宏觀的思維與積極的態度來因應這全球發展趨勢，讓銀髮產業發展浪潮成為推動社會向上提升的助力。「社區長期照顧中心」採取「社區醫養教相結合」，鼓勵以社區照護、家庭安養為主，康復、醫療、教育服務等機能相配合。

肆、開創共好社區以促成安和樂利的生活

「醫養教相結合」的養老模式利用醫療機構的優勢醫療資源，實現了醫療、護理、養老、康復等一體化服務，既能滿足老年慢性病治療在人醫院，康復及護理階段在養老機構的構想，又在一定程度上緩解了當前醫院住院困難的窘狀。有鑑於我國高齡社會有以下特徵：第一，是人口老化趨勢位列世界前列。第二，是老年人口有慢性疾病化、逐步失能化的現象。第三，是家庭養老功能相當薄弱，養老相關服務嚴重不足。「醫養結合」是一種藉由健康促進延緩失能帶來的個人及家庭困擾，並且引進醫院資源對長者進行有病治病、無病療養，使醫療和養老相結合的社區安養模式，其優勢在於整合養老和醫療兩方面的資源，提供持續性的老人關懷及照顧服務。

推展「社區長期照顧示範中心」期盼社會重視預防保健政策的落實，特別是喚起民眾自我健康照護的意識，共同來營造健康的社區生活。這種注入「社區營造（community reinventing）」精神，即有活化、再生或再造的意涵，同時強調如何增強民眾學習與掌握解決問題的能力，主導與控制自身生活。唯有社區住民的覺醒和付出行動，改變的能量才能夠被儲存和累積，改變才成為可能。「以民眾之力，造民眾之福」，是未來推動社區健康營造重要的方向，這就是「社區醫養結合」的核心內涵與精神。

順應我國社會老齡化的趨勢和特點，政府採取措施推進醫療衛生和養老服務相結合。創造「醫養教合一」以應對高齡化社會，是落實「社區營

造」的社區健康方向。同時強調如何增強民眾學習與掌握解決問題的能力，主導與控制自身生活。也就是說，經由社區民眾的覺醒和付出行動，改變的能量能夠被儲存和累積，改變才成為可能。「以民眾之力，造民眾之福」，是未來推動社區健康營造重要的方向，俗云：「靠山山倒，靠人人老，健康靠自己最好」，這就是「社區健康營造」的核心內涵與精神。從事社區健康營造工作，須考量社區屬性與居民生活條件的差異，創造出多樣且有趣味的活動，引導民眾認識社區健康議題，提高社區參與的能力，落實「健康是我們的權益，保健是我們的責任」的作為。

上左｜中臺醫事科大與敏惠醫專師生共同為長者進行假牙牙套檢查及衛教。
　右｜中臺醫事科大與敏惠醫專師生共同為長者進行假牙牙套檢查及衛教。
中左｜中華民國社區發展協會結合敏惠醫專師生深入臺南柳營重溪社區進行高齡者健康關懷活動。
　右｜教師為長輩介紹健康資訊。
下左｜中華民國社區發展協會結合敏惠醫專師生至嘉義鹿草鄉社區進行長者義診關懷活動。
　右｜彰化二水家政中心結合彰化醫院長者提供常態性健康服務，將健康促進醫療服務帶到社區，深獲民眾讚譽。

第十九章　社區高齡照顧的作為

前言

　　隨著高齡化社會的來到，老年人口愈來愈多；也隨著醫學的發達，老人長期慢性病患也愈多。老人福利服務益顯其迫切性與重要性，政府機構、社會資源必須相互為用，以全方位、人性化的需求導向，在健康維護、經濟安全、教育與休閒、安定生活、心理及社會適應、其他福利措施等，提供適切的福利服務，給予長者完善、尊嚴的服務及全人、生活安全的服務與照顧。

壹、加強老年人的社區參與

　　社區參與可以肯定老年人的價值，而老年人更可在參與過程中發掘自己的潛能及能力，減低孤獨感，建立積極的人生觀，並且提升晚年的生活品質。

一、支持體系的建構

　　社區照顧的過程中，因應的是「在地化」的落實，然而如何建構完整且周詳的社區支持體系是應該被考量的。其體系的建構宜考量照護體系並非一項就能完成案主所有的需求，且每個個案也都有其獨特性的需求，因此如何建立連續性、不分段的服務體系是相當重要的。連續性的概念內涵包含了以下幾項：強調服務內涵的周延性與完整性、服務場域與內涵的互通性與選擇性、服務輸送之協調與整合。同時，在提供服務的過程與維繫服務完整性的概念下，社區照護的提供並非機構或是家庭能夠完全負擔的

責任，而是兩方皆得彼此合作的部分，且社區支持體系中，正式支持的部分居多，因此如何連接正式與非正式的體系，不將責任偏重一方，整合兩方的服務成為完整連續的服務體系；而且這部分正式體系建構也需要政府單位經濟與技術的投入，以協助整合的周延完整。

二、專業團隊的建立

根據聯合國頒布的老年人宣言，老年人應受到各種基本人權的保障。社區照護的過程中，不少的專業團隊及技術涉入其中，其涵蓋醫療、社會、心理甚至是心靈的層面。因此照護工作宜充分結合衛生單位或社會服務單位的資源，而從兩種體系下所設的「居家服務支援中心」及「長期照護管理示範中心」，把握「專業」的原則。促使老年族群在生理變化的影響下，健康與社會服務間的分工與關係是協助案主獲得較好照護的重要作為。因此應建立專業的團隊，以共同分享並提供資源給照護的群體。

三、個案模式的應用

要維護老年人權益，社區照顧工作會較其他工作方法更適合。社區工作除了強調權益及資源的爭取外，更強調在過程中讓服務對象能有尊嚴的參與。

四、專業能力的提升

社區照護是多面向的照護工作，須結合醫療、護理、心理、營養、社工甚至宗教團體等專業，成為一個跨科技的團隊，照護人力的培養與技術的提升便是相當重要的一部分。

五、財務制度的健全

社區工作者可根據社區老年人的不同需求提供服務，而照護工作原本就是勞力密集的工作，相對地也是高成本的照護工作，這樣的社區照護工作不能由家庭獨立來負擔，也無法全然由政府來承擔這樣的支出，因此使

社區照護的財務制度能夠更為健全，以支應老人社區照護工作的進行是相當重要的。

貳、強化社區服務品質

黃源協教授整合 Martin（1993）以及 Morgan & Murgatroyd（1994）等人的研究，發展出社會服務品質的主要要素十二項指標，如下表：

表 19-1　社會服務品質的重要要素

要素	內涵
可近性（accessibility）	服務易於被取得或提供服務機構易於接近。
保證性（assurance）	工作人員友善、禮貌、體貼和有豐富的知識。
溝通性（communication）	簡單易懂告知使用者，以及可能改變的相關資訊。
專業性（competence）	服務者具備提供服務之必要知識與技能。
一致性（conformity）	服務符合標準。
持續性（durability）	績效、結果和成果能持續維持。
同理心（empathy）	服務者對服務對象的了解，並提供其個別性關懷。
人性化（humanness）	以尊重服務對象及其自我價值方式提供服務。
績效性（performance）	服務內涵能達到所設定達成的目標。
可信賴（reliability）	不因不同服務對象與時間，而影響服務品質。
即時性（responsiveness）	服務員工適時提供服務。
安全性（security）	安全無虞環境下提供服務。

（資料來源：黃源協，1999）

參、強化社區高齡者的服務

面對我國急增的人口老化問題和社會結構變遷，老人照顧的責任已非家庭子女所能夠完全承擔，需要多元供給部門的協助才能有更完善的服務照顧，它由國家來建立福利制度，由社區提供照顧服務，運用非營利組織的資源投入，協助現代家庭分攤照顧老人的負擔與壓力。為了達到老人社區照顧服務的目標，於建置並運用社會的網絡資源，其中包括空間及服務人力的考量，有：

第一，社政單位：地方政府社會局、老人日托中心、社會福利館文康中心等。

第二，衛政單位：地方政府衛生局、長期照護管理中心、公立老人慢性病及醫療院所、鄉鎮衛生所。

第三，一般醫療院所：民營醫院、診所。

第四，民間照護機構：老人公寓、安養機構、養護機構、長期照護機構。

第五，社會服務機構組織：老人福利服務及文康機構、基金會、宗教慈善服務團體、社會服務協會。

第六，其他相關團體：社區公民館、社區協會、守望相助隊、工會組織。

第七，相關政府單位：警察消防單位、各級學校、郵政單位、村里長辦公處。

第八，其他民間組織行號：便利商店超市、幼兒園、計程車行。

第九，非正式支持系統：親人、朋友、鄰居、社區志工、互助團體、鄰里照顧團體。

老人社區式照顧的福利服務體系的因應趨勢，宜複合與多元的思考，輸送網絡資源的彈性，俾因地制宜找尋可行機制。

結語

對於「在地老化」、「居家養老」的社區照顧服務的發展方向，妥善運用多元資源，結合在地社區力量，以「在地人服務在地人」進行服務規劃，都成了當前老人服務的重要發展方向。從社會運作的角度來看，社區居民參與活動可使社區居民或社會公民因彼此合作而互蒙其利。

第二十章　學校參與社區長照服務

壹、緣起

　　面對我國快速增加的人口老化問題和社會結構變遷，老人照顧的責任已非家庭子女所能夠完全承擔，需要多元的協助才能有更周全的服務照顧。是以，我國於二〇一五年六月頒布《長期照顧服務法》，由國家來建立長期照顧制度，由機構、社區、家庭提供照顧服務。除此之外，運用非營利組織的資源投入，協助現代家庭分攤照顧老人的負擔與壓力，避免「一人生病，全家癱瘓」的困擾。由於我國深受孝道文化與養兒防老觀念的根深蒂固，對於「在地老化」、「居家養老」的社區照顧服務的企盼尤顯殷切。本文係筆者所服務的敏惠醫護管理專科學校響應中華民國社區發展協會的倡議，運用多元資源，結合在地社區力量，以「在地人服務在地人」進行服務活動，期盼成為當前老人服務的發展方向。

貳、樂齡安居——與社區一起照顧（care for the community）

　　「社區照顧」的概念由英國於一九五〇年代提出，是指由社區提供需要幫助的人，包括老人、身心障礙者、精神病患者、學習障礙者提供協助。強調的是將受照顧者留在社區內而開展的服務，即指有需要及依賴外來照顧的弱勢人士，在社區的小型服務機構或住所中獲得專業人員的照顧。社區照顧的目的是為了讓人們可以住在家中自立生活，故提供各種服務，這些服務包括健康促進與照護服務；且強調不只由公部門提供服務，更大部分照顧工作是由非正式網絡提供，也鼓勵非公營單位發展服務，對大多數人而言，社區照顧可提供最佳的照顧方式。

　　為促進社區老人身心健康，落實在地老化及社區營造精神，行政院二
〇〇五年五月十八日核定通過「建立社區照顧關懷據點實施計畫」，結合有
意願的社會團體參與設置社區照顧關懷據點，由當地民眾擔任志工，提供
關懷訪視、電話問安諮詢及轉介服務、餐飲服務、辦理健康促進活動等，
以延緩長者老化速度，發揮社區自助互助照顧功能，並建立連續性的照顧
體系。這將是迎接高齡者社會的重要作為。

　　社區為現代人生活的主要領域，提供人民對自己的生活方式及所需的
服務。社區照顧相應於高齡化社會，使高齡者有較熟嫻的生活空間，彼此
相互扶持、相輔相成，強調建立一個能夠將正規社會服務及非正規社會支
援網路相互結合的社會服務模式，明確地指出了正規照顧和非正規照顧相
互融合的重要性。敏惠醫護管理專科學校位於臺南市柳營區，以「人文關
懷、專業前瞻、國際視野」專業、敬業與樂業的辦學理念，培育出許多護
理、幼教、美容保健、與牙體技術等專業人才服務社會。為能響應教育部
二〇一五年提倡的「教育創意行動年」，以及將學校專業資源與社區共享，
協助社區發展、改變城鄉的資源落差，故提出「樂齡安居到點服務」計畫。
期盼能藉由醫護專長特色到社區進行到府居家關懷長者、獨居與失能者；
提供社區相關健康議題戲劇創作諮詢；及到社區講授養生保健課程等三個
方式，來協助社區推動居家安全健康活動，包括居家環境衛生、用藥安全、
居家防跌、與養生保健等，使其社區高齡、獨居與失能長者能增加自我安
居知能，減少居家意外發生。另外，也讓本校學生能夠透過此計畫，落實
人文關懷、提高青年參與社會服務的責任與價值。

參、到點服務──由社區照顧（care by the community）

　　社區是居民生活共同圈，它對老年人尤具有其意義與價值，為使老人
能在熟悉環境中得到安養照顧，也能延續老友的互相關懷慰訪，充實生活
情趣。換言之，藉由社區資源協助提供社區需求的滿足，乃推展社會福利
社區化主要精神。「社會網絡（social networks）」由一組具有關聯的人、場

所、活動所構成，人與人之間產生有意義的連結或接觸（Seed, 1990）。一般談及「社會網絡」，總會擴及到包括「社會支持系統」和「網絡資源整合」。因此，有計畫、有組織的建構社區福利服務網絡體系，俾能有效落實社區式安養；尤其是對單身或扶養義務人無扶養能力者，更有其迫切性的需要。

提供適當的照顧和支持，以協助人們得到高度的獨立自主性，並藉由獲得或再獲得基本的生活技能，以協助他們發揮最大的潛能。指由家庭、親友、鄰里及社區內的志願者等提供的照顧和服務。「在地安養，無憂向晚」，「回歸家庭與社區」是國人核心觀念與價值。社區照顧的意義是：所有推動讓老人盡可能繼續居住於熟悉的、溫馨的社區中而非如醫院或大型安養護機構的政策、措施與服務，即是社區照顧。接受社區照顧的身障老人於生活各方面皆有明顯的改善，於生理方面減緩老人生活適應方面的問題；心理方面減輕老人因照顧問題所產生的心理負擔；於社會方面增加了老人的社會支持與人際的互動。

臺南柳營區重溪社區原名「五軍營」，為明鄭參軍陳永華駐兵之地，與「篤農村」合稱「小腳腿」。重溪社區以務農為生，是一個相當老舊的社區，年輕人口嚴重外流，社區內大多為老年者，整體社區發展缺乏活力。重溪社區人口結構如下：

表 20-1　○○社區人口結構概況

里名	戶數	低收入戶	中低收入戶	單親	外配
○○里	749	39	31	10	24
○○里	568	22	21	14	9

重溪社區人口老化嚴重，六十五歲以上長者共有四百零一人，占社區人口百分之十八點八四；獨居老人有八十三位、失能老人十八位，分別占社區人口的百分之三點九與百分之零點八。社區內的資源有小腳腿文化營造發展協會、柳營區樂齡學習中心、社區發展協會、里辦公室等，較欠缺醫護相關資源。

肆、關懷志工——在社區內照顧（care in the community）

壽命延長是人類重大成就，也帶來空前挑戰，高齡化使全球經濟發展陷入長期停滯，個人也面臨醫療、照顧、健康等問題；除非有新科技與產業帶動生產力，否則經濟勞動力人口銳減，需要被扶養與照顧的老人趨多，經濟將缺少動能，日本過去二十年淡定的經濟，就與人口老化密切相關。由於醫療科技的進步，老人的壽命不但延長，更使過去可能致命的疾病，因得以治療而保留性命。但老年人雖然從疾病侵襲中存活下來，卻有不少比例的老人在日常生活活動上需要他人協助。由於疾病的困擾再加上年齡增長引起的自然老化，促使長期照顧成為社會關注之議題，讓人們在自己的家或地方社區中類似家的環境中，盡可能地過著正常的生活。本服務的計畫目標為：

第一，成立居家關懷學生志工隊，培訓三十位居家關懷種子志工。

第二，社區關懷訪視二十次。

第三，提供社區民眾有關健康議題戲劇創作教案諮詢三次。

第四，提供社區民眾養生保健課程三次。

在社區照顧的核心是強調服務的「非機構化」，發展以社區為基礎的治療與服務設施、技術和計畫，將照顧者放回社區內進行照顧，在他們熟悉的社區環境中生活，協助他們融入社區生活，使所提供的服務更貼近人們的正常生活，從而避免了過去大型照顧機構那種冷漠、沒有人情味和與世隔絕的程式化的專業照顧帶來的負面後果。運作方式為：

第一階段：志工招募與培訓，招募三十位志工學生，進行培訓十小時，完成培訓者頒發志工研習證書一份。

第二階段：到點到府居家關懷訪視二十次。與重溪社區里辦公室合作，針對該社區內六十五歲以上長者、獨居與失能長者，由老師帶領學生前往居家訪視進行指導。每次時間約三～四小時。

第三階段：護理教師至社區講授三次養生保健課程，共計六小時與提供三次健康戲劇教案諮詢，每次一小時。

　　本次活動自二〇一五年七月一日至十月三十一日進行，藉由本校醫護專長的師生到社區進行關懷服務，落實社區長期照顧作為。另外，也讓本校師生發揮人文關懷、社會服務的價值。

結語

　　老人服務與社區照顧已是高齡化國家發展社會福利政策的主流，近年來我國社會工作的服務也朝此方向發展，且國家將老人照顧產業的發展作為重大經濟建設的焦點。社區發展的理念是一種以社區為中心，促進居民自覺意識凝聚居民的需求，結合社區的人力、物力資源，透過民主合作的參與，發揮自覺、自助、自動、自發與自治的行動力量，改善居民生活品質，有效帶動社區發展，促進社會變遷的社會發展模式。

　　藉由二〇一五年獲得諾貝爾經濟學獎榮譽的安格斯‧迪頓（Angus Deaton）於所著作《逃離不平等》：「在這個世界上，還有著巨大的貧困人群，一些成人和兒童面臨著嚴重的健康問題。對於地球上的許多人來說，情況糟糕極了。政府應增設福利設施，便利各項福利設施之使用，達成福利可及性之功能。」迪頓提出應加強政府管理能力，以治理和解決貧困，對我國是有借鑑的意義，「學校參與社區照顧服務——樂齡安居到點服務」正是這項理念的體現。

左｜謝文淮院長為謝孟雄董事長、林澄枝資政等師長簡報推動社區長照示範中心構想。
右｜實踐大學二水家政中心引介彰化醫院於中心設置健康加油站，將醫療照護資源引進社區，將健康帶給地方民眾，共同推展社區民眾健康促進活動。

第三篇

止於至善──以共好社會的建構為理想

第二十一章　民生思想與社區建設

前言

　　兩岸社會雖經歷分治，但皆推崇　中山先生，均重視民生經濟發展，誠如　先生所言：「民生主義就是國富民享的主義，民生主義就是經濟平等的主義。」強調「以民為本，民生為要。」過去海峽兩岸長期的分治與對峙，經貿交流扮演了化解的角色，審視兩岸前景，透過民生建設的交流合作，將能為兩岸關係的推展建立堅實的基石。

壹、中山先生對民生思想的主張與內涵

　　一九二四年八月，　中山先生給民生主義下的定義是：民生就是人民的生活、社會的生存、國民的生計、民眾的生命。要用國家的力量組織一切生產、分配、流通和消費活動與關係的系統。要使國內人民貧富相平，而無特殊階級，就是「均富」。民生就是政治的中心，就是經濟的中心和種種歷史活動的中心，民生主義是三民主義的歸宿，是　中山先生社會改革思想的核心。中山先生所描繪的民生建設藍圖是：「少年的人有教育，壯年的人有職業，老年的人有養活，全國男女，無論老小，都可以享安樂。」指出了一個安和樂利、民生富裕、自由安全的社會乃是民生主義所追求的最高理想所在。民生主義除了人民的食、衣、住、行的主張外；結合　蔣介石先生於一九五三年的〈民生主義育樂兩篇補述〉，完整規劃出民生主義的全盤風貌。民生主義所欲建設的社會，不是一個強調競爭的社會。民生主義的社會是各個社會階級互信、互愛、合作而友善的社會。

　　社區生活是一種共有、共治與共享的生活。個人出生後，不僅屬於家庭，也屬於社區。我們的日常生活幾乎是在自己所屬的社區範圍內進行，我們的生活方式與人格發展多半受社區組織的影響。有了社區組織，個人生活便獲得許多便利。人類生存機會是因社區而增強，這也是它普遍存在的重要理由。社區發展有三種主要精神：

第一，社區發展工作必須解決社區居民切身需求問題；

第二，社區居民必須積極參與；

第三，居民的自助是社區發展能否成功的關鍵。

　　因此，社區發展可說是一種組織與教育民眾的過程，也是一種社會運動。社區發展的目的在鼓勵社區居民參與、協調各社區關係、運用社區內外資源、採取社區自助行動，達到引導社區的社會變遷與提高民眾的生活品質，達成民生建設的成果。

　　社區建設是一種綜合性工作。要做好社區發展工作，需要整體社區居民參與，並在參與過程中，培養居民的社區意識，使居住認同社區組織，關心社區事務，進而利用社區資源維護自己的社區環境，深切體認社區是「利害相關，休戚與共」的生命共同體。過去，由於我們較重視社區硬體建設，相對忽視居民的社區認同，致使社區發展理想與實際間落差過大，甚至有名無實。因此，當前社區發展政策的首要任務即是如何強化居民的社區認同與社區意識，如何透過各種社區活動的辦理，加強居民的社區參與與情誼，進而使他們自動自發、相互合作，融合成社區生命共同體，形成社區發展的動力。

貳、大陸重視民生建設以開創小康社會

　　中山先生曾經指出「建設之首要是民生，民生是歷史的重心。」隨著大陸的改革開放，全面建設小康社會以深化改革成果，加快經濟發展。大陸改革的總設計師鄧小平提出，「經濟建設是中國共產黨的中心工作。」二〇〇〇年十月，中國共產黨的十五屆五中全會提出「全面建設小康社會」，

努力自新世紀開始，進入全面建設小康社會，以推進社會主義現代化的發展階段。「小康社會」是大陸經濟社會發展藍圖時揭出的戰略構想，隨著中國特色社會主義建設事業的深入，其內涵和意義不斷地得到豐富和發展。二〇一三年中共公布的《中共中央國民經濟和社會發展第十二個五年規劃》明確提出了加快轉變經濟發展方式，實現全面建設小康社會」勾勒了大陸發展的宏偉目標，大陸就可以位居世界最先進國家之列。這是一個「社會和諧幸福，人民有更為尊嚴、更平等的生活」。

從古代的「民為重，社稷次之，君為輕」到現代的以人為本、科學發展，一個愛護人、尊重人、高度重視民生問題的政府，才能得到群眾的擁護；一個維護人的基本權利、用制度保護每一個人正當權益的社會，才是一個和諧的社會。民生不僅是民眾最關切的議題，它確實是一個關乎社會安定團結和穩定的根本問題，也是關乎一個國家長治久安的議題。大陸幾十年來改革發展的輝煌成就，可以用「關注民生」來概括。民生，是政府的執政理念，體現了國家的決策方向。政府高度關注民情民意，鍥而不捨地解決民生問題，順應了歷史潮流，體現了「情為民所繫，權為民所用，利為民所謀」的根本宗旨。議民生、論民生，為國家解決一系列的民生問題出謀劃策，對於推進大陸的經濟社會發展意義重大，也為人民群眾所歡迎。

小康社會建設藍圖的實踐需要訓練有素的人才，參酌大陸頒布《社區服務體系建設規劃（二〇一一～二〇一五年）》，《規劃》指出，要積極推進社區服務人才隊伍專業化、職業化，落實「一社區一名大學生」政策，實施五十萬大學生服務社區計畫。其目的是要建立一支以社區黨組織和社區自治組織成員為骨幹，以社區專職工作人員為重點，以政府派駐人員、其他社區服務從業人員和社區志願者為補充的社區服務人才隊伍，把社區服務人才隊伍建設納入當地人才發展規劃，研究制定社區服務人才隊伍培養發展計畫，鼓勵、吸引優秀人才向社區流動。

參、臺灣的民生建設——以小康計畫為例

聯合國於一九五五年發表「經由社區發展獲致社會進步」的重要文獻，主要為彌補傳統社會與現代社會的鴻溝、提高開發中國家之生活水準、倡導大眾參與社會事務。爰此，臺灣於民生建設上著眼社區發展。社區工作的主要內容為：「基礎工程」、「生產福利」及「精神倫理」等三大建設。五十年來共輔導成立六千餘個社區發展協會，及五千餘社區活動中心。初期的工作內容主要是基層民生之建設工作，工作項目包含家戶衛生，廚房、廁所整建，社區道路排水溝之修築，晒穀場、堆肥場的設置等。隨著社區建設成果的積累，一九八○年代的重心除了保持原有的公共與生產建設之外，增加了各種福利項目。

檢視社區建設最具成果厥為臺灣省所推動的「小康計畫（The Plan to Help the Needy in Taiwan）」，於一九七二年臺灣光復節，由當時省政府主席謝東閔先生宣布實施。當時正值臺灣光復後的鄉村經濟轉型，剛剛起步進入輕工業階段，亟需發揮民生建設，以提升生活品質。所引用「小康」一詞採自於《禮記‧禮運》篇，是指雖政教修明，人民康樂，為大同之世的前沿階段，故謂之為小康之世。孔子的政治思想源自於仁，仁在能愛人，消極面為己所不欲，勿施於人；積極面是己欲立而立人，己欲達而達人，小康境界是循序漸進，由小康而大同。小康之境雖不若大同世界的深厚崇高，但卻為邁向大同境界必經的歷程。

以二十世紀七○年代臺灣的社會狀況，乃以我國傳統小康之名與內涵，並以家庭為基本照顧單位，連結鄰里社區現代化及社會政策的推動，以便因應當時臺灣社會全面提升，積極朝向民生經濟建設，與生活文化品質的提升的目標。此一計畫內容包括：1.擴大救助、收容、安養。2.輔導生產。3.轉介就業。4.辦理職業訓練。5.興建平價住宅。6.指導家庭計畫、節制生育。7.鼓勵並延伸公民教育。8.推行社區生產福利事業、建構客廳即工場。9.發動民間企業、社會力量配合救助運動等九大項目。對於救窮之道，認為消極性的救助，只是維持貧窮者的生存，不能轉變其環境，更不能防

止貧窮的產生，實踐「給人一條魚，只能吃一餐；不如教他釣魚，則可享用一生。」也就是要教困境中的族群謀生的技能，才是根本之道。若能激勵民眾勤儉持家的精神，以及人窮志不窮的信念，一定能順勢開發民眾的潛能，跳脫困境的挑戰，促進社區生產力。以增加財產，藏富於民，解決臺灣貧窮問題，防止新貧戶為目的，透過民間均富、小康之家而邁向大同世界之意。

　　臺灣的小康計畫的特色是以家庭及社區為中心，緊密與社區各機構脈絡工作結合，推動各項救貧防貧方案。小康計畫達成了階段性成功的社區發展輔導工作方案，協助民眾度過危機，提供因應的資源策略。小康計畫有助於我們對臺灣的社會力及經濟趨勢的展望，重視社會福利乃是社會資本的累積、人力資本的提升、社會基礎的穩定及社會安全的維持。社會救助相關業務部門應積極進行政策與方案的整合與協調，避免福利服務的提供發生片段，並調和所得維持社會服務的功能。強化人力資本的投資，提高職業訓練的效果，連結經濟發展。同步創造就業機會，提升青年、中高齡人口群的就業能力、鼓勵創業，公民美學、知識社會的落實。

肆、兩岸大專青年共建社區建設的推展

　　值此全球化時代，民生建設引為所有人類的命運緊緊相繫，亦為仁人志士所關切、期待，其間或以一己之力，或結合同好眾志成城，努力營造推展。中華民國社區發展協會成立於一九六七年十二月，為一社團法人，以集結社會力量，推行社區發展，促進各社區福利機構團體及熱心有志人士聯繫合作，動員社區資源，滿足社區需要，加速社會經濟之平衡發展為宗旨。自二○一○年五月該屆理事會展開各項工作時，即揭示，將會務發展規劃的重點為：「整合臺灣現有社區服務資源，以為開拓社區服務新領域。」有鑑於大陸推展的「新農村建設」與臺灣「小康計畫」、「建設富麗新農村」的理念、精神及目標一致，協會嘗試以臺灣小康社會的成功經驗結合大陸培育農村建設人才——村官為例，期能建構一套具可行性與前瞻

性的新農村建設實踐方案，以發揮臺灣小康計畫——社區建設成果，進而影響大陸全面建立小康社會目標。促進兩岸「優勢互補，攜手共進」理想。

　　觀諸青年為民族發展之所冀，兩岸血脈相連，文化一體，均為炎黃子孫，於承繼社會發展成就之餘，自當貢獻己力，參與民族振興、社會和諧、經濟發展、奉獻服務。為使兩岸青年學子了解彼此，藉由志願服務的活動學習感恩惜福。培養大學生實踐動手能力和社區服務的意識，同時進行交流合作。為此，中華民國社區發展協會倡議並推動，結合兩岸大學校院共組「兩岸青年志工農村社會服務隊伍」，進行兩岸高校的聯合服務。為使助人專業得以永續，乃結合志工隊伍的實踐歷程及專業學理，服務參與，以期能推動這項服務工作。自二〇一一年起共建「兩岸青年農村社區服務」，活動主要以農村社區為領域，進行小學學生暑期夏令營教學，內容包括各學科教育、傳統文化和藝術體育等類別；同時進行社區服務，在兩地農村進行衛教宣導、居家探訪了解，協助改善生活環境，促進兩地社區達成小康社會的目標。期望通過此項活動進一步結合兩岸對民生建設的心得，相互借鑑攜手合作，貢獻彼此力量造福社會，提倡藉由社區實地參與學習服務進而使師生從中獲得成長，建立周延的服務實踐能力。同時增進兩岸青年學子間的了解，培育共建、共享、共榮的深厚意識。該活動年年舉行，以提供參與的大學生們進入農村社區服務，共同參與學習成長。

　　兩岸青年共同組建「農村社區工作服務隊伍」，本諸服務作為秉持實踐力行的精神，即王陽明先生所提倡的「知行合一，即知即行」生活哲學。也是深感知識的延伸在於實務的運用，讓所學的專業知識能在實務的工作崗位上有所發揮，培育才德兼備的實踐人。使青年志工的眼界得以開拓，情感得以交會，生命得以關注，以「發揮關懷，傳遞愛心」達成「服務別人，成長自我」目標。期望農村社區在接受多元文化洗禮後，更具備「人文素養，社會關懷」的實踐能力。活動特別選擇於農村社區展開，是落實培育具有「家庭倫理化、科學化、藝術化、經濟合理化」的建設及推動人才，以締造和諧的社會；同時其目標在：研究並推廣生活科學知能，增進生活福祉與生命意義。經由服務學習活動提供參與志工團的大專青年在物

質相對簡單的環境中，與純樸的當地師生、村民共同生活，共同學習成長，期望發揮「勇於創新，敢於實踐，止於至善。」達成服務教育的目標。

　　「兩岸青年志工農村社區服務隊」將臺灣小康社會的成功經驗結合大陸農村社區服務，因地制宜，進而創造一套具可行性與前瞻性的新農村建設實踐方案。臺灣於農村社區工作經驗的歷程與成果，兩岸誠然有相互引介參酌，乃至合作發展的寬廣空間。自服務中針對新農村建設的核心——「農村民生工程」，以回應對「如何迅速有效融入農村連結人際情感」、「創造改革致富的有效組織」、「創意行銷、設計」等軟性知識，以及對農業社區成功轉型經驗，透過體驗與沉澱，讓成員能夠發揮知識青年積極參與，散播關懷，傳遞愛心，產生源源不絕的熱情與毅力，充權賦能完成生命中的任務。與此同時，透過認識當地歷史、地理、風俗，深入了解農村社區，使青年志工的眼界得以開拓，情感得以交會，生命得以關注，以「發揮關懷，傳遞愛心。」以達成民族交融目標。

結語

　　藉由認識兩地農村生活，開拓青年大學生的眼界，深入了解農村社區環境。透過青年服務和社區居民的誠摯交流，達成社區服務的目標，並援引「小康計畫」的服務內涵，協助學童教育、社區發展，進而學以致用，充實服務能力。兩岸大學知識青年攜手合作共同達成我民族同胞所期待「安居樂業」社會的典範。

　　經由兩岸青年服務學習交流、文化與生活體驗、城鄉造訪等多元活動，培養兩岸青年互助、關懷、服務的品格，建立長期合作關係，喚起兩岸青年的使命感，共同推動服務參與，進而能關懷彼此，達成民族融合的理想。兩岸著眼推動以小康社會建設的精神與經驗，正呼應著「民生是歷史的重心，文化是生活的核心。」此亦為推展民生建設的精髓，全面建設和諧社會的目標。

第二十二章　青年同心　攜手共好

壹、緣起：「青年攜手」

　　青年作為時代的中堅、社會進步的動力及國家未來的棟梁，明日的社會奠基於今日的教育，今日的青年是明日社會的希望。是以，高等學府紛紛鼓勵師生走出教室、參與社會，以所學服務社區，回饋社會，進而使自己獲得成長，此即是目前世界高等教育最為重視的公民參與（civic engagement）以及學習服務（service learning）的具體實踐。

　　知識菁英是引領社會整體發展的中堅，兩岸關係影響深遠，加強臺灣與大陸青年間的交流與思維的溝通，有助奠定彼此良性交流的基礎。為使兩岸青年學子了解彼此，藉由志願服務的活動學習感恩惜福。培養大學生實踐動手能力和服務社會的意識。作為皖臺友好學校的實踐大學、敏惠醫專與天津醫學高等專科學校、安徽合肥幼兒師範高等專科學校、安徽中醫藥大學、黃山學院、蚌埠醫學院，除已經在教育交流和師生互換等活動上開展了多項實質性的合作，並自二〇一一年起共建「兩岸青年農村社區服務」，期望通過此項活動進一步密切高等教育關係，更重要的是不斷增進兩岸青年學子間的了解，以建立友誼。

貳、特質：「兩岸同心」

　　社區服務學習活動於二〇一四年六月二十八日至七月十七日，在臺南柳營、彰化二水、高雄內門等地舉辦。以提供參與的大學生們進入農村社區服務，共同參與學習成長。藉由認識兩地農村生活，開拓青年大學生的眼界，深入了解農村社區環境。透過青年服務和社區居民的誠摯交流，達

成社區服務的目標，並援引「小康計畫」的服務內涵，協助學童教育、社區發展，進而學以致用，充實服務能力。

　　大陸近年的發展有目共睹，城鄉發展、農村建設厥為積極拓展的方向。深入認識臺灣社區農村的現況將會對大陸學子有更多、更大的觸動，深入農村社區會給青年朋友留下深刻的印象。本次活動使大陸學子親身體驗到臺灣農村發展的歷程與文化，藉由青年服務與交流了解彼此，培養出深厚的友誼。經由兩岸青年服務學習交流、文化與生活體驗、城鄉造訪等多元活動，培養兩岸青年互助、關懷、服務的品格，建立長期合作關係，喚起兩岸青年的使命感，共同推動服務參與，進而能關懷彼此，達成民族融合的理想。

參、體現：「社區建設」

　　社區建設激發民眾自動自發精神，以本身之人力、物力，自動推行。同時，社區發展工作是許多社會在工業化發展過程中，試圖以社區為最小單位作為社會進行生產與再生產的基地。在生產方面，除了以社區發展之名從事基層建設的整備之外，在制度設計上更透過家庭副業、客廳即工場的推廣所。使社區所擁有的地緣、親緣關係被整合進入生產中，充分運用婦女、老人及幼童的勞動力，帶動家庭、社區及社會的發展。此外，近期所推展的「福利社區化，社區福利化」，社區是以自足的形式，滿足了生活的功能，並分擔起國家所承擔的福利、治安等任務。對社會而言，社區發展工作的建立，有助於解決社會發展中所衍生的問題。

　　「大陸新農村建設」及「臺灣農村再造」將為兩岸的交流與合作提供機遇，大陸有超過六億人口生活於農村，「國民經濟與社會發展第十二個五年計畫」重視「三農——農村、農民、農業」，而農村社區建設為體現「以人為本」的「民生建設」工作。爰此，「兩岸青年志工農村社區服務隊」期望農村社區在接受多元文化洗禮後，更具備「人文素養，社會關懷」的實踐能力。在大陸重視「三農建設」的過程中，臺灣的農村社區工作將可提

供相互借鑑。第五屆的兩岸青年志工農村社區服務以「體驗人文關懷，參
與社區服務」為活動主題。活動的內容包括：

表 22-1 「兩岸青年農村社區服務」活動內容

活動項目	活動內容
生命教育	福智基金會觀功念恩的意義與實踐
	大林慈濟醫院視病如親的人文關懷
環保教育	永齡有機農場有機蔬果栽培示範
	重溪社區健康酵素的製作與運用
兒童夏令營	敏惠醫護專校森林探索夏令營
	二水家政中心兒童快樂夏令營
社區健康促進	安徽中醫藥大學五禽戲示範及宣導
	徽劇京劇黃梅戲傳統戲曲示範教唱

肆、發揮：「人文關懷」

兩岸血脈相連，文化一體，均為炎黃子孫，於承繼社會發展成就之餘，
自當貢獻己力，參與民族振興、社會和諧、經濟發展、奉獻服務。值此全
球化時代，所有人類的命運緊緊相繫，本項活動以陶養青年發揮「人文關
懷」為宗旨，兩週的參與與學習活動達到成果：

一、促使兩岸的青年學子，了解彼此，進而藉此機會學習感恩惜福，
　　奉獻服務，並期望其在接受多元文化洗禮後，更具備開闊視野。

二、促使青年志工的眼界得以開拓，情感得以交會，生命得以關注，
　　以「發揮關懷，傳遞愛心。」達成民族交融目標。

三、促使兩岸皆朝向「社區建設小康社會」，體現社區建設的成果，讓
　　兩岸攜手經濟更加發展、科教更加進步、文化更加繁榮、社會更
　　加和諧、人民生活更加殷實。

隨著大陸在國際舞臺崛起，「硬實力」贏得世人矚目，臺灣宜發揮「軟
實力」的優勢，兩岸合作辦學，朝向「攜手共濟，互利共贏」。「思路決定
出路，態度決定高度。」二十一世紀是一個知識經濟的世紀，也是一個全

球化的時代。以今日社會觀察，能力足於寰宇，厥為把握「建設硬實力」、「發揮軟實力」及「善用巧實力」。臺灣「小康社會」所倡議的是社區居民在學習的作為中，發展出「造人——參與學習的提升」、「造景——生活環境的改善」、「造產——經濟生活的增進」，帶動整個社會能永續發展。這項經驗應可以援引至大陸「全面建設小康社會」的發展，發揮保存、運用並創新的知識、精神、文化、歷史、地理的特色，進而使社區民眾開創美好的未來，發揮敦厚尚禮的文化之邦，以形塑和諧社會。

左｜兩岸青年農村志工為長者示範中華茶藝。
右｜兩岸青年農村志工為長者示範健康操。

第二十三章　大學推動社區學院的作為

前言

　　教育部所訂頒「邁向二十一世紀的教育願景白皮書」強調：依據教育學理論，家庭教育、學校教育與社會教育三者，必須協力合作、交流並進，才能達到整體教育目標；而能融合家庭教育、學校教育、社會教育三者為一體的基本單位，即是社區。因此，「學校社區化、社區學校化」是現代國家推行終身教育的主流。社區教育係針對一個地區、鄰里或鄉鎮，提供了居民所需的的教育與訓練等活動，進而透過學習機會的供給、社區的情境脈絡的環繞，創造一個充滿活力、積極參與、饒富文化的環境，形塑一種社區學習的生活方式，其目的在於型塑社區的學習情境，讓居民的能力得以開展，進行營造社會美好的願景。

　　適值我國大專校院因少子化呈現教育資源過剩之虞，可藉此環境的機遇，積極將教育理念及教育作為朝向社區教育的方向推動，將教育內涵擴充至社區，將教育對象推向全民，善用教育資源成為教育大國，促成教育為啟迪社區民眾的機制，帶動社會的全面提升。爰此，本文借鑑世界教育先進社會及社區發展原理，以論述大學推動社區教育的理念與實踐作為。

壹、社區教育工作的意義

　　二十一世紀正處於國際競爭激烈的知識社會，強調以建立學習社會為「新世紀教育的展望」，重視「全人教育、終身學習與學習型社會」的推動。為此，除了家庭和學校外，社區是居民生活的重要空間，也是人們成長中的重要領地。因此，社區教育的意義和落實不容忽視，社區教育主要的是

將教育融入到社區，增長豐富多彩、健康和諧的社區生活之中，促使社區居民自活動中有所啟發、有所收穫，其中蘊含著終身教育的理念、原則以及方法。

社會學者哈伯瑪斯（J. Harbermas）將學習的類型分為三類，分別是技術性的學習、實踐性的學習與創造性的學習；社區教育是以此三者為理念的具體實踐，以期能體現社區發展所揭示──「福利救濟型」、「安全互助型」、「學習成長型」、「道德智慧型」以及「永續發展型」中的諸多目標（甘炳光，一九九七）。由於社區是組成社會單位的一部分，而家庭是組成社區的一部分，個人則是組成家庭的一部分；是以健全社區將有利於個人及社會的發展。是以，「社區教育」的理念，認為現行的社區生活充滿待提升的生活習性，若能藉由高品質文化學習活動的推動，將能提升全民生活素質；並且以「造人」（──參與學習的提升）的行動策略來落實社區發展目標。同樣地，在社區營造的過程中，所強調的「造景──生活環境的改善」、「造產──經濟生活的增進」，也唯有「造人」才是整個社區營造的重要核心（社區營造學會，一九九八）。社區教育不單是營造一個民眾期待舒適的社區環境，同時是讓民眾在社區教育過程中，得到啟發與重視，並且透過參與的過程，發展公民意識與社區認同，從而開展生存意義與生命觀感，進而與社區生存及發展行動相互符應。

社區教育工作亦是一種為社區民眾服務的實際行動，在決策形成的過程中，若能採取民主化、由下而上的行動程序，將更能引起民眾的熱烈參與；因此，如何透過社區教育過程，將民主教育的精神，潛移默化於民眾的日常生活中，將是社會教育活動品質與永續發展的重要立基。提出社區教育的推動，可藉由六種工作程序來進行（林振春，二○○一）：

第一，知識與資料傳播；

第二，領袖人才的培訓；

第三，社區群眾的動員；

第四，居民關係的建立；

第五，社區互助的促成；

第六，社區行動的帶領。

貳、社區教育的借鑑

自歷史發展，社區教育受到一定時空背景的影響，就其主要組織形式可以區分為（蔡培村，一九九六；林振春，一九九九；甘炳光，一九九七；賴兩陽，二〇〇二）：

一、芬蘭老人大學

北歐各國是世界上最早發展成人教育和老人終身學習的地區，芬蘭又是其中生存危機意識最高的國家。因為芬蘭人口少怕被滅絕，老化快怕以後連開消防車的人都沒有，周邊有個武力強大的俄羅斯威脅。所以，芬蘭希望使所有人都是有用的人，所有人都感覺到自己是很有價值的人，來提升國家競爭力，也讓每個人平等而活得快樂。因此，芬蘭很重視教育，也重視老人教育。老人教育主要的目的是基於維持老人最大程度的獨立自主生活，並且讓老人到了晚年可以超越障礙，實現自我。芬蘭基於基督教文化，相信人只要一息尚存，就可以創造，可以分享，可以幫助別人，可以享受身為人的尊嚴。因此，老人教育也往這個前提去設計發展。現在在芬蘭，機構性的老人教育的管道很多，包括空中大學、第三年齡大學、就業訓練繼續教育、退休準備學習、各種健身俱樂部等非常多樣，要平衡重視身體心理與社會三方面的發展。

老人（第三年齡）大學辦到安養院裡面去，老人教育與圖書館、文化中心、博物館的資源整合非常普遍。老人教育和中小學的教學在音樂歷史美術體育等課程的整合，與促進小孩成長與世代溝通的機會，也創造老人與學校雙贏。第三年齡大學還要請芬蘭最頂尖的科學家來報告學術研究成果，讓老人跟上社會發展，也鼓勵老人分組做獨立研究，國家工研院甚至發動活動請老人參與研發手機的未來。老人教育透過互動增進彼此的關係，增進適應老化的素養，也延續享受學習的樂趣，甚至體驗年輕時無暇

實現的願望。芬蘭也設立許多培訓老人教育種子人才的機構，讓老人教育者先認識自己，繼而懂得老人的成長歷程，進而能運用資源把逝去的歲月透過音樂圖片和討論找回來，活在當下但是擁有過去。芬蘭人愛閱讀，甚至為失智老人編故事書。常有人問是不是因為芬蘭有錢，所以有這些教育建設？實際的答案是，對人的看法造成對事情的做法。芬蘭流行服務別人的文化造就這些老人教育機構。借鑑此北歐教育重鎮，臺灣也可以創造適合我們的老人教育資源，只要我們願意去做，願意真的去問老人需要什麼，願意從內心去彼此看重，社區教育當可以落實。

二、日本老人大學

　　二○○八年，日本總人口比上一年減少了五萬，為一億二千七百七十一萬人。日本七十五歲以上老齡人口首次突破總人口的百分之十，共計一千三百二十一萬，其中男性四百九十八萬，女性八百二十三萬，七十歲以上人口為二千一十七萬人，也就是每六個人中就有一人超過七十歲。六十五歲以上的老年人口，達到二千八百一十九萬，占總人口比例為百分之二十二點一。與此同時，十四歲以下人口只有一千七百一十八萬人，少於七十歲以上人口。

　　一九八一年由中央教育審議會向文部省提出關於終身學習的報告，此舉顯示日本的教育轉向終身學習作發展。一九八四年，中曾根首相成立「臨時教育審議會」，提出教育改革的具體方案，其中包括終身學習體制的建立、高等教育多樣化。在發展終身學習方面，則有多項建議：根據個人因素評量個人成就，加強家庭、學校及社區三方面的功能及合作，提倡終身學習運動，以及發展終身學習基礎建設（胡夢鯨，一九九七）。一九八八年將文部省的社會教育局改稱終身學習局（生涯學習局），成為文部省內的第一大局，其下分成五課，除原本：社會教育、學習資訊、青少年教育、婦女教育等四課，另外設了生涯學習振興課，專辦有關終身學習活動事項（陳淑英，一九九五，頁九）。一九九六年，文部省發表「終身學習社會的優先與展望——多樣性與精緻化的增加」白皮書，指出邁向二十一世紀時，必

須創造一種豐富的與動態的社會環境，人們能夠自由的在其一生中任何時間內選擇學習的機會。而且學習管道不僅是透過學校和社會教育，亦包括運動、活動、嗜好、娛樂及志願活動（教育部，一九九八）。

快速發展的人口老齡化，已經並將進一步成為影響經濟社會發展全局的重大問題。隨著人口老化；養老金和老年人口醫療費用負擔壓力越來越大；高齡、空巢和失能老人越來越多，為老社會服務需求日益擴大。尊重、關愛、照顧老年人是傳統美德和社會文明進步的重要指標，社會對老齡工作高度重視，秉持「社會參與、全民關懷」的方針，著力解決老年人的現實利益問題，進一步加快健全老年社會保障制度，努力促進養老服務業發展，切實維護老年人權益，紮實推進老齡事業又好又快發展。各地區、各有關部門圍繞「老有所養、老有所醫、老有所教、老有所學、老有所為、老有所樂」的目標，制定和實施老齡事業發展規劃，健全和完善老齡政策法規體係，維護老年人的合法權益，老年人社會服務體系不斷完善，老年人享有的養老和醫療保障水平顯著提高，得到的生活、醫療、照料等服務更加快捷方便，精神文化生活更加豐富，社會參與日益廣泛，全社會共同應對人口老齡化的意識正在增強。對此，政府制定了「國家養老長期行動計畫」，其中包括為老年人提供繼續學習的機會，舉辦各種尊老活動，提醒社會更多地關心老年人。老年大學的成立就是讓老人們老有所學，老有所樂，過上健康的生活。大學不僅為老年人開設了電腦應用、金融、會計、藝術史等課程，還為青年人開設了照顧老人的學習班，提高和改善老年人口的社會福利保障。

三、我國社區大學

在邁向學習社會的過程中，社區大學扮演著重要角色，從一九九八年成立第一所社區大學迄今，已陸續成立了八十七所社大，並有十八所分校，每一期可提供三萬五千個學習名額，社區大學提供一個成人終身教育的實例。社區大學的課程，包括人文藝術、健康身心、國際視野及充實公民素養的知能等課程，以提升公民生活的品質。在社區大學的學員中，有學

畫畫、有學舞蹈、有做木工，甚至學天文、學攝影等，透過各種課程的學習，有人發展出一技之長；有人找到自己的興趣。除此之外，社區大學亦重視親子關係、走入社區關懷老人，希望讓社區學習匯聚成一股良性的社會動能。

　　社區大學的理念係參考美、德等國的經驗，並針對臺灣社會的條件而推動。其課程特點為：

(一) 拓展生活視野課程：有學術課程、社團活動課程與生活藝能課程。社團活動課程的目的，在發展學員的公共領域，藉由公共事務的參與，面對社會問題，引導社會關懷，提供宏觀思考的培育。以實務結合學術課程所研討的理論，學員可以得到較紮實的自我成長機會，深化自己對周遭世界的認識。另一方面透過社團活動，發展緊密的人際網絡，則有利於促發民間力量的形成。辦理社區規劃課程，深入社區各角落辦社區活動、蒐集居民需要，對理想的社區環境進行規劃，像圖書館、文化中心、綠地、兒童遊戲場、居民聚會場所、游泳池等的配置、道路分布、人車分流、植栽設計、社區美化等。辦理地方文史課程，探查地方過去的歷史、人文典故、特殊建築與民間藝術。辦理環保課程、社區工作課程、老人關懷課程、婦女兒童虐待防治工作課程、原住民文化研究課程等，在在都有益於凝聚社區意識。

(二) 提升人文素養課程：讓學員以較寬廣且較深刻的觀點去看待生活世界，才不致使人對世界的認識，流於狹窄與表象。宏觀而深入的檢視自己與他人（人文學）、與社會（社會科學）、與自然（自然科學）的關係，才能夠作較根本的思考。

(三) 藉生活藝能課程充實生活內容，重建個人的價值觀：經由修習生活藝能課程，以充實社區居民的生活，使得生活內容變得多元而具創造性，以走向進步社會所必要的多元發展。像水電修護、汽車修護、木工，以提高生活自主能力；「居家建築與景觀設計」，培養對生活環境的美感，並激發不同的創意；「自製衣食」、「健康與飲食」，以充實生活內容，使生活多樣化，激發創意，產生新觀念與新文化。

社區大學教育的功能，在啟迪心靈，發展潛能，豐富生命，增進人的意義和價值，以「終身學習，多元成就，開發創意」為主軸方向發展，期待發揮「培育現代公民，帶動社會進步」的功能。

四、彰化二水社區大學

一九七二年， 謝前副總統秉著飲水思源、為造福桑梓、提高鄉親生活品質，推展倫理教育、強化家庭功能，以加速達成禮儀之鄉，將二水故居捐給實踐大學，設立家政推廣實驗中心。中心坐落於二水鄉光化村，建地五百四十餘坪，為一中西合璧之四合院式建築。提倡「社區媽媽教室」，舉辦全省國中小學、高中、大專校長研習會，討論如何推動社區教育，加強民眾社區意識、堅強社區組織、期望社區發展工作得以和教育工作結合，因此為結合有志於社區教育領域之學者專家、實務人員共同致力於社區教育的推展。二〇〇九年為落實終身教育的時代趨勢，進一步成立「彰化二水社區大學」，秉持「終身學習、即時受用，及時學習、終身受用，處處學習、事事學習、時時學習」精神。

發揮「時時有行動，處處有感動」，散播社教之美，用真誠的心提升社會的善。並以進一步弘揚中華民族尊老敬老的傳統美德，大力發展老齡事業，給予老年人更多生活上的幫助和精神上的安慰，讓所有老年人都能安享幸福的晚年。課程有：

(一) 養身：健康塑身瑜伽，養生保健班。

(二) 運動：九九太極拳，四十二式氣功推手。

(三) 知識：電腦基礎網路初探班，外籍配偶及失學民眾識字班，實用日語會話班。

(四) 環保：環保創意手工皂。

(五) 休閒：卡拉 OK 教唱班，大都會排舞，國際標準舞，中東肚皮舞，社交舞，民謠二胡，書法班，詩詞吟唱班。

　　從學習文化的向度分析，社區教育必然包含社區的文化、人文、地理與地方產物等層面的學習內容，其推動宜把握下列理念（蔡秀美，　九九九）：

(一) 社區教育即是社區發展：透過社區學習的進行，能夠適性的發展，進而提升個人社會生活能力與批判能力，此社區學習正是終身學習的一環。社區成員個個成為教育人（education human），具有成熟的思想、社會公正的道德感、不斷學習的動機、與人相處的能力、自我反省的批判能力與充分發展的能力。

(二) 社區總體營造應植根於教育，並建立社區文化：社區營造唯有藉由教育的手段始能落實，並提出協助社區建立社區文化的建言。為了改善政府指導或專業人士協助的社區營造無法獲得社區居民的支持；首先是居民必須先具備能力，能力的獲得又必須透過教育與學習的策略來達成。

(三) 教育與學習是社區營造的核心：社區發展的活水是社區居民的學習，唯有學習與教育，方能面對訊息萬變的經濟、社會的變遷。在社區營造的過程中，應強調教育的重要，造人是社區營造的核心。

(四) 社區營造是造人的歷程，須透過社區文化與社區學習來達成：主張社區總體營造，是要營造出一個新的社區、新的社會和新的生活，在這造人的工程中，是依賴社區成員與專業社工的互相學習與自我改造。在此造人的歷程中，就須藉助社區文化與社區學習。

　　社區教育秉持人的一生當中有無限可能，需要探索與實踐，透過學習能多方面成長，使人生充滿希望，終身學習有三寶，意即終身運動、終身學習、終身反省，所以學習是件快樂的事，必須不斷充實自我發揮生命力，可使美夢成真。並落實「邁向高齡社會老人教育政策白皮書」的四大願景：終身學習、健康快樂、自主尊嚴、社會參與。

參、大學推展社區學院

由於臺灣於面臨少子化趨勢下，高等教育招不到學生的問題，未來勢將更為嚴重！據行政院經濟建設委員會最新人口推估，未來十年、二十年，大學入學人數，將分別較目前減少百分之九、百分之三十八；甚至到二〇五六年時，大學新鮮人將只剩十二點五萬人！少子化現象對高等教育的衝擊很大，未來陸續會有一些大學面臨經營困境，推估可能有三分之一、將近六十所學校因為招不到學生而退場。教育部除了研擬大學退場機制的消極性措施外，宜採取積極作為，依據《私立學校法》，增列私立學校改其他教育、文化或社會福利事業，善用學校資源及及朝向社區教育推動，將有助於社會品質提升、人民素養增進，並使教育持恆發展等多元功能。大學實可藉此環境的機遇，積極將教育理念及教育作為朝向社區教育的方向推動，將教育內涵擴充至社區，將教育對象推向全民，善用教育資源成為教育大國，促成教育為啟迪社區民眾的機制，帶動社會的全面提升。

推動社區學習需要結合社區既有資源，其中的具體作為包括有（林振春，二〇〇一）：

第一，各地區的社區活動中心成為社區學習中心：社區營造著重軟、硬體的建設，運用社區活動中心，規劃成社區的學習資源中心。

第二，運用社區內的教育機構：位於社區的學校，包括大學校院、專科學校、高中職校與國中小學等提供場所、教師等相關資源，作為社區學習的場所。

第三，建構社區寬頻網路系統。在網際網路的世界，運用網路可進行e-learning、遠距教育等。因此，建構社區寬頻網路系統在資訊網路時代中更顯得重要，社區有了寬頻網路系統，居民即可進行線上的同步及非同步的網路學習。

第四，有線電視系統作為社區學習的頻道：社區的有線電視系統網往往僅作為社區新聞報導、廣告宣傳、娛樂節目的播放，站在學習的角度思考，可依民眾的學習需求，規劃學習性的節目。

第五，社區大學也是社區學習文化的場所：依據《終身學習法》，地方政府得自行辦理或委託民間辦理社區大學，提供民眾學習的課程。

第六，公共圖書館要成為社區學習中心，在臺灣每個鄉鎮均設置有圖書館，圖書館內有藏書，作為社區學習中心是很合適的。

第七，結合各類社會教育、文化機構、民間學習組織、企業資源，建構學習網絡：各社區內有不同類型的機構、組織或團體，運用其組織的人力、設備或經費等資源，規劃暨建構不同類型的學習網絡。

肆、大學推展社區學院的努力方向

藉由大學豐厚的資源導入到社區教育，可以辦理的項目包括：

第一，生活教育：生活教育工作員或社區工作人員利用講座、展覽、小組及宣傳活動，灌輸家庭溝通和人際相處的態度和技巧。

第二，公民教育：其目標是為公民有效地參與社會的政治、經濟、文化的運作提供準備，更為生活在日趨多元化的社會做準備，其目的是啟動群眾的覺悟，提升其自立、自決的能力，以積極主動的姿態參與到集體行動中來，解決困擾的問題。

第三，成人教育：以社區為單位，以社區的發展為目標，以社區成年人為教育對象，針對社區發展的特定需要而展開的教育活動。社區成人教育面向大眾，體現教育平等和民主觀念，體現教育終身化和社會化的精神。

第四，健康教育：主要為提供居民保健和預防疾病的知識，以達到預防保健，提高生活品質。

第五，培訓教育：社區工作者透過個別教育的方式，訓練社區領袖，向社區領袖傳授知識和價值觀念，培養其批判性思維，培養其領導和駕馭展開社區所需要的各方面的能力和技巧。

「經濟影響今天社會的生活，科技左右明天社會的實況，教育決定未來社會的發展。」二十一世紀是知識經濟及終身學習的新時代，一九九八年聯合國教科文組織（UNESCO）呼籲各國政府要把高等教育延伸為「終

身學習」。今日社會必須因應這項時代需求與趨勢，尤其面對高齡化社會的來臨，「成人終身教育」格外重要。參酌世界各先進社會於應對知識經濟社會時，終身教育厥為主要的發展途徑，適值我國大專校院因少子化呈現教育資源過剩之虞，可藉此歷史的機遇，積極朝向社區教育的推動，將教育內涵擴充至社區，將教育對象推向全民，善用教育資源成為教育大國，其間借鑑世界教育先進社會，甚而是教育為啟迪社區啟蒙民眾的機制，以帶動社會的全面提升。

綜上，社區學院參酌中西先進及歷史經驗，該教育的內涵為：「以民生為重心」、「以家政為核心」、「以社區為領域」、「以生活為內涵」等特質，體現教育學者杜威（J. Dewey）所倡導「教育即生活，生活即教育」的理念。以今日社會觀察，能力足於寰宇，厥為「發揮軟實力」及「善用巧實力」。綜觀臺灣的發展歷程，並非依憑物質資源及財貨資源，實賴人力資源。然而創造人力資本尚需教育啟蒙，尤其是全民的素養，並隨社會的發展，融注於庶民生活之中，發揮敦厚尚禮的文化之邦，以達成知識社會的典範。

結語

終身學習的旨趣是在使每一個人在人生的每一個階段，都有適合其需要的教育機會，在縱向而言，包括家庭教育、學校教育與社區教育的銜接，在橫向而言，是正規教育、在職教育與非正式教育的協調（教育部，一九九八）。社區教育的社會強調全人發展、重視個人自由、使學習成為一種生活，擴展人生的意義與目標。社區教育主張個體在一生中的任何階段均要不斷地進行學習活動，才能適應社會的需要；它強調在兒童幼年時，就要激發他們有終身學習的動機和準備，成年時才能繼續增加新知、提升技能，以適應工作和生活的需要。社區教育乃是經由個人的一生，完成個人的、社會的以及專業的發展，以提高個人及團體的生活素質，隨時接受的教育。

第二十四章　社區學院與職業培訓

緣起

　　在邁向全球化的時刻，如何使國家建設能「提升總體競爭力，增進國民生活品質，促進永續發展，成為現代化開發國家」是全民追求的願景。面對此一願景，技職教育配合國家經建政策需求，力圖精進。為借鑑臺灣於技職教育的成果，安徽省結合實踐大學的辦學成果設置「職業教育培訓中心」，選派績優職業學校校長蒞臺接受培訓。

　　第四期培訓於二〇一五年九月十一日舉行隆重的開訓典禮，參與開訓活動的師長有實踐大學謝孟雄董事長、林澄枝資政、臺灣教育大學系統吳清基總校長、安徽省政協王明方主席、王啟敏祕書長、孫曉福副祕書長、安徽省教育廳程藝廳長、安徽省臺辦張永主任、汪泗淇副主任及實踐大學多位師長。與會師長咸認為在全球化的發展趨勢下，交通便捷使天涯若比鄰，而兩岸血脈相連，文化同源，致交流頻仍，允宜攜手合作，以為互利共贏。

參與開訓活動的師長由左至右分別是：王啓敏祕書長、吳清基總校長、程藝廳長、王明方主席、謝孟雄董事長、林澄枝資政、張永主任、丁斌首副校長。

壹、職教培訓意義深長

安徽省人才輩出，厥受惠於對知識傳授教育普及的重視。爰此，教育廳積極推展「教育興國，雙百工程——以建設一百所高校，培育一百萬高校青年為目標。」達成「以人力大省躍升為人才大省」，期能承東起西，連接南北，允為教育標竿。

隨諸二○一四年六月，大陸國務院頒發《關於加快發展現代職業教育的決定》，全面部署加快發展現代職業教育。明確了今後一個時期加快發展現代職業教育的指導思想、基本原則、目標任務和政策措施，提出「到二○二○年，形成適應發展需求、產教深度融合、中職高職銜接、職業教育與普通教育相互溝通，體現終身教育理念，具有中國特色、世界水準的現代職業教育體系」的願景宏規。為落實促進經濟提升增效升級，滿足民眾生產生活多樣化、精緻化，創造高附加價值的需求。借鑑優勢國度的經驗積累，必須將發展現代職業教育置於更加突出的位置。其中發揮對職業教育的革故鼎新及積極建設，實為專業教育中不可或缺的一環。

二○一○年九月謝孟雄董事長受邀參訪安徽省教育界與程藝廳長一見如故，爰共同商議如何發揮彼此教育優勢及特色，以期精進教育文化交流，其中包括：

青年學子共建「農村社區志願服務隊伍」，以借鑑臺灣小康計畫的成果，邁向小康社會的建設。

皖臺共建「職業教育培訓中心」，以分享兩地職業教育的特色，積極朝向技職人才培育邁進。

這些前瞻作為係本於我國教育界前輩知名學者陶行之先生所倡議的「知為行之始，行為知之成」。二○一三年十二月十日安徽省謝廣祥副省長專程蒞臺與實踐大學謝孟雄董事長共同於實踐大學高雄城中校區為「職業教育培訓中心」舉行揭幕儀式，並舉行第一屆培育開訓典禮，皖臺職業教育的交流合作於焉展開。

貳、開訓典禮儀式隆重

　　安徽省政協主席王明方為表達對皖臺職業教育交流的重視，特別親臨主持第四期職業學校校長研習營開訓典禮，並以「向上攀升，向下實踐」勉諸參訓校長積極借鑑臺灣職業教育成果，以回應大陸於加速經濟建設過程中，所需賴以拓展的職業教育人才培養。尤以「皖臺一家親，兩岸民族情」，有鑑於近年來皖臺之間的教育交往活動更加頻繁，聯繫更加密切，逐步自教師講學，學生交換，科研合作，到職業教育中心的設置。這項教育合作作為，不僅精進兩岸職業教育成果，融洽雙方感情，增進對中華傳統文化的認知，並且對促進皖臺教育發展發揮積極推動作用。

　　謝孟雄董事長於致詞時感性表達實踐大學與安徽省的淵源，創辦人夫人潘影清女士於安徽省蕪湖市接受中學教育，對這人文薈萃的魚米之鄉留下深刻與美好印象。而實踐大學成為安徽省在臺職業教育培訓的首選，是誠如以「實踐」為校名，重視同學「德智兼修，手腦並用」，促使學得一技之長，進入就業市場，可以順利就業，個人才能得以發揮，終身生涯可以順利發展；對社會而言，技職教育辦理良好，人力資源可以充分利用、產業得以蓬勃發展，社會必然康泰富裕；對經濟發展、產業升級而言，職業教育供應了充分而且品質良好的技術人力，經濟發展及產業升級方得順利進行；個人才能充分發揮、社會安康祥和、經濟快速發展、產業順利升級，社會和諧也必然體現。

　　程藝廳長以安徽省在實踐大學設置「職業教育培訓中心」為一項創舉，其目標是期盼落實「自人力大省建設為人才大省」，發揮教育培育人才建設桑梓。接受培訓的校長皆屬一時之選，勉勵參訓的校長能充分借鑑臺灣職業教育的特色，展現攜手合作的精神，以培育社會所需經濟建設人力。同時，把握科技文明社會中，理想的人力素質應兼顧專業與人文的素養，因為過度偏重專業知識與技術培養，將會使社會在經濟富裕後缺乏人文素養。因此技職教育的人力培育，除了專業知識與技術傳授外，更應加強人文教育，發揚人文精神，以提升國民生活品質，形成「富而好禮」的社會。

參、主軸演講寄寓深厚

吳清基總校長以「加強教育交流、共創兩岸雙贏」為題進行主軸演講，強調：兩岸教育交流自二〇〇八年後快速發展，無論在高校締結聯盟或簽署交流協議、教育專業人士互訪、大學研修生、互相承認學歷、學生就讀學位等均不斷擴充，無論是數量、範圍與質量上，均已有加深加廣的成效。

加強兩岸教育交流，讓青年學子相互接觸，創造雙贏發展未來，這是兩岸共同政策。特別是在二〇一一年臺灣承認大陸高教學歷後，大陸學生赴臺就讀學位學歷，是兩岸教育交流的里程碑，也是吳總校長擔任教育部長重要的建樹，嘉惠兩岸青年子弟，統計二〇一四年來臺研修生計有近三萬名，學位生計有二千五百人，許多造訪臺灣的大陸同學皆肯定「臺灣最美麗的風景——人文關懷」。

兩岸同文同種、生活習慣、語言文化相通，沒有隔閡生疏。臺灣高等教育收費，比歐、美、日、韓、香港更能考量同學的負擔；在國際高等教育評量成績表現相當傑出。同時，臺灣保留有最完整的中華文化，在教育交流上有其一定的貢獻和價值。教育交流合作，有助消除歧見，建立兩岸良好的關係，增進彼此生活、制度、價值觀的了解。經由教育交流合作，可增進民眾彼此的認知，提升民眾國際視野與競爭力，有助於提升兩岸創新型經濟的競爭力。同時藉由人才的交流互動，提升兩岸人力資源素養，推動產業共同發展，促進兩岸社會結構優質化，對兩岸長久的和平發展十分有利，允宜積極並擴大推展。

肆、培訓課程充分務實

安徽省第四期職業學校校長研習營在臺培訓共計兩週，在前三期的基礎下更能前瞻、務實進行各項學習參訪課程，包括：對臺灣各級職業教育的認識及借鑑，職業訓練結合職業教育的觀摩及了解，創意教學與創新實踐的考察及體驗等。

　　培訓校長參訪敏惠醫護管理專科學校，該校葉至誠校長以「臺灣職業教育現況及拓展」說明職業教育發展的歷程及技職教育再造的推展。強調：職業教育的主要目標在培育專業所需人力，因此了解經濟建設發展及政策取向，是訂定技職教育政策的重要基礎。

　　促使臺灣社會經濟高度發展的原因很多，職業教育從事技術與管理人力的培育，則是主要的原動力之一。當前全球經濟發展深受生產、貿易、企業、生活及專業素養的影響，面臨此一現象，需要有高素質的專業人力，以利加速推動經濟建設的發展與轉型。

　　借鑑臺灣職業教育的發展歷程，不僅往下扎根延伸至國民中學技藝教育，更往上大幅擴展了高等技職教育，建構自國中、高職、專科、技術學院、科技大學的一貫與完整的技職教育體系。

　　職業教育在量的擴充的同時，更宜著重專業品質的提升，擺脫傳統「知識殿堂」、「學術象牙塔」及「技能養成所」的刻板印象，發展職場成為學習型組織，開創職業教育發展的格局，培育能彈性因產業變化所需的卓越職業人才。

　　因應全球化及高科技發展趨勢，培養健全的技術與管理人力，以提升國家競爭優勢，發揮「充實人文關懷，夯實專業前瞻，落實國際視野」的教育理念，融合於職業教育的實踐作為，應重視通識教育的全人發展，建立全民化及終身學習的職業教育體系，以增進國民生活品質，促進社會永續發展。

結語

　　接受培訓的校長對於臺灣職業教育的特色及精進留下深刻印象。隨著全球化的拓展，產業創新的發展，如何提升人力素質，增加產值，是社會生存、進步必須思考的議題。當產業升級到來之時，為期發揮「大眾創新，萬眾創業」，職業教育必須有所反應與變革，這項挑戰有賴兩岸共同攜手，相互借鑑，互補所長，以為共進共榮。

上｜安徽職學校第五期校長研習班來臺參與社區學院研習活動，於實踐大學高學
　　校區舉行開幕儀式。
下｜謝孟雄董事長以「社區學院模式的職業教育」為題為校長研習班舉行講座。

第二十五章　以社區教育實踐共學社會

前言

　　二十一世紀正處於國際競爭激烈的知識社會，強調以建立學習社會為「新世紀教育的展望」，重視「全人教育、終身學習與學習型社會」的推動。為此，除了家庭和學校外，社區是居民生活的重要空間，也是人們成長中的重要領地。因此，社區教育的意義和落實不容忽視，社區教育主要的是將教育融入到社區，增長豐富多彩、健康和諧的社區生活之中，促使社區居民白活動中有所啟發、有所收穫，其中蘊含著終身教育的理念、原則以及方法。

壹、社區教育的目的

　　社區教育的目標是培養和塑造有知識、能力、以社區發展為己任的優秀公民，要達到此目標，必須在知識、行為和感情三個方面使工作對象有較大的進步（Fiffer, S. & Fiffer, S. S., 1994）。

　　第一，知識方面：掌握社區生活或共同問題的知識及資料；理解資料之間的相互關係，並能清晰地分析問題；在掌握和理解資料的基礎上能夠觸類旁通；在正確分析、評估問題及政策的基礎上提出創新的建議。

　　第二，在行為方面：對社區領袖而言，熟練掌握與群眾溝通的技能，善於表達對他人的關懷和愛護，能理解文件和有關資料，懂得行政及會議的技巧，擁有社會行動和基層動員的能力。對一般居民而言，應掌握資訊的技巧。方式是社區工作者帶領工作對象在模擬訓練、或實踐中邊做邊學。

　　第三，在感情方面：人的價值觀具有可塑性，會隨著年齡的增長和實踐的發展不斷修正。社區工作者從各方面引導居民，改變其對參與、社會

公義、公民權益的觀感和價值取向；也可透過行為反思的方法澄清價值觀，是其在社區活動中由冷漠、消極、被動轉向熱情、積極、主動。

社區教育的作為，是希望達成如同美國學者 Colemen（1985）所提出的「機能性社區」（functional community）的觀點，強調社區對民眾成長與發展的影響；社區影響學校的經營績效，學校提供社區教育的機會（蘇景輝，二〇〇三）。是以，社區充分結合鄰近的學校組織，透過與社區中心、教會或寺廟等共同的推動，以結合為一學習性社區環境。學習社區對社區成員的影響與學校對學生的引導是一致的，咸皆帶領著成員一起互動與成長；建立社會資本的普遍提升，這是一種強調社會性的「終身教育」，將有助於凝聚社區成員關係及生活品質的建立。

貳、社區教育的策勵

社區教育就是社區整體的、長遠的、發展的關鍵，從社區的教育與學習著手才是社區發展的活水。社區想要發展良好，必須從社區居民的教育著手，而社區教育成功的關鍵又以社區學習最為重要。是以，政府於一九六八年頒行的《社區發展工作綱要》第十二條的精神倫理建設，強調社區學習的重要，進而塑造社區學習文化。教育部於一九九七年公布「邁向學習社會白皮書」中，明確推展學習型社區方案，「促進社區學習體系的建立……增進社區學習的機會與風氣，以塑造社區學習的文化。」社區教育是對於社區發展有著重要的影響，有助於社區發展與社區學習體系的建立。所強調的學習具有以下特徵（王政彥，二〇〇二）：

第一，學習是一種過程：學習須和環境、他人進行意義系統的，是經驗的核心。

第二，學習是一種經驗：經由社會中的交互作用，運用增強、模仿與認同作用等方式來學習。

第三，學習創造自我：經由情境認知、社會互動的學習歷程後，其最終的目的是自我的改變。

第四，學習文化的要素：世界快速變動，知識的創新累積與過時更加迅速，每一個人需要不斷地學習，在觀念上有繼續不斷學習態度，並發展新的技術與能力以便適應遽變的世界。

參、社區教育的國際借鑑

借鑑世界各國由於政治、經濟和文化背景不同，其對社區教育的理解和認識也不盡一致。國外社區教育的主要組織形式有：北歐的「民眾學校」、美國的「社區學院」、日本的「公民館」（Raymond, 1995）。

一、北歐

視社區教育為「民眾教育」，其以成人為對象，是一個自主學習單位，採取自學和研討的學習方式，以提高人文素質為目標，透過教育，使社區民眾自覺參與社區各種生活過程。各種形式的成人教育與地方社區的關係緊密，強調面向社區內所有成年人，形成了一種終身教育的作為。

二、美國

社區學院面對的是社區各界多元式的教育需求，普遍具備職業技術教育、補償教育、非學歷教育、大學轉學教育和普通教育五大職能。其包含以下六點內容：

第一，方式：利用現有學校的師資及設施。

第二，參與：參加者包括所有年齡、階層、種族。

第三，目的：有助於滿足參與者的需要和成長。

第四，規劃：發展多種計畫以適應這些需要。

第五，協調：充分結合社區內的各種機構和部門相互協作。

第六，資源：多方面資金來源，包括公共的和私人的。

三、日本

公民館是日本最具代表性的社區教育綜合設施，其主要事務為：以青少年為對象的文化補習；開設各種內容的定期講座；舉辦展覽、研討會、實習會等；置備各種書籍、紀錄、模型、資料提供居民利用；休閒教育、體育活動，舉辦有關集會。另外，日本於推動社區教育時，強調為「社會教育」，其內容包含二個方面：

第一是在學校教育的課程中加入有關社區生活、社區問題的內容，使學生對社區有所認識，進而培養社區意識，增強鄉土感情。

第二是指學校作為社區教育文化中心，要向社區的所有居民開放，並對其組織展開教育活動。強調學校教育在社區教育中的地位和作用，是圍繞學校教育來推動社區教育的。

肆、社區教育的提升公民素養

現代社區教育的基本特徵是在於充分利用社區資源，對社區成員實施全方位、全過程的再教育過程，即社區活動的教育化和學校教育的社區化，其是以社區成員身為教育主體和對象，面向人生、面向全社會的新的社會化方式。社區發展原本是一教育過程，其意義是指對社會變遷企圖作有計畫、有目的的積極反應。就是說，在許多可行資源中考慮與採取最合理之行動；涵蓋所有受變遷影響的人在開放、民主的素養中作決定。因此社區發展可被定義為一種促進社區及其成員互動，並導致兩者同時進步的教導與教育過程（Heimstra,1981）。在我國的社區發展體系中，對於社區教育的進行雖有社區與學校結合的規劃，但這樣的構想與其說是對學校資源有效的利用，更精確地來說，它所反映的是國家將社區教育類同於由國家所提供、鼓勵的國民素養的想法。

在變遷社會中，以社區作為穩定社會秩序的基石，期望以社區此一公共生活的單位為基地，從事撥亂反正，將「社區」視為是一個整體、內聚

的單元，以「社區」作為道德振興的基地。「社區發展工作是國家建設的基石，因此社區發展工作中精神倫理建設方面，關於社會優良風氣的維護及倡導、公共道德法律知識之宣傳、敦親睦鄰之宣導、模範家庭及好人好事的表揚、守望相助及保防自衛之演練……自應以社區為起點，形成蓬勃的社會運動，扭轉社會風氣，重振國民道德，使社區發展工作成為建設三民主義新中國的先驅。」（蔡漢賢，一九八六）

結語

社區學院策勵時代發展需求，其旨趣是在使每一個人在人生的每一個階段，都有適合其需要的教育機會，藉由教育的陶養，達到「貧者因學習而富，富者因學習而貴。」的深厚理念，這也將是帶動我們社會邁向「富而好禮」社會的新境界。

社區居民在學習的作為中，發展出社區學習文化，社區學習文化建立後，社區居民能夠充分發展，整個社區能永續發展。強調今日的社區教育是，以社區的地理空間內的居民，運用學習與文化交互作用衍生的學習文化內涵，透過不同的學習狀態，建立在社區成人的學習需求與動機，個人及社區意識的覺醒，以及社區的發展，能保存、運用並創新社區的知識、精神、文化、歷史、地理的發展及其產物，最終使個人獲得知識的開展，個人充分發展，進而使社區開創美好的未來，所形塑的一種社區學習文化，而此社區學習文化成為社區居民生活方式的一種，並隨社會、政治、經濟與教育的變遷發展，而不斷演變的一種學習活動。

第二十六章　兩岸青年社區志工服務

前言

　　中華民國社區發展協會近年來著重於培養大學生實踐動手能力及服務社會與地方的意識和綜合素質，同時重視與大陸地區的交流合作。作為友好學校之實踐大學、敏惠醫專與天津醫學高等專科學校，安徽蚌埠醫學院、合肥幼兒師範高等專科學校、安徽中醫藥大學、黃山學院已經在學術交流和師生互換等活動上開展了多層次、實質性的合作，因此中華民國社區發展協會期望通過這項活動進一步密切臺皖高等教育關係，更重要的是不斷增進兩岸青年學子間的了解，以建立友誼。

　　「前世五百次的回眸，才換來今生的擦肩而過」，參與的師生皆相信因為緣分牽動了彼此的情感，這種情感的締結跨越了學校、年齡、以及地域。青年朋友本諸赤子之心，雖首次合作共建服務活動，但與學童、民眾、長者建立深厚的友誼，這一段兩岸青年志工的回憶深深烙印在每位參與者的心底。

壹、特質：「情注兩岸」

　　「兩岸青年志工農村社區服務」本項活動乃由敏惠醫護管理專科學校葉至誠校長倡議發起，中華民國社區發展協會謝孟雄理事長指導下，偕同實踐大學彰化二水家政教育中心羅素卿主任積極籌劃。再加上，實踐大學、敏惠醫專辦學宗旨向來重視學生將課堂理論化為實際運用，貢獻力量造福社會，提倡藉由實地參與學習服務進而使師生從中獲得成長，建立周延的服務實踐能力。其中尤以敏惠醫護管理專科學校包括：護理、幼兒保育、

美容保健、牙體技術等專業領域，咸以健康促進、醫療照護為主軸，更是最能直接服務人群、改善身心靈各項生活品質的關鍵學門。每學年皆規劃各種形式的學習服務活動，不僅積極投入臺灣當地各農村社區、社會福利機構、教育及公益團體，積極參與服務學習以及青少年輔導等，除所獲成果豐碩之外，所有參與學生更從服務之中獲得深層的成就及回饋，進而從中成長。

經由中華民國社區發展協會謝孟雄理事長的指導，皖臺高校自二〇一一年七月起建立每年在安徽和臺灣兩地選擇合適的社區各輪流舉辦一期，每期時間為十天。皖臺兩地各遴選二十名大學生志願者，共同組成四十名兩岸大學生志願服務團，由參與學校教師帶領。活動主要以服務兩地社區、農村為宗旨，進行小學學生暑期夏令營教學，內容包括各學科教育、傳統文化和藝術體育等類別；同時進行社區服務，在兩地農村進行衛教宣導、居家探訪了解，協助改善生活環境，促進兩地社區達成小康社會的目標。

社區服務學習活動提供參與的大學生們進入臺灣農村社區，兩地高校師生共同推動「小康社會」的農村社區服務，共同參與學習成長。藉由認識兩地農村生活，開拓青年大學生的眼界，深入了解農村社區環境。透過青年服務和社區居民的誠摯交流，達成社區服務的目標，並援引「小康計畫」的社區服務，協助農村學童教育、社區發展，進而學以致用，充實服務能力。

大陸近年的發展有目共睹，城鄉發展、農村建設厥為積極拓展的方向。深入認識臺灣社區農村的現況將會對大陸學子有更多、更大的觸動，深入農村社區會給青年朋友留下深刻的印象。本次活動將使大陸學了親身體驗到臺灣農村發展的歷程與文化，藉由青年服務與交流了解彼此，培養出深厚的友誼。經由兩岸青年服務學習交流、文化與生活體驗、城鄉造訪等多元活動，培養兩岸青年互助、關懷、服務的品格，建立長期合作關係，喚起兩岸青年的使命感，共同推動服務參與，進而能關懷彼此，達成建構小康社會的理想。

貳、實踐：「小康社會」

　　大陸有超過七億人口生活於農村，「國民經濟與社會發展第十二個五年計畫」重視「三農——農村、農民、農業」，而農村社區建設為體現「以人為本」的「民生建設」工作。爰此，「兩岸青年志工農村社區服務隊」期望農村社區在接受多元文化洗禮後，更具備「人文素養，社會關懷」的實踐能力。本次活動特別選擇於實踐大學二水家政中心展開，是落實培育具有「家庭倫理化、科學化、藝術化、經濟合理化」的建設及推動人才，以締造和諧的社會，建設富強的國家；同時其目標在：研究並推廣生活科學知能，增進生活福祉與生命意義。如能將臺灣小康社會的成功經驗結合大陸農村社區服務，因地制宜，進而創造一套具可行性與前瞻性的新農村建設實踐方案。自服務中針對新農村建設的核心——「農村民生工程」，以回應對「如何迅速有效融入農村連結人際情感」、「創造改革致富的有效組織」、「創意行銷、設計」等軟性知識，以及對農業社區成功轉型經驗，透過體驗與沉澱，讓成員能夠發揮知識青年積極參與，散播關懷，傳遞愛心，產生源源不絕的熱情與毅力，充權賦能完成生命中的任務。

　　服務作為秉持實踐力行的精神，即王陽明先生所提倡的「知行合一，即知即行」生活哲學。也是深感知識的延伸在於實務的運用，讓所學的專業知識能在實務的工作崗位上有所發揮，培育才德兼備的實踐人。使青年志工的眼界得以開拓，情感得以交會，生命得以關注，以「發揮關懷，傳遞愛心。」達成「服務別人，成長自我」目標。

　　為落實此計畫，中華民國社區發展協會於二〇一一年七月共同組織「兩岸青年志工農村社區服務隊」，結合臺灣實踐大學、世新大學、佛光大學、輔仁大學，分別與安徽黃山學院、安徽農業大學，以所知所學加以專業培訓，以參與「新農村建設」的服務工作，並規劃每年異地推展社區志願服務方式。第一年是以「環保、科學、健康生活」為主軸，於安徽農村進行為期十天的「富麗新農村」服務活動。二〇一二年一月則以「人文素養、社會關懷」為主軸，分別於南投魚池、彰化二水等地進行社區小學冬令營、

敬老院關懷長者、社區民眾健康宣導活動。二〇一三年七月則以「人文關懷、專業前瞻」為主軸，分別於臺南柳營、彰化二水等地進行社區小學冬令營、敬老院關懷長者、社區民眾健康宣導活動。二〇一四年七月則以「體驗人文關懷　參與社區服務」為主軸，分別於臺南柳營、彰化二水等地進行生命教育、社區小學冬令營、敬老院關懷長者、社區民眾健康宣導活動。

參、前瞻：「攜手共進」

　　為落實服務學習構想，參加此次「兩岸青年志工農村社區服務隊」，以所知所學加以專業培訓，以參與「新農村建設」的服務工作，並推展社區志願服務方式。二〇一五年是以「健康促進，優質生活」為主軸，皖臺遴選六十名大學生志願者，共同組成學生志願服務團，由參與學校教師帶領。活動主要以農村社區為領域，進行小學學生暑期夏令營教學，內容包括各學科教育、傳統文化和藝術體育等類別；同時進行社區服務，在兩地農村進行衛教宣導、居家探訪了解，協助改善生活環境，促進兩地社區達成小康社會的目標。兩岸大學知識青年攜手合作共同達成我民族同胞所期待「安居樂業」社會的典範。

　　「大陸新農村建設」及「臺灣農村再造」將為兩岸的交流與合作提供機遇；在大陸重視「三農建設」的過程中，臺灣的農村社區工作將可提供相互借鑑。臺灣在發展農村社區工作所取得的經驗，對大陸正在實施的新農村建設有一定的借鑑意義。除建構農業產品的「三品農業——品種、品質、品牌」發展道路外，亦著眼於農村居民的「三品生活——品質、品德、品味」，達到農村物質與精神並重的全面建設。藉由兩岸進行的交流合作，相互促進，共同發展，從而實現「國強民富」的遠景。

　　中華民國社區發展協會為促進兩岸青年一代對臺灣農村歷史和文化的了解和認知，增進皖臺青年之間的相互交流與合作，使兩岸大學生有機會共同為兩地的農村社區做出貢獻和服務。參與的大學生們在進入農村社區服務，共同參與學習成長。藉由認識兩地農村生活，開拓青年大學生的眼

界，深入了解農村社區環境。透過青年服務和社區居民的誠摯交流，達成社區服務的目標，並援引「小康計畫」的服務內涵，協助學童教育、社區發展，進而學以致用，充實服務能力。活動主題如下：

一、兩岸青年志願服務參與農村社區的建設；

二、了解臺灣農村社區並探訪臺灣社會文化；

三、增進兩岸大學生彼此之間的交流與互動。

大學教育以培育各領域的專業人員為教育宗旨，但何謂專業？專業人員又能夠為我們所處的社會帶來什麼呢？當政治、醫療、乃至於金融等各種弊案發生，各種專業人的所作所為震驚社會時，不禁令人擔心高等教育培育人才的過程中，除了專業學識以及技能的授與之外，是否缺乏了許多重要的價值觀以及信念的養成？專業之定義為何？「專業即是以所學，使所處的世界更美好！」趨勢大師大前研一，清楚詮釋了「專業」應建立於服務社會，造福他人，成就公眾最大利益的前提以及目標之下。爰此，全球高等學府紛紛鼓勵師生走出教室、參與社會，以所學服務社區，回饋社會，進而使自己獲得成長，此即是目前世界高等教育最為重視的公民參與（civic engagement）以及學習服務（service learning）的具體實踐。

肆、願景：「民族融合」

如同法國思想家卡謬（Albert Camus, 1913-1960）所言「一個人在世，不是只追求個人一己的幸福，更在於對社會的責任。」青年為民族希望之所寄，志願服務則係展現社會關懷的核心價值。兩岸青年共同組建「農村社區工作服務隊伍」，經由服務學習活動提供參與志工團的大專青年在物質相對簡單的環境中，與純樸的當地師生、村民共同生活，共同學習成長，期望發揮「勇於創新，敢於實踐，止於至善。」達成服務教育的目標。與此同時，透過認識當地歷史、地理、風俗，深入了解農村社區，使青年志工的眼界得以開拓，情感得以交會，生命得以關注，以「發揮關懷，傳遞愛心。」以達成民族交融目標。值此全球化時代，所有人類的命運緊緊相

繫,兩岸血脈相連,文化一體,均為炎黃子孫,於承繼社會發展成就之餘,自當貢獻己力,參與民族振興、社會和諧、經濟發展、奉獻服務。

為使兩岸青年學子了解彼此,藉由志願服務的活動學習感恩惜福。培養大學生實踐動手能力和服務社會的意識,同時進行交流合作。作為皖臺友好學校的實踐大學、敏惠醫專與安徽合肥師範學院、安徽中醫學院、黃山學院、黃山職業技術學院,除已經在教育交流和師生互換等活動上開展了多層次、實質性的合作,並自二○一一年起共建「兩岸青年農村社區服務」,期望通過此項活動進一步密切高等教育關係,更重要的是不斷增進兩岸青年學子間的了解,以建立友誼。本項活動成果:

一、使兩岸的青年學子,了解彼此,進而藉此機會學習感恩惜福,奉獻服務,並期望其在接受多元文化洗禮後,更具備開闊視野。

二、使青年志工的眼界得以開拓,情感得以交會,生命得以關注,以「發揮關懷,傳遞愛心。」達成民族交融目標。

三、促使兩岸皆朝向:經濟更加發展、民主更加穩健、科教更加進步、文化更加繁榮、社會更加和諧、人民生活更加殷實。

結語

大陸近年的發展有目共睹,城鄉發展、農村建設厥為積極拓展的方向。深入認識臺灣社區農村的現況將會對大陸學子有更多、更大的觸動,深入農村社區會給青年朋友留下深刻的印象。這項活動使大陸學子親身體驗到臺灣農村發展的歷程與文化,藉由青年服務與交流了解彼此,培養出深厚的友誼。經由兩岸青年服務學習交流、文化與生活體驗、城鄉造訪等多元活動,培養兩岸青年互助、關懷、服務的品格,建立長期合作關係,喚起兩岸青年的使命感,共同推動服務參與,進而能關懷彼此,達成民族融合的理想。

上左｜兩岸青年農村志工深獲社區長輩的高度肯定。
　右｜兩岸青年農村志工於社區服務展現青年關懷的行動力。
中左｜青年農村志工於社區服務展現青年關懷的行動力。
　右｜中華民國社區發展協會結合彰化二水家政中心志工服務團服務社區，展現熱情與蓬勃朝氣。
下左｜彰化縣多個鄉鎮高齡長者積極參與二水家政中心所辦理長青大學的活動，增進生活情趣。
　右｜實踐大學二水家政中心辦理「二水社區大學」將終身教育的作為具體落實於社區之中。使民眾於「在地老化」中得以經由「共學」、「共食」、「共耕」達到「共享」及「共好社會」。

第二十七章　以社區長照落實民生主義建設

前言

　　人口快速老化所衍生的各項問題陸續出現，其挑戰也日益嚴峻，需要用更高的視野與全新的思維規劃出更完善的照護策略，無法以傳統的角度思考全新的作為。衡諸民生主義與長期照顧息息相關。爰此，「以社區長照落實民生主義建設」是以「民生主義為經，長期照顧為緯」，強調高齡者賦權充能理念，以「社區福利化，福利社區化」為基石，說明社區長期照顧的主要內涵。隨著「在地老化」理念興起，社區長期照顧的服務運用引起社會的關注。本此，本文提供讀者達到：能運用以落實民生主義的知識，推展我們生活的社區長照服務，進而共為「老有所養、老有所安、老有所尊」實踐力行，以提升高齡者於社區的生活品質，增進社群的幸福。

壹、臺灣社會正面對高齡社會的來臨

　　依據統計，我國的人口結構在邁向「高齡社會」（老年人口居百分之十四）為世界前列，伴隨高齡化社會而來的議題之一即是老人長期照顧問題。同時，我國十五至六十四歲工作年齡人口占總人口比率於二〇一二年達到最高點，二〇一六年開始，扶老比已高過扶幼比。爰此，能因應人口老化的時間較歐美國家來得短，若不及早做好準備，讓長輩健康、獨立以延長其社會功能，不僅醫療照護體系將面臨極大的衝擊，整個國家的生產力與競爭力也會面臨挑戰。

　　高齡少子化時代來臨，人口老化已是全球重要的健康議題，隨著醫藥衛生與社會的進步，國民壽命明顯增加也逐漸邁入高齡化社會，慢性病也

成為老年人的常見疾病，其所引發的後遺症時常伴隨身體的失能及障礙，其日常生活的自理及照顧也成為政府及人民所關心的議題。人人都會老，照顧好每一位老人，是需要集合社會的力量，共同努力而為。建構完善的長期照顧制度，是讓社會可安心樂活終身的生活。

臺灣自一九九三年起已達世界衛生組織所定義的高齡化社會，隨著人口持續老化與長期照顧人口增加及社會變遷……等，老人因慢性病致身心障礙，於社區照顧介入後其生活改變情形，各項指標均指出政府急需投入解決長期照顧問題的迫切性，及早規劃因應並審慎以對。政府近年投入於老人、身心障礙福利措施之經費呈現逐年成長，各項服務成果的成長亦反映失能老人、身心障礙者服務的迫切需求。為強化服務輸送的連續性及服務提供的可近性，依據《社會福利政策綱領》揭示的「在地老化」與「社區照顧」理念，藉由社區照顧理念法制化、建立服務輸送體系的可近性、引導照顧機構資源的區域平衡發展、加強社區照顧多元化及增加社區照顧預算配置等項，推動現階段老人福利、身心障礙福利政策，未來將持續深化社區照顧網絡，落實在地老化之照顧服務潮流。

論述社區化的長期照顧體系，須援引「在地老化」（aging in place），該概念是借鑑歐美先進國家的經驗，避免世界主要工業化國家大量發展機構服務所導致過度機構化的缺點，降低照護成本，讓有照護需求的民眾能延長留在家庭與社區中的時間，保有尊嚴而獨立自主的生活。

「在地安養，無憂向晚」，「回歸家庭與社區」是國人核心觀念與價值，而世界主要國家的老人照顧政策，多以在地老化為發展趨勢，認為老人應在其生活的社區中自然老化，以維持老人自主、自尊、隱私的生活品質。社區照顧強調的是：高齡長者能安全舒適的留居原宅老家，能生活於其所熟悉的社區中是其最大的期盼，也是關心老人及老人問題者一致的共識。然而老來無憂，絕非易事，有賴老年人自助、互助、助人、他助等四助之推動。社區照顧的意義是：所有推動讓老人盡可能繼續居住於熟悉的、溫馨的社區中而非如醫院或大型安養護機構的政策、措施與服務即是社區照顧。接受社區照顧的身障老人於生活各方面皆有明顯的改善，於生理方面

減緩老人生活適應方面的問題；心理方面減輕老人因照顧問題所產生的心理負擔；於社會方面增加了老人的社會支持與人際的互動。無可否認的，老年人的安土重遷使老年人對社區照顧情有獨鍾，因為社區是老人原有生活圈，也代表著老人們原有生活棲息的所在。

壽命延長是人類重大成就，也帶來空前挑戰，高齡化使全球經濟發展陷入長期停滯，個人也面臨醫療、照顧、健康等問題；除非有新科技與產業帶動生產力，否則經濟勞動力人口銳減，需要被扶養與照顧的老人趨多，經濟將缺少動能，日本過去二十年遲滯的經濟，就與人口老化密切相關。由於醫療科技的進步，老人的壽命不但延長，更使過去可能致命的疾病，因得以治療而保留性命。但老年人雖然從疾病侵襲中存活下來，卻有不少比例的老人在日常生活活動上需要他人協助。由於疾病的困擾再加上年齡增長引起的自然老化，促使長期照顧成為社會關注之議題，顯示長期照顧需求問題不容小覷。

為了生存，進一步滿足生活與生計需求者，則可構成人類文明前進的原始動力，再將其擴大，則須強調生理、心理、心靈及社會的良好狀態，以成就文明發展的源頭。隨著醫療科技的進步，國人平均壽命不斷的延長，家庭結構蛻變以及婚姻和生育觀念的社會變遷，預告臺灣無從迴避的長照制度的推展。我國於推展社區長期照顧的理念，追本溯源是一九九六年倡議「福利社區化，社區福利化」；強調的是由政府直接介入較為長期性的、開展性的兼具永續性的社區照顧。以社區主義的觀點所推動的社區照顧是更加的多元，也更加的複雜，未來如何建構一個良好的社會服務品質是極其重要的議題。本此，能運用社會工作的知識，檢視我們生活的社區長照服務，進而共為「老有所養、老有所安、老有所尊」實踐力行，以提升高齡者於社區的生活品質，增進社會人群的幸福。

社區照顧的出現源於二十世紀五〇年代，是西方國家當時機構式照顧服務所產生的許多問題而醞釀的一個新的發展趨勢。誠如學者森德（Sandel）認為：「社區的結合不只有利於個人目標的達成，或是為了共同的目的。在溝通中具有共同的語彙，且在認知和實踐上，要有一個不言而喻的背景。」社區營

造強調是「生活共同體」，是人與人之間的「互助與互賴」，並共同承擔起生活中的責任，是一種從人民自發的意識，而這也正是社區照顧推展的重要價值。

　　社區照顧發揮「社區福利」的核心價值，是藉由社會福利制度的安排，針對因社會環境或人生發展過程中遭遇特定事故，導致生理、心理或社會條件缺損的居民，透過專業人員及志願工作人員所提供的服務措施，以預防、減緩或解決其所面臨的問題，並獲得符合人性尊嚴的基本生活保障。英國一九八九年的社區照顧白皮書中指出：「社區照顧意即提供適當層次的處遇與支持，促使人們達到最大的獨立及對自己生活的把握。為使此一目標實現，有必要在多元的設施與機構中發展並提供廣大範圍的服務。這些服務包括照顧的範圍，從針對長者在自己家中提供居家支持，至需更密集性的喘息照顧與日間照顧，至庇護性公寓、群聚住宅、機構等增加照顧層級的可及性者，至住宿機構、護理之家及長期醫院照護或對長者提供其他形式照顧者。」

表 27-1　社區長期照顧的定義

提出者	內涵
Bulmer	「社區照顧」是指正式機構之外的可用資源，特別是將家庭、朋友或鄰里等非正式關係視為提供照顧的工具。是指給因老年、心理疾病、心理障礙或身體及感覺機能障礙問題所困者提供服務和支援，讓他們能夠盡可能在自己家中或社區中連接家庭的環境下過著安養的生活。
P. Arams	社區照顧是「結合專業及志工對於居家或社區的成員提供協助、支援或照顧。」該定義強調的是：服務社區化的基本精神和理念與生活正常化相通，均是希望那些需要被照顧者得到適當的支援或資訊服務，使其能有尊嚴、獨立地生活在自己的家裡或熟悉的社區內。
Walker	社區照顧是經由親戚、朋友、鄰居與志工等非正式服務網絡，加上正式的社會服務機構來共同照顧弱勢族群。
Bayley	社區照顧有三個理念，「在社區內照顧（care in the community）」，「由社區來照顧（care by the community）」，以及由政府、專業者與社區合力照顧弱勢族群（care with the community）。
Kane	長期照護的定義：為提供缺乏自我照顧能力的健康、個人與社會照顧的服務，通常是持續一段長時間。

Masciocchi	長期照護應包含：機構照護、社區照護與居家照護等三大類服務。此三類服務應整合為連續的服務網絡，方能提供老人完整持續的長期照護。
Weissert	長期照護是對罹患慢性疾病的身心障礙者，提供診斷、預防、治療、復健、支持性及維護性的服務。

（資料來源：作者整理）

　　社區照顧落實社區主義（communitarianism），意謂著在社區意識的基礎上，社區成員建立共同體的信賴關係，並藉此而創造生命的意義感。近幾年來社區與社區主義逐漸在公共事務領域發揮其影響力，例如環境保護、都市發展、社區總體營造、文化建設、社區安全聯防與社會福利等，這樣的發展趨勢不僅符合各領域對於社區主義的期待、也符合現代民主社會的精神，在這樣的趨勢之下，「社區」已成為新一代公共政策推動與執行的基本單位。社區主義所指的「社區」不是像國家這樣大的團體，而是類似家庭、族群、街鄰等。社區主義把這樣的團體當作一種善，即具正面意義的存在。社區主義強調經由鼓勵公民參與公共事務，透過利他、博愛、服務等精神的發揚，積極培養社區意識。需要自主性的社區意識配合，同時應確立以公民參與為前提的溝通與決策為前提的公共參與。這種社區已經有類似親人或家族的關係，在感情上很容易就能相同，絕非偶然的組合。

貳、我國對長期照顧的需求

　　面對急劇變遷的高齡化社會，老人生活照顧及養護問題已經不是單純的個案問題，乃是整個社會的結構性問題，亟需給予必要的關注。而在家庭面臨失功能或解組之危機下，「老有所養、老有所安、老有所終」成為社會所共同的期待，銀髮族長者的頤養與生活照顧更形重要，因此如何幫助高齡者在地老化成為政府施政的重點工作。提供給老人一個有尊嚴、自主和選擇的生活環境，是老人長期照顧的主要目標，社區長期照顧被視為是實現該目標的主要模式。

　　為使失能者能夠回歸到家庭或社區當中照顧，並符合失能者所期待的熟悉環境，避免大量發展機構服務所導致過度機構化的缺點。目前日本、丹麥、瑞典都已經成功的推動以社區為單位的小規模「社區整體照顧服務計畫」。乃以發展社區式長期照顧體系為目的，並以「在地老化」作為服務提供策略，因此採取「社區優先」及「普及服務」的理念，希望每一位有照顧需求的民眾，能夠優先尋求社區照顧資源協助，在社區無法照顧的前提下，才進入機構照顧。是以，視各個社區條件、需求因地制宜，分階段發展到宅服務、社區老人廚房、日間托老、日間照顧、小規模多機能顧服務等彈性服務模式。社區發展著重的是社區或社區居民針對社區發展進行創造性與合作性的過程，使得社區的發展更能接近民眾自我的界定與需求，社區照顧就是社會工作者動員社區資源、運用非正式支援網路、聯合正規服務所提供的支援服務與設施，讓有需要照顧的人士在家裡或社區中得到照顧，在其熟悉的環境中向其提供照顧和幫助的福利服務模式。

　　隨著人口結構的高齡化趨勢，當前對高齡者照顧方向強調「在地老化（aging in place）」的發展目標，認為長期照護應盡可能協助身心功能障礙者留住家中、社區，過獨立常態生活。近年更主要以社區化為方向發展；對象群包括少數貧窮老人、一般失能老人、身心障礙者；照顧方式也從機構式轉為社區式模式。社區長期照顧的積極意義：

表 27-2　社區照顧發揮社區主義的特性

社區主義的特性	社區照顧的內涵
以社區作為政府最基礎的施政單位，強調社區的主體性及自主性。	動員社區資源，相互責任分擔，以為維持家庭的正常照顧功能。
培養社區自我詮釋的意識以及問題解決的能力。	使被照顧者可以就近留在熟悉的社區，會達到較好的適應。
強調培養能力（empowerment）過程的重要性。	培育社區長期照顧人才，與正式照顧形成一種夥伴式的關係。
發揮社區居民守望相助精神。	使被照顧者可以經由社區照顧的支持後，有辦法獨立生活。

| 有助於社區生活的全面的提升。 | 提升社會福利服務的可近性,促使社會福利確實落實於基層。 |
| 發展社區特色是有助於社會的進步。 | 建立社區休戚與共,相互扶持的生命共同體意識。 |

(資料來源:作者整理)

以目前臺灣的長期照護體系而言,主要是由三大系統所組成:

表 27-3　臺灣的長期照護體系

系統	法規
社政	以《老人福利法》、《社會救助法》與《身心障礙者保護法》作為依據。
衛政	為慢性醫療與技術性護理服務之提供,而衛生醫療單位則以《醫療法》和《護理人員法》等相關法規加以規範,同時也有《全民健康保險法》提供護理服務的給付。
退輔會	根據「國軍退除役官兵輔導條例」提供榮民就養服務,設置榮民之家等業務。

(資料來源:作者整理)

　　《長期照顧服務法》於二〇一五年六月公布,自二〇一七年起實施。《長照法》的立法對於人民應該更為有感。雖然表面上只影響達七十六萬名需要長期照顧的失能、失智者,但事實上每一位失能者的照顧代表一個忍受長期煎熬的家庭。該法通過的內容涵蓋「長照服務內容」、「人員管理」、「機構管理」、「受照護者權益保障」與「服務發展獎勵措施」等五大要素,算是相當周全。目前國內長照機構、人員管理較為多元,且規範不一,例如老人之家等老人福利機構由《老人福利法》、《護理人員法》管理,榮民之家設置的法律依據則為《國軍退除役官兵輔導條例》等,此次立法整合現行各類長照服務,讓各類型的機構、人員不再依據不同的法源分別由不同機關管理,對於長照管理算是一大進步。另外,此次立法規定中央主管機關為均衡長照資源發展,得劃分長照服務網區,規劃區域資源、建置服務網絡與輸送體系及人力發展計畫,並得於資源過剩區,限制長照機構設立或擴充;於資源不足地區,應獎助辦理健全長照

服務體系有關事項。上述規定，對於長照資源的均衡配置，應有相當的
幫助。

《長期照顧服務法》也將家庭照顧者支持服務入法，包括資訊提供及
轉介、長照知識與技能訓練、喘息服務、情緒支持及團體服務轉介等，以
利提升家庭照顧者能力與生活品質。此點十分重要，尤其是喘息服務。由
於國人對於失能、失智者的照顧，一方面受制於民營照護機構收費昂貴，
另一方面對於自己的失能、失智親人不在眼前也不放心，因此家庭照顧仍
是長照主流。

表 27-4　我國長期照顧服務法照顧類型

居家式	社區式	機構住宿式	家庭照顧者
一、身體照顧服務。	一、身體照顧服務。	一、身體照顧服務。	一、有關資訊之提供及轉介。
二、日常生活照顧服務。	二、日常生活照顧服務。	二、日常生活照顧服務。	二、長照知識、技能訓練。
三、家事服務。	三、臨時住宿服務。	三、餐飲及營養服務。	三、喘息服務。
四、餐飲及營養服務。	四、餐飲及營養服務。	四、住宿服務。	四、情緒支持及團體服務之轉介。
五、輔具服務。	五、輔具服務。	五、醫事照護服務。	
六、必要之住家設施調整改善服務。	六、心理支持服務。	六、輔具服務。	
七、心理支持服務。	七、醫事照護服務。	七、心理支持服務。	
八、緊急救援服務。	八、交通接送服務。	八、緊急送醫服務。	
九、醫事照護服務。	九、社會參與服務。	九、家屬教育服務。	
十、預防引發其他失能或加重失能之服務。	十、預防引發其他失能或加重失能之服務。	十、社會參與服務。	
		十一、預防引發其他失能或加重失能之服務。	

（資料來源：作者整理）

觀察世界人口老化明顯的日本社會已鼓勵企業投入機器人開發進入長
照市場，提升照護人力待遇等方式，來紓解「隱形照護」、「介護離職」、「介
護難民」、「介護殺人」等長期照顧問題。臺灣的長期照顧起步於一九八三
年所推動的志工居家服務。一九九二年《就業服務法》通過允許外籍勞工

來臺擔任產業外勞與家庭照顧外勞，是為今日臺灣長期照顧依賴外勞的源頭。政府於一九九八年通過「加強老人服務安養方案」。同時，修正「老人福利機構設立標準」降低四十九床以下的小型安養護機構的設置標準，澈底解決未立案老人安養護機構的問題。此後，並啟動為期三年的「建構長期照護體系先導計畫」，從二〇〇〇年執行到二〇〇二年。這也為二〇〇七年「建構長期照顧體系十年計畫」的播種。綜觀**臺灣高齡照護系統，可以表述如後：**

表 27-5　我國高齡長期照護系統

服務提供	服務對象	服務目標	服務內容	因應方案
生活照顧 服務體系	健康長者 慢性病患	健康管理 預防保健 休閒養生	生活協助 健康促進 慢性病管理 就醫服務	健康照顧產業方案 老人安養服務方案
長期照護 服務體系	長期失能者	居家照顧 社區照顧 機構照顧	失能照顧 家庭支持	長期照顧服務法 十年長照計畫 長期照顧保險
醫療照護 服務體系	急性病患 出院病患	醫療服務 遠距照護	疾病治療 復健照護	全民健保 社區醫療

（資料來源：作者整理）

為什麼社區長照推展這麼重要？臺灣對長照服務的需求有多迫切？根據國發會人口推估，臺灣即將在二〇一八年進入高齡社會，屆時將有百分之十四點六的人口（三百四十四萬人）超過六十五歲。高齡社會將成為社會不得不面對的課題。為改善我國長期照顧人力需求，實賴社會集合力量的努力，包括：教育部的技職教育、勞動部的人才培訓及證照認證授予、勞動部對國際移工引進及訓練、內政部對國際移工的居留政策、科技部對老人福祉科技的研發、經濟部對照護人力企業的登記管理、衛福部對家庭照護者的培力等，以完竣照顧人力。

參、中山先生民生主義對社區建設的精髓

　　中山先生的民生思想是以社會為中心。根據　國父對社會的理解，社會是以民生為中心的。社會的中心既是民生，那麼就要從人類生存的意義和目的來說明社會。　國父認為人類為了要求生存，第一就是「保」，第二就是「養」。保就是為了求生存的安全，養就是為了求生活的滿足。人類為了求生存與安全，為了求生活的滿足，必須要人與人之間發生關係，而這種關係是多方面的，並不只是某一方面。也許有些是從意識的關係方面來組合的，有些是從血緣方面來組合的，也有些是從職工方面來組合的，也有些是從政治的或經濟的關係來組合的。所以只有用人類求生存的這一觀點，來說明社會組合的本質，才可以看到社會的全面。因此，社會是一種思想的形態，同時也是一種行為的表現。這些思想意識的和社會行為的，都是從共同的生活與安全的生存之中養成的。社會就是藉交互的社會行為而營共同生活的人群。

　　生存安全的境界是民生主義所強調：就生存方面的安全來講，安全的確也很重要。我們人類的生命，其所以要爭取繼續的存在，是為了這個世界可安全的活下去，只有能安全的活下去，才覺得生存有其意義。要是人類世界在極端恐怖與極端混亂的場合裡，人類的安全便失去了保障，而生存也就沒有任何意義。自從有人類以至現在，人類的生存一直受著嚴重的威脅。

　　國父在〈地方自治開始實行法〉一文中，曾經指出「地方自治的範圍，當然以縣為充分之區城，如不得一縣，則聯合數村而附有二、三十里之田野者，亦可以為一示範區。其志向當以實行民權、民生兩主義為目的。故其地之能否試辦，則全視該地人民思想知識以為斷，若自治之鼓吹已成熟，自治之思想已普遍，則就下列之六事試辦之，俟收成效後陸續推及其他，其事之次序如下：（一）清戶口，（二）立機關，（三）定地價，（四）修道路，（五）墾荒地，（六）設學校。」我們當前社區建設範圍之大小以及實行之事項，都可以參考這些主張。最近半個多世紀以來，出現了所

謂「社區組織」和「社區發展」等名詞，代表一個新的社會形態與社會活動。社區組織的工作，乃是社區內社會的一種設計，社會福利機構的建立、聯繫與配合，在求社會進步和民生暢遂。前者是科學的研究分析，後者是社會建設的實踐。科學的研究在求知，建設的工作在求用。社區改良的工作技術需賴社區研究的成果以改進，而社區研究的資料則賴社會組織工作供給。因此社區的建設一方面有其學理的研究，也特別重視其技術的改進，這一切確是現代社會一個新的發展。

此外　國父並有對民生主義落實於社區建設上有特殊規劃的設計。這裡所講的特殊規劃，是指解決兒童問題、疾病殘廢問題、鰥寡孤獨問題和老年人問題。根據　國父在「社會主義之派別及其批評」講詞中所提到的，「要謀社會種種的幸福，有一些事情特別要注意到。即（一）教育，（二）養老，（三）病院。」並且他還提到聾啞殘廢院以及公共花園等，這些應視為新社區的特殊規劃。

國父在民生主義建設就曾注意到社區的發展和社區的規劃。儘管當時所用的名詞是地方自治，其實與現代所講的社區組織和社區發展，是相通的。　國父對於社會方面的思想，尤其是在民生建設這一方面有前瞻務實的規劃。中國的社會，一向是非常和諧的，基於人緣和地緣的關係，形成「出入相友，守望相助，疾病相扶持」的現象，這種現象即有政治上互相保衛的意義，又有經濟上互相提攜的意義。這的確是現代化社會一個新的基礎。

肆、經由小康社會到大同世界

儒家政治的最高理想——天下為公的大同世界，不但為康有為《大同書》及孫中山《三民主義》所稱道、發揚，影響十分深遠，更是中國傳統思想的菁華所在，表現出分享、無私、寬厚的美好情操，以及對人類福祉的追求。國父在《三民主義》中曾一再提到大同世界，可見大同世界是他追求的理想社會。人類的共同生存既然能夠獲得安全，能夠消除一切恐怖

氣氛，這便是大道之行，也正是天下為公。只有在大道既行，天下為公之後，人類社會才有安全的生存，因此　國父的社會建設又必須朝著這個方向努力。我們理應把〈大同〉篇用淺近的文字，求出自由安全社會的具體形態，來作為我們民生建設新社會的指針。經由小康社會到大同世界「小康」是一種安康的政治局面，因為較大同社會稍嫌遜色，所以稱之為小康。孔子描述的小康社會，是夏、商、周三代禹、湯、文、武、成王、周公的時期，當時天子視天下為一家的私產，不復傳賢，社會人心變得複雜，風氣也日漸澆薄，人民著重一己的權益與享受，親愛自己的骨肉，貧富相競，而有投機詐騙、侵略兵災等情事的產生。這樣的社會，只憑抽象的道德概念已經不足以維繫，聖人於是制定具體的禮義、制度作為綱紀，讓天下的傳承有固定的禮制，讓人民的生活有依循的準則，所以天下仍保有穩定的局面。「大同」是儒家所揭示的理想國。孔子所描述的大同社會，是指堯、舜以前的五帝時代，當時民風淳厚，主政者以德治民，無須制定任何形式的制度和禮法來約束人民，而人民都能很自然的和睦共處，人人適才適所、皆有所用，也都得到妥適的歸宿和照顧，沒有盜竊亂賊的發生，這樣的社會是孔子由衷嚮慕的。

表 27-6　大同與小康之治

	小康之治	大同之治
政治	一、大人世及以為禮：在位者把父死子繼、兄終弟及當作政治權利傳承的制度。 二、城郭溝池以為固：營建城郭溝池來抵禦外侮、鞏固政權。	一、選賢與能：主政者皆選用賢能之人。 二、講信修睦：不論個人或國家都講求信用，敦修和睦。
社會	一、各親其親，各子其子：民眾只親愛自己的親人，只慈愛自己的子弟。 二、禮義以為紀：制訂禮義作為綱紀。 三、以正君臣：用禮義端正君臣關係，使君仁臣敬。 四、以篤父子：用禮義敦厚父子關係，使父慈子孝。	一、不獨親其親，不獨子其子：民眾能由親愛自己親人、子弟，推及於親愛他人的親人與子弟。 二、老有所終，壯有所用，幼有所長：能使老年人得到終養，壯年人得以貢獻才力，幼年人能夠獲得教養。 三、矜寡孤獨廢疾者皆有所養：能使鰥

	五、以睦兄弟：用禮義親睦兄弟關係，使兄友弟恭。 六、以和夫婦：用禮義和諧夫婦關係，使夫唱婦隨。以上四者係以禮義敦修人倫。 七、以設制度：用禮義來建立各種制度。 八、以立田里：用禮義來制訂分配田地、登錄里籍的法規。 九、以賢勇知：用禮義來制訂表彰有勇力和有智謀者的方式。 十、以功為己：用禮義來制訂將功勞歸於在位者自己的辦法。	夫、寡婦、孤兒、獨老、殘廢、有痼疾的人都能得到贍養。 四、男有分，女有歸；男子都能有適當的職業，女子都能有歸宿。
經濟	貨力為己：資源的開發、勞力的付出，都是為著自己的利益打算。	一、貨惡其棄於地也，不必藏於己：努力開發資源，不會荒棄於地下，開發出來之後，與社會共享，不必據為己有。 二、力惡其不出於身也，不必為己：人人貢獻自己心力，為社會人群服務，而不會只為自己的利益賣力。

（資料來源：作者整理）

　　中山先生於民生主義的建設強調的是體現「天下為公」的精神　以及和社會的力量相互扶持，彼此合作，共進共榮，以發揮老吾老，以及人之老；幼吾幼，以及人之幼（《孟子·梁惠王上》）。民生主義以「天下為公」取代「天下為家」，「天下為家」則是封建社會天子以天下為一己的私產，上行下效的結果，造成人人各存私心，再加上人事漸繁，生活不易，自我的良知逐漸模糊，道德於是淪喪，人人各為己謀，各有行為標準，所以「大道既隱」，一切不平、競爭、侵奪、欺騙由此發端，而戰禍、殺戮的陰影也隨之而來。以「天下為家」的結果，除了「各親其親，各子其子」，更可能演變到最親近的人都彼此相怨，《管子·形勢》篇即謂：「行天道，出公理，則遠者自親；廢天道，行私為，則子母相怨。」所以，聖明的統治者就必須制定「禮」以作為制度與準繩，並以義作為道德精神，教導個人、群體遵守禮制、謹守分寸，才能重新讓大道推行，維持社會的和諧安康，以免

淪為亂世。因此,「天下為公」、「天下為家」,一尚道德、一重禮治;一本諸良知、一刻意修為;在實施的方式上有差異,甚至是對比的,但在本質上卻都是對於道的推行與追求,正因為如此,後世(如康有為《大同書》)就將小康之治視為通向大同之世的進程。「天下為公」是儒家的理想國,將天下視為人人公有,和歐洲一些社會主義國家所標榜的政治理想有些近似;但就儒家的天下為公而言,更強調崇高的道德水準以作為建立社會共識、社會秩序的基礎,這也就是孔子所謂的「大道之行也」。這時的社會純樸,社會福利完善,生活不虞匱乏,人人認同天理人情,以自我的良知作為言行的準則,高尚的道德即自然含蘊其中,此即《中庸》篇所謂:「誠者,不勉而中,不思而得,從容中道。」

大同思想,是儒家政治思想的極致,也是現代人極為嚮慕的政治理想,孫中山在《三民主義·民族主義第六講》的末段就說:「我們要將來能夠治國、平天下,便先要恢復民族主義和民族地位,用固有的道德、和平做基礎,去統一世界,成一個大同之治。」其立論的基礎就是〈禮運〉篇所謂:「大道之行也,天下為公……」,文中所謂「統一世界」,並非對其他國家、民族進行武力威嚇侵略,他在民國元年曾說:「但願五大民族相親相愛,如兄如弟,以共赴國家之事,主張和平,主張大同,使地球上人類最大之幸福,由中國人保障之。」所以,中華民族要與其他國家、民族共同追求人類世界的和平良善,追求大同之治的實現,而國歌也因此出現:「以建民國,以進大同」的歌詞,具體呈現對大同之治的嚮慕。

二○○二年世界衛生組織(WHO)提出「活躍老化(active ageing)」觀念,已成為 WHO、OECD 等國際組織對於老年健康政策擬定的主要參考架構。為了使老化成為正面的經驗,長壽必須具備持續的健康、參與和安全的機會,因此活躍老化的定義即為:「使健康、參與、和安全達到最適化機會的過程,以便促進民眾老年時的生活品質。」此一定義正呼應 WHO 對健康的定義:「身體、心理、社會三面向的安寧美好狀態。」因此,政策或計畫促進心理健康和社會連結,是與促進身體健康同等重要,並且使老年人維持自主與獨立。

　　社區長期照護是提供給老人一個有尊嚴、自主和選擇的生活環境，是老人安養的主要方式，社區長期照護被視為是實現該目標的主要模式。一個社區化的照護服務體系，具有可進性、多元性，又提供連貫性的服務，受照護者才能享有人性化且高品質的專業服務。社區長期照護的發展，是從「機構照護」到「在社區照護」再到「由社區照護」。「社區長期照護示範中心」的推展期盼能達到：「多用保健，少用健保」，「社區安養，安身立命」，「全人照顧，安老敬老」等願景。

結語

　　我國近年來已面臨人口快速老化及少子化的情形，根據統計，臺灣二〇二五年將進入超高齡社會，屆時六十五歲以上人口約四百七十三萬人，社會福利由於受到全球化的影響，要增加社會發展的需要，社會福利服務遂朝「社區化」、「民營化」與「多元化」方向發展。建立一套以「社區價值」為核心的社區政策，開拓有益於累積「社區能力」的社區夥伴關係，建構「社區聯盟」的實務運作模式，營造各類社會資源並重的「永續社區發展」路徑，方能回應多元化及專業化，發揮健康促進及慢性病照顧為主的社區長照網絡，顯有其必要。

　　隨著醫學的進步，生化科技的發展，世界衛生組織（WHO）倡議，活躍老化不僅是一種生活態度，也成為一個全球性社會趨勢，也是老人福利政策的核心價值和目標。活躍老化成為臺灣的老人福利方案的軸心，以充權的概念來推展社區老人照顧服務，是我國推展在地安老的重要發展趨勢，也是社會福利嘗試結合社區營造，以推展老人社區照顧的重要方向。積極維護老人尊嚴和自主，形塑友善老人的生活環境，強健老人身體、心理和社會參與的整體照顧，使老人得以享受活力和尊嚴，能夠獨立自主的生活，將有助於實現讓老人在社區中安養生活的理想，並可作為因應高齡化社會的重要參考，實現「公益社會、永續福利」的政策願景。

左｜社區學院的拓展重視社區中弱勢族群的參與及協助，吸引社區兒童的積極參與，以
期融入社群生活，開創共好社會。

右｜實踐大學二水家政中心將藝術及文化活動推廣至基層村落、社區之中，奠定在地生
活美學之基礎，減少城鄉間的落差，尊重多元族群文化，關懷弱勢及偏鄉地區藝文
發展，落實文化部泥土化政策。透過讓民眾參與並學習課程活動，期待達成藝文扎
根村落，並讓藝文活動在村落中獲得永續經營之模式。照片為一○五年六月一日至
六月二十九日推動「創意美學——稻草編製」活動。

第二十八章　建立醫養教合一的社區長照體系

壹、臺灣社會正面對高齡社會的來臨

依據統計，臺灣的人口結構在邁向「高齡社會」（老年人口居百分之十四）為世界前列，伴隨高齡化社會而來的議題之一即是老人長期照顧問題。同時，十五至六十四歲工作年齡人口占總人口比率於二○一二年達到最高點，二○一六年開始，扶老比已高過扶幼比。爰此，能因應人口老化的時間較歐美國家來得短，若不及早做好準備，讓長輩健康、獨立以延長其社會功能，不僅醫療照護體系將面臨極大的衝擊，整個國家的生產力與競爭力也會面臨挑戰。

高齡少子化時代來臨，人口老化已是全球重要的健康議題，隨著醫藥衛生與社會的進步，國民壽命明顯增加也逐漸邁入高齡化社會，慢性病也成為老年人的常見疾病，其所引發的後遺症時常伴隨身體的失能及障礙，其日常生活的自理及照顧也成為政府及人民所關心的議題。人人都會老，照顧好每一位老人，是需要集合社會的力量，共同努力而為。建構完善的長期照顧制度，是讓社會可安心樂活終身的生活。

臺灣自一九九三年起已達世界衛生組織所定義的高齡化社會，隨著人口持續老化與長期照顧人口增加及社會變遷……等，老人因慢性病致身心障礙，於社區照顧介入後其生活改變情形，各項指標均指出政府急需投入解決長期照顧問題的迫切性，並審慎以對。政府近年投入於老人、身心障礙福利措施之經費呈現逐年成長，各項服務成果的成長亦反映失能老人、身心障礙者服務的迫切需求。為強化服務輸送的連續性及服務提供的可近性，依據《社會福利政策綱領》揭示的「在地老化」與「社區照顧」理念，藉由社區照顧理念法制化、建立服務輸送體系的可近性、引導照顧機構資

源的區域平衡發展、加強社區照顧多元化及增加社區照顧預算配置等項，推動現階段老人福利、身心障礙福利政策，未來將持續深化社區照顧網絡，落實在地老化之照顧服務潮流。

貳、社區長照落實在地老化

論述社區化的長期照顧體系，須援引「在地老化（aging in place）」，該概念是借鑑歐美先進國家的經驗，避免世界主要工業化國家大量發展機構服務所導致過度機構化的缺點，降低照護成本，讓有照護需求的民眾能延長留在家庭與社區中的時間，保有尊嚴而獨立自主的生活。

世界主要國家的老人照顧政策，多以在地老化為發展趨勢，認為老人應在其生活的社區中自然老化，以維持老人自主、自尊、隱私的生活品質。社區照顧強調的是：高齡長者能安全舒適的留居原宅老家，能生活於其所熟悉的社區中是其最大的期盼，也是關心老人及老人問題者一致的共識。社區照顧是：所有推動讓老人盡可能繼續居住於熟悉的、溫馨的社區中。接受社區照顧的身障老人於生活各方面皆有明顯的改善，於生理方面減緩老人生活適應方面的問題；心理方面減輕老人因照顧問題所產生的心理負擔；於社會方面增加了老人的社會支持與人際的互動。無可否認的，老年人的安土重遷使老年人對社區照顧情有獨鍾，因為社區是老人原有生活圈，也代表著老人們原有生活棲息的所在。

壽命延長是人類重大成就，也帶來空前挑戰，高齡化使全球經濟發展陷入長期停滯，個人也面臨醫療、照顧、健康等問題；除非有新科技與產業帶動生產力，否則經濟勞動力人口銳減，需要被扶養與照顧的老人趨多，經濟將缺少動能，日本過去二十年遲滯的經濟，就與人口老化密切相關。由於醫療科技的進步，老人的壽命不但延長，更使過去可能致命的疾病，因得以治療而保留性命。但老年人雖然從疾病侵襲中存活下來，卻有不少比例的老人在日常生活活動上需要他人協助。由於疾病的困擾再加上年齡

增長引起的自然老化，促使長期照顧成為社會關注之議題，顯示長期照顧需求問題不容小覷。

為了生存，進一步滿足生活與生計需求者，則可構成人類文明前進的原始動力，再將其擴大，則須強調生理、心理、心靈及社會的良好狀態，以成就文明發展的源頭。隨著醫療科技的進步，國人平均壽命不斷的延長，家庭結構蛻變以及婚姻和生育觀念的社會變遷，預告臺灣無從迴避的長照制度的推展。以社區主義的觀點所推動的社區照顧是更加的多元，也更加的複雜，未來如何建構一個良好的社會服務品質是極其重要的議題。

社區照顧的出現源於二十世紀五〇年代，是西方國家當時機構式照顧服務所產生的許多問題而醞釀的一個新的發展趨勢。強調是「生活共同體」，是人與人之間的「互助與互賴」，並共同承擔起生活中的責任，是一種從人民自發的意識，而這也正是社區照顧推展的重要價值。

社區照顧發揮「社區福利」的核心價值，是藉由社會福利制度的安排，針對因社會環境或人生發展過程中遭遇特定事故，導致生理、心理或社會條件缺損的居民，透過專業人員及志願工作人員所提供的服務措施，以預防、減緩或解決其所面臨的問題，並獲得符合人性尊嚴的基本生活保障。英國一九八九年的社區照顧白皮書中指出：「社區照顧意即提供適當層次的處遇與支持，促使人們達到最大的獨立及對自己生活的把握。為使此一目標實現，有必要在多元的設施與機構中發展並提供廣大範圍的服務。

社區照顧落實社區主義（communitarianism），意謂著在社區意識的基礎上，社區成員建立共同體的信賴關係，並藉此而創造生命的意義感。近幾年來社區與社區主義逐漸在公共事務領域發揮其影響力，例如環境保護、都市發展、社區總體營造、文化建設、社區安全聯防與社會福利等，這樣的發展趨勢不僅符合各領域對於社區主義的期待、也符合現代民主社會的精神，在這樣的趨勢之下，「社區」已成為新一代公共政策推動與執行的基本單位。社區主義所指的「社區」不是像國家這樣大的團體，而是類似家庭、族群、街鄰等。社區主義把這樣的團體當作一種善，即具正面意義的存在。社區主義強調經由鼓勵公民參與公共事務，透過利他、

博愛、服務等精神的發揚，積極培養社區意識。需要自主性的社區意識配合，同時應確立以公民參與為前提的溝通與決策為前提的公共參與。這種社區已經有類似親人或家族的關係，在感情上很容易就能相同，絕非偶然的組合。

參、我國對長期照顧的需求

面對急劇變遷的高齡化社會，老人生活照顧及養護問題已經不是單純的個案問題，乃是整個社會的結構性問題，亟需給予必要的關注。而在家庭面臨失功能或解組之危機下，「老有所養、老有所安、老有所終」成為社會所共同的期待，銀髮族長者的頤養與生活照顧更形重要，因此如何幫助高齡者在地老化成為政府施政的重點工作。提供給老人一個有尊嚴、自主和選擇的生活環境，是老人長期照顧的主要目標，社區長期照顧被視為是實現該目標的主要模式。引介運用於高齡者的社區長期照顧的發展，是希望能支持在社區中生活更長的時間；其主要原因為：

第一，老人在教育和經濟水準的提升下，追求「在地老化（aging in place）」獨立自主的生活目標。認為老人應在其生活的社區中自然老化，以維持老人自主、自尊、隱私的生活品質。

第二，科技的發展，強化居家安全照護的能力，使功能障礙者也可具有獨居的能力。支持社區長期照護體系的建構，希望以「在地」的服務滿足社區民眾的照顧需求，盡可能延長他們留住社區的時間。

第三，老年人口更加老化，使長期照顧需求快速增長，利用回歸社區與家庭的策略，減少機構式服務的使用，節約長期照顧成本，又能滿足我國民眾在地安老的願望。

第四，有效連結資源建構社區照顧網路，評估地區長期照護需求，設定發展目標，建構財務制度，支持社區式長期照護體系發展，以提升服務成本效益。發展多元的服務網絡，以服務當地民眾。

　　為使失能者能夠回歸到家庭或社區當中照顧，並符合失能者所期待的熟悉環境，避免大量發展機構服務所導致過度機構化的缺點。目前日本、丹麥、瑞典都已經成功的推動以社區為單位的小規模「社區整體照顧服務計畫」。乃以發展社區式長期照顧體系為目的，並以「在地老化」作為服務提供策略，因此採取「社區優先」及「普及服務」的理念，希望每一位有照顧需求的民眾，能夠優先尋求社區照顧資源協助，在社區無法照顧的前提下，才進入機構照顧。是以，視各個社區條件、需求因地制宜，分階段發展到宅服務、社區老人廚房、日間托老、日間照顧、小規模多機能顧服務等彈性服務模式。社區發展著重的是社區或社區居民針對社區發展進行創造性與合作性的過程，使得社區的發展更能接近民眾自我的界定與需求，社區照顧就是社會工作者動員社區資源、運用非正式支援網路、聯合正規服務所提供的支援服務與設施，讓有需要照顧的人士在家裡或社區中得到照顧，在其熟悉的環境中向其提供照顧和幫助的福利服務模式。

　　以目前臺灣的長期照護而言，《長期照顧服務法》自二○一七年起實施。《長照法》的立法對於人民應該更為有感。雖然表面上只影響達七十六萬名需要長期照顧的失能、失智者，但事實上每一位失能者的照顧代表一個忍受長期煎熬的家庭。該法通過的內容涵蓋「長照服務內容」、「人員管理」、「機構管理」、「受照護者權益保障」與「服務發展獎勵措施」等五大要素。目前國內長照機構、人員管理較為多元，且規範不一，例如老人之家等老人福利機構由《老人福利法》、《護理人員法》管理，榮民之家設置的法律依據則為《國軍退除役官兵輔導條例》等，此次立法整合現行各類長照服務，讓各類型的機構、人員不再依據不同的法源分別由不同機關管理，對於長照管理算是一大進步。

　　另外，此次立法規定中央主管機關為均衡長照資源發展，得劃分長照服務網區，規劃區域資源、建置服務網絡與輸送體系及人力發展計畫，並得於資源過剩區，限制長照機構設立或擴充；於資源不足地區，應獎助辦理健全長照服務體系有關事項。上述規定，對於長照資源的均衡配置，應有相當的幫助。

肆、我國高齡長期照護系統

　　《長期照顧服務法》也將家庭照顧者支持服務入法，包括資訊提供及轉介、長照知識與技能訓練、喘息服務、情緒支持及團體服務轉介等，以利提升家庭照顧者能力與生活品質。由於國人對於失能、失智者的照顧，一方面受制於民營照護機構收費昂貴，另一方面對於自己的失能、失智親人不在眼前也不放心，因此家庭照顧仍是長照主流。

　　觀察世界人口老化明顯的日本社會已鼓勵企業投入機器人開發進入長照市場，提升照護人力待遇等方式，來紓解「隱形照護」、「介護離職」、「介護難民」、「介護殺人」等長期照顧問題。臺灣的長期照顧起步於一九八三年所推動的志工居家服務。一九九二年《就業服務法》通過允許外籍勞工來臺擔任產業外勞與家庭照顧外勞，是為今日臺灣長期照顧依賴外勞的源頭。政府於一九九八年通過「加強老人服務安養方案」。同時，修正「老人福利機構設立標準」降低四十九床以下的小型安養護機構的設置標準，以解決未立案老人安養護機構的問題。此後，並啟動為期三年的「建構長期照護體系先導計畫」，從二○○○年執行到二○○二年。這也為二○○七年「建構長期照顧體系十年計畫」的播種。

　　為什麼社區長照推展這麼重要？臺灣對長照服務的需求有多迫切？根據國發會人口推估，臺灣即將在二○一八年進入高齡社會，屆時將有百分之十四點六的人口（三百四十四萬人）超過六十五歲。高齡社會將成為社會不得不面對的課題。為改善我國長期照顧人力需求，實賴社會集合力量的努力，包括：教育部的技職教育、勞動部的人才培訓及證照認證授予、勞動部對國際移工引進及訓練、內政部對國際移工的居留政策、科技部對老人福祉科技的研發、經濟部對照護人力企業的登記管理、衛福部對家庭照護者的培力等，以完竣照顧人力。

結語

　　我國近年來已面臨人口快速老化及少子化的情形，根據統計，臺灣二〇二五年將進入超高齡社會，屆時六十五歲以上人口約四百七十三萬人，社會福利由於受到全球化的影響，要增加社會發展的需要，社會福利服務遂朝「社區化」、「民營化」與「多元化」方向發展。建立一套以「社區價值」為核心的社區政策，開拓有益於累積「社區能力」的社區夥伴關係，建構「社區聯盟」的實務運作模式，營造各類社會資源並重的「永續社區發展」路徑，方能回應多元化及專業化，發揮健康促進及慢性病照顧為主的社區長照網絡，顯有其必要。

　　隨著醫學的進步，生化科技的發展，世界衛生組織（WHO）倡議，活躍老化不僅是一種生活態度，也成為一個全球性社會趨勢，也是老人福利政策的核心價值和目標。活躍老化成為臺灣的老人福利方案的軸心，以充權的概念來推展社區老人照顧服務，是我國推展在地安老的重要發展趨勢，也是社會福利嘗試結合社區營造，以推展老人社區照顧的重要方向。積極維護老人尊嚴和自主，形塑友善老人的生活環境，強健老人身體、心理和社會參與的整體照顧，使老人得以享受活力和尊嚴，能夠獨立自主的生活，將有助於實現讓老人在社區中安養生活的理想，並可作為因應高齡化社會的重要參考，實現「公益社會、永續福利」的政策願景。　謝東閔先生的故居作為二水家政中心，因為他無私的奉獻，有了全新的生命和意義，可以繼續發熱發光，這是身為首位本省籍副總統的遠見，和對地方、對自己家鄉真心的付出。二水家政中心作為二水鄉對外一處重要的窗口，可說與時推移，每一階段扮演不同的角色，其發展更和二水息息相關。有好山好水的二水鄉，在工商業發展不易下，朝建立醫養教合一的社區長照示範中心，使得「老者安之」，　謝東閔先生的故居——二水家政中心，無疑的，又是站在推手的關鍵地位，以落實社區長照的民生主義建設。

第二十九章　建設小康社會　邁向大同世界

前言

　　根據大陸《新華社》二〇一〇年五月二十二日報導指出，大陸的基尼係數已從改革開放初期的零點二八上升到二〇〇七年的零點四八，這兩年又不斷攀升，實際已超越零點五的警戒線，形成社會貧富落差的加劇。基尼係數是國際社會用以衡量一國收入分配公平的標準，一般認為，超過零點四，表明財富已過度集中於少數人。國際社會認為，若低於零點二表示收入絕對平均；零點二至零點三表示比較平均；零點三至零點四表示相對合理；零點四至零點五表示收入差距較大；零點六以上表示收入差距懸殊。國際通常把零點四作為收入分配差距的「警戒線」，超過「警戒線」時，貧富兩極分化較容易引起社會階層對立從而導致社會動盪。

　　根據大陸人民銀行的統計資料，大陸「政府存款」專案的資金額從一九九九年的一千七百八十五億元，一路上升到二〇〇八年的一兆六千九百六十三億八千四百萬元，猛增九點五倍，但民眾勞動報酬和居民儲蓄所占的分額越來越萎縮。據中國人民銀行統計，二〇〇七年中國企業儲蓄占國民收入的比重從十年前的百分之十二上升到百分之二十三，而家庭儲蓄所占比重卻一直徘徊在百分之二十左右。其次，中國的財富愈來愈向少數人集中，而工農基層民眾收入偏低。財富越多地向管理層集中，而廣大職工卻沒有相應提高收入和福利。中國百分之一的家庭，掌握全國百分之四十一點四的財富，財富集中度遠遠超過美國等其他國家，對社會的衝擊值得正視。

　　大陸人力資源及社會保障部二〇一〇年六月公布的統計：大陸城鄉所得差距為三點三倍，隨著中國貧富差距不斷擴大，社會矛盾愈加尖銳，也

帶來經濟風險，同時，還將造成民眾的嚴重不滿和社會秩序的震盪不穩，急需採取措施從根源施治。

　　大陸國務院強調：二〇一〇年起，重視發展社會事業及均衡城鄉建設，將是重點工作。力圖將重心移轉至基礎的社會福利，解決「國進民退」的現象。重視農業，以「新農村建設」縮短城鄉差距，培育大學村官投身農村建設，皆屬達成「全面建設小康社會」的必要作為。究此，兩岸能由經驗交流，相互借鑑，優勢互補，將可促進中國現代化的途徑穩健可期。

壹、大陸全面建設小康社會

　　一九七九年十二月六日，大陸改革開放和現代化建設的總設計師鄧小平領導人在會見日本首相大平正芳時，創造性地提出二十世紀現代化建設的目標是實現小康。從那以後，實現小康目標、全面建設小康社會，成為大陸社會發展的主軸建設中國特色最基本的實踐活動。經過三十餘年的發展，綜合國力大幅躍升，人民生活明顯改善，國際地位顯著提高，實現總體小康，正在全面建設惠及十幾億人口的更高水平的小康社會。

　　二〇〇七年，領導人胡錦濤在黨的十七大報告中強調：「在新的發展階段繼續全面建設小康社會、發展中國特色社會主義，必須堅持以鄧小平理論為指導，深入貫徹落實科學發展觀。」他從經濟建設、政治建設、文化建設、社會建設和生態文明建設五個方面，提出了實現全面建設小康社會的一系列新要求、新思路、新舉措。其內容為：

一、必須根據科學發展。用「小康、溫飽、人均」這樣的概念來描述我們的現代化目標，提出了全面建設小康社會的新要求，按照既定的目標一步步地實現小康，順利完成每一個階段性目標的任務，根本原因就是做到了實事求是。

二、必須堅持以人為本。小康，是中國傳統社會普通百姓對一種美好生活的追求與嚮往。「小康」這個詞，很直觀，老百姓最理解，感到親切。他還認為，小康社會的一個根本前提是共同富裕，不能

只是少數人富裕起來，提高占人口百分之八十的農民的生活水平是關鍵。用小康社會來定位一個時期中國現代化建設的戰略目標，是一個新的角度，要從最廣大人民群眾的根本利益出發，建設惠及全體人民的小康社會；強調科學發展觀的第一要義是以人為本，要樹立正確的政績觀，把發展的成果落實到人民群眾生活的提高和改善上來；要採取各種措施，使老百姓得到看得見、摸得著的實惠。

三、必須堅持世界眼光。從國際比較中確定我們的戰略目標，提出以信息化帶動工業化，走新型工業化道路的發展戰略；提出以人為本、科學發展、和諧社會等新的發展理念。

四、必須堅持全面發展。第一，人民的吃穿用問題解決了，基本生活有了保障；第二，住房問題解決了；第三，就業問題解決了；第四，人不再外流了；第五，中小學教育普及了，教育、文化、體育和其他公共福利事業有能力自己安排了；第六，人們的精神面貌變化了，犯罪行為大大減少。

為達成「全面建設小康社會」，在新世紀新階段，必須認真解決好「三農」問題，著力推進新農村建設。要處理好發展農村生產力和促進農民增收的關係，推動農村產業全面協調發展，加大對農民增收的支援力度，加快農村教育、科技、文化、衛生等社會事業發展。要處理好加大外部支援和挖掘農村內部潛力的關係，不斷增加對農業和農村發展的投入，激發農民自主創業的潛能。要處理好調動幹部積極性和調動群眾積極性的關係，引導農村基層幹部增強本領、埋頭苦幹，有效發揮農民群眾的主體作用。要處理好抓緊當前工作和著眼長遠發展的關係，辦好農民群眾最關心、要求最迫切、最容易見效的事情，解決好農業和農村長遠發展中的根本性問題，不斷開創建設社會主義新農村的新局面。

大陸國務院指示：「建設社會主義新農村必須落實好黨的農村政策，深化農村改革。要把中央近年來出臺的扶持『三農』的各項政策措施落到實處，充分發揮政策對推動新農村建設的效力。」

中國農業現代化道路，要把農業現代化道路作為基本方向，便是：讓農民更富、農業更強、農村更美，讓全國農民更好地共用改革發展成果。要建立以工促農、以城帶鄉的長效機制，形成城鄉經濟社會發展一體化新格局，明確提出了城鄉經濟社會發展一體化新格局的重要目標。農業建設要以政府為主導，以鄉鎮為依託，以村屯為重點，加強鄉村文化及設施建設，使縣、鄉綜合文化站的硬體設施水準有一個全國基準。為進一步激發廣大農民投身現代農業建設的積極性，切實解決農民的實際問題。

值得關注的是，農業部將通過高校等教學機構，招收十萬名初中以上文化程度、從事農業生產經營的農民，採用業餘培訓方式，培養十萬名農村實用人才。同時，在全國選擇一萬個村、每村四十名以上的農民，進行新型農民科技培訓。建設新農村是大陸「以人為本」發展思路的重要體現。

大陸新農村建設將為兩岸的交流與合作提供機遇；在大陸農業提高科技含量的過程中，臺灣先進的農業技術將可提供大陸參考之用；在大陸農村交易市場、批發市場的建設過程中，可充分借重臺灣的管理經驗、行銷渠道方面的優勢；在參與新農村基礎設施建設方面，臺灣在資金、設備、機械方面都具有相當優勢。臺灣在發展農業方面取得的經驗，對大陸正在實施的新農村建設有一定的借鑑意義。如在一些農業較發達的省分，可改變傳統農業的做法，借鑑臺灣的經驗，積極朝向品種、品質、品牌「三品農業」發展道路；大陸在發展休閒觀光農業方面也可借鑑臺灣的成功經驗。同時，兩岸進行技術、管理、經驗方面的交流，相互促進，共同發展，從而實現雙贏的結果。

貳、借鑑臺灣推動小康計畫的成功經驗

臺灣省小康計畫（The Plan to Help the Needy in Taiwan）為臺灣省消滅貧窮計畫綱要，於一九七二年臺灣光復節，由當時省政府主席　謝東閔先生宣布實施。小康之境雖不若大同世界的深厚崇高，但卻為邁向大同境界必經的歷程。以二十世紀七〇年代臺灣的社會狀況，乃以我國傳統小康之

名與內涵，並以家庭為基本照顧單位，連結鄰里社區現代化及社會政策的推動，得便因應當時臺灣社會全面提升，積極朝向民生經濟建設，與生活文化品質的提升的目標。對於救窮之道，認為消極性的救助，只是維持貧窮者的生存，不能轉變其環境，更不能防止貧窮的產生，實踐「給人一條魚，只能吃一餐；不如教他釣魚，則可享用一生。」也就是要教困境中的族群謀生的技能，才是根本之道。若能激勵民眾勤儉持家的精神，以及人窮志不窮的信念，一定能順勢開發民眾的潛能，跳脫困境的挑戰，促進社區生產力。

小康計畫排除傳統制式慈善性救助，透過個人家庭背景、體能、性向、專長等客觀分析而依不同需求，有的需照顧老人、幼兒，無法外出，有的體能反應不適擔任工廠生產工作；於當事人根據情況提出申請之後，承辦人員依據訪視、審查、與分析，分別提供家庭手工業、媽媽教室、農村副業、小康農場、小本創業貸款、小康市場、分配攤位、以工代賑，並由社政及農會家政工作人員或產銷人員指導引領。此外，根據貧窮問題系統分析圖例可知，住家不理想及家長教育程度低且無專長訓練是致貧的主因，「小康計畫」執行要領如下：

第一，採標本兼治，消極與積極並重方式，著重於積極輔導生產、就業，對老弱殘障無生產能力者，則給與適當救助與照顧。小康計畫係針對以上的致貧因素提出除貧的計畫構想，計畫採取兼顧消極以及積極救濟方式，以救助、安置、生產、就業、教育訓練作為根本措施，對於有工作能力者，著重在積極的輔導從事生產，對於無工作能力者，給與適當的救濟。不同機構在村里間共同工作，社區組織互相連結。相互協商，徵詢社區內的組織與人民的意見。提供案主不同的機會或空間，使之能自助並互助。

第二，發揚社會仁愛精神與激發貧民自立自強精神，並配合輿論界的宣導，結合成整體力量，找出問題與需求。接納各界對於小康計畫的意見，或是民間機構可以透過仁愛信箱，提供技藝訓練或就業機會，連同收容安養、家庭補助、貧民施醫、精神病患收治、殘障重建、創業貸款、職業訓練、家庭副業輔導等措施。讓社區案主成員認識自己並發揮本身已有的技

術和知識；訓練社區居民為達成目標而所需的技巧。協助案主發展因應的技能，以處理他們在特殊境遇中的瓶頸。

第三，培養社區人士參與地方服務的管理網絡，培育社區組織村里鄰長彼此建立相互連結系統。地方扎根服務以村里鄰為場所，給社會大眾辦夜校，強化家庭生活與衛生教育並授以職業技能，一方面使他們變成良好的公民，另一方面並設法激發民眾保存中華民族固有勤勞文化之優點。

第四，組織仁愛工作隊，由社會熱心人士或學校機關團體的員工、師生所組成的服務團隊，利用假日訪問、關心貧戶生活狀況，深入了解貧窮原因，並協助其解決困境，希望藉此透過政府以及民間的合作可以最大化脫貧的效果。協助改善特殊境遇的民眾，做到自立自強，社會各界全力支援配合，互相支援配合，發揮團隊精神。

第五，運用社會工作之科學方法，提供統合性的福利服務，奠定並完成階段性專業化的福利工作。

第六，教育脫貧——輔導接受教育：加強輔導、鼓勵貧戶學齡兒童入學，增加其知識，以累積其人力資本。提供就學貸款，鼓勵貧戶子弟就讀技職學校，如成績優異者免除學雜費並贈與獎學金。辦理貧民成年補習教育，培養勤勞精神，灌輸現代生活知識，以增加其謀生能力。

第七，尋求資源統合運用：根據居民組織或團體依其需求來開發和連結外部資源，獲得經濟貿易上的資源及專家的協助。針對有工作能力但無技能之貧民，由農、工、商等職業學校辦理職業訓練，促進其技能，以利輔導就業，透過政府與工廠業主合作辦理職業訓練，學成之後在原工廠就業。另外還可以鄉鎮劃社區為單位，設立小型工廠就地辦理職業訓練並輔導就業。

第八，善用社會資源發揮助人目標：小康計畫的「資本」部分來自國內漲價歸公的土地增值稅，細心規劃並妥善利用外國援助。推動市場經濟，擴大了臺灣全球經濟貿易的範疇，對於國家正在實行的脫貧政策、改善國民基本生活水準，亦十分重要。

　　第九，運用社區為載體，動員社區企業組織：發動社區的力量，辦理社區的救助工作；倡導家庭副業，推行「客廳即工場」增加家庭生產；辦理社區托兒所，讓有工作能力之婦女有時間從事生產，以及社區內的「以工代賑」方案，社區內的興建公共設施，優先僱用貧民從事建設。

　　第十，激勵文化價值核心：小康計畫的任務之達成，歸根究柢是當時的主政者於公共救助的議題上重視人性的需求，包容不同族群的差異性，積極激勵文化價值核心，即勤儉美德，倡導均富，同步重視臺灣農村與都會，經濟與社會發展共生互惠運作的問題，始能在貧富兩個世界與龐大科層組織裡有效執行方案細則，貫徹工作。

　　第十一，尊重人性，以人為本：它包容尊重人性的尊嚴，不論貧富地位，都能有尊嚴和諧共榮，排除貧富之分，而非對立抗斥。它鼓勵民眾發揮自信，因此自我形成一種有機體系，健康地營造融合工作倫理，跳出貧窮的泥沼，突顯臺灣本土文化中無所謂的貧窮文化（culture of poverty），發覺並成長民間智慧。它排除了相對貧窮（relative poverty）及相對剝奪（relative deprivation）的社會不平等的情結，啟動轉化了解決貧窮問題的原動力。扭轉生活化的小康藝術文化，引導締造生活的打拼觀念與態度，為臺灣中小型企業文化灌注生命意義與價值。

　　第十二，一九七三年，臺灣省政府頒布《臺灣省各社區推行媽媽教室活動實施要點》，陸續在全省各社區推廣媽媽教室活動。實踐大學所屬二水家政中心成立之後，戮力推展媽媽教室研習課程，成為全省媽媽教室研習訓練中心，這也是實踐大學創辦人　謝東閔先生將二水家鄉故居捐獻社會以改為媽媽教室人員訓練場所。　謝東閔創辦人深受中華文化薰陶，認為母親為家庭之本，家庭也是人類第一個學習接觸的場所，培養一位稱職的媽媽，就能健全一個家庭，家庭健全社會自然安康祥和。因此，家庭教育是一切教育的基礎。媽媽教室活動是由社區、學校或家庭提供媽媽一個學習的園地，且由專家或有經驗的媽媽授予生活新知或技能，因此也是一種家庭教育、社區教室、家政教育與親職教育。媽媽教室的課程規劃包括(1)

倫理教育、(2)家政指導、(3)衛生保健、(4)生產技藝、(5)休閒康樂、(6)福利服務、(7)家庭法學、(8)生活新知等。

臺灣的小康計畫的特色是以家庭及社區為中心，緊密與社區各機構脈絡工作結合，推動各項救貧防貧方案。小康計畫達成了階段性成功的社區發展輔導工作方案，協助民眾度過危機，提供因應的資源策略。小康計畫有助於我們對臺灣的社會力及經濟趨勢的展望，重視社會福利乃是社會資本的累積、人力資本的提升、社會基礎的穩定及社會安全的維持。社會救助相關業務部門應積極進行政策與方案的整合與協調，避免福利服務的提供發生片段，並調和所得維持社會服務的功能。強化人力資本的投資，提高職業訓練的效果，連結經濟發展。同步創造就業機會，提升青年、中高齡人口群的就業能力、鼓勵創業，公民美學、知識社會的落實。

參、大陸培育推動「全面建設小康社會」的人才

當前兩岸高等教育的發展，正從菁英走向普及，從管制走向開放，從一元走向多元。同時，也由於社會的變遷，產業的轉型，觀念的更新，將對高等教育產生巨大的衝擊。放眼全世界的高等教育，各國亦都朝著更開放的方向發展，盡可能讓更多的國民共享學習的機會。因此高等教育機構宜謀求調整功能並建立新的運作架構，以因應社會變遷與發展的需求，作適時而必要的全面調適。尤其是，新世紀的高等教育宜營造更具前瞻性、理想性與務實的發展環境，以適應新時代、新社會的需求，使高等教育機構更能發揮其應有的功能，培養專門人才，服務社會，進而導引社會進步與國家發展。

隨著大陸的改革開放，社會快速發展，引起城鄉落差，在面對農村建設，組建培育村官人才，選聘高校畢業生到農村工作，期待這群大學生可以在農村做事、創業，發揮一些作用，因此學校展開培育工作，讓他們有明確的崗位職責，例如有關新農村建設的任務，當地產業發展規劃，創辦

專業合作組織、經濟實體，配合完成社會治安、計畫生育、管理檔案、文件資料起草、設備網絡維護、村務重大事項討論等工作。一則解決「三農問題」，另則藉由大學生下鄉以期達成——全面建設小康社會。

大陸自二〇〇六年起實施村官計畫，中組部更決議在二〇〇八年起以五年的時間培養十萬名大學生村官到農村去服務，每年遴選二萬名，原則上由省區市一級組織、人力資源和社會保障部門、團委統一組織實施或省、市兩級組織、人力資源和社會保障部門、團委共同組織實施，各地根據中央有關部門分配的選聘名額，嚴格按照規定的程序和條件進行選聘。同時，也可結合實際需求，自行選聘一定數量的大學生「村官」，而各地自行選聘的大學生「村官」，也要嚴格選聘條件和程序，確保選聘質量。期待村官能在基層中快速成長，成為農村建設與管理的生力軍。

相對來說，有農學背景的大學生「村官」下鄉初期更容易顯現作用，但是從長遠來看，是否熱愛農村基層工作，是否掌握了農村工作方式方法，才是影響大學生「村官」為群眾服務效果的關鍵，因此對大學生「村官」的培訓，重點是幫助他們盡快適應農村環境，盡快進入工作角色。政府在《長效機制意見》中規定，各地要把大學生「村官」納入整個幹部教育培訓規劃，建立健全崗位培訓制度，制定年度培訓計畫，讓每位大學生「村官」都要進行下鄉前培訓，每年至少安排一次工作培訓，累計時間不少於七天，在培訓內容上要對教育、科技、農業、人力資源和社會保障、扶貧等部門積極組織進行學習成長。

新農村建設的「新」，可概括為新技術環境、新自然環境、新體制環境、新分工環境和新居民主體。建設新農村的核心任務是發展農村經濟。沒有農村經濟的發展，就沒有新農村。當農村朝向全面建設小康社會，所涉及政治、社會、文化等領域的改革，是一次重大的制度創新和社會變革，要在試點的基礎上全面推進。因此，村官除了須具備理論背景與文化素質外，更希望能夠培養出臺上能演講，臺下能談心；能招商引資，也善走街、串戶、排解民怨、爭取民心的能力。相較於傳統農村的村官體制，這批新村官無疑為大陸農村帶來一番新氣象。從越來越多的省分或地方徵選村官、

越來越熱絡的大陸村官論壇，年輕的村官正在以一股熱情、理想與具體的行動在改變傳統的農村風貌。不管是農業技術、公共衛生、肥料使用，土地規劃等中央政策宣導時，發揮積極作用。

二〇〇九年十二月，安徽省社科院社會學所專家對安徽大學生村官工程實施狀況和大學生村官群體的工作狀況進行了調查研究，對黃山、滁州、阜陽三市進行問卷調查和實地調查，結果顯示大學生村官工程實施以來，在促進大學生自身成長與農村發展方面發揮了積極作用，但在取得成效的同時，大學生村官工程在基層的實際操作中也開始顯露出不足；四成大學生選擇當「村官」只因為就職難；任職期滿後，只有兩成願意繼續留在基層；七成大學生村官認為自己所學知識在基層用不上。

安徽省社科院社會學所從研究調查結果來看，大學生村官有的著眼於發揮本地區的區位優勢和產業優勢，加快產業調整升級，推動了當地經濟發展；有的承擔文祕檔案、戶籍管理、計畫生育和民主選舉等重要工作，提升了農村工作管理的規範化和資訊化水準；有的組織開展了豐富多彩的文化活動，對農村形成健康文明的生活方式發揮了明顯的示範帶動作用。

大學村官參與新農村建設的實施成效，雖已有成果，然而亦有待提升之處。包括：

一、百分之四十八的村民認為農村最需要「有組織能力、能夠維護農民利益、促進村民當家作主的人才」，其次是懂農業科學技術的人才和帶領村民致富的人才。

二、而對在任大學生村官的適應能力調查顯示，百分之三十二的村民對大學生村官表現不滿意，認為他們實踐能力欠缺；百分之七十二的大學生認為自己一直沒有找到發揮作用的平臺，所學知識用不上。

三、大學生進村不僅是村官，更應是技術員。目前農村最缺乏的是農業經濟人才，但在大學生村官選聘中由於過於偏重政治素質，對專業因素考慮較少，致使現有村官素質與農民現實需求存在差距。

四、在培訓方面，中央規定各地要把大學生村官納入整個幹部教育培
　　訓規劃，但具體實施效果並不盡如人意。儘管安徽省對大學生的
　　培訓提出了一系列措施，比如「傳、幫、帶」，設立大學生官網促
　　進交流等，但是現有工作體系在時間安排、培訓機構設置、流程
　　機制、培訓專家隊伍、知識體系等方面均存在缺陷，亟待解決。

五、安徽省大學生村官最需要的培訓分別為「農村創業知識」、「組織
　　和管理能力」、「項目管理和申請」、「農村實用技術」、「農村法律
　　知識」、「農村經濟與產業」、「農村工作方法」等。

　　這也顯示了絕大多數現任大學生村官各類實用知識需求旺盛，迫切需
要開展多樣化培訓。對此，專家建議，大學生村官的培訓，實踐經驗比基
礎知識更有用，不僅要突出重點分類培訓；還可以整合教育、科技、農業、
人力資源等部門資源，拓展渠道；編製科學實用的培訓教材，建立培訓基
地；舉辦論壇、考察等。此外，「走出去實地考察」更是很多大學生村官的
心聲，能夠去優秀示範社區與新農村建設的典型村莊進行實地考察取經學
習，能讓剛從學校裡出來的大學生對即將面對的工作環境與實務有更直觀
的認識與了解，方便他們盡快熟悉和上手。

肆、高校優勢互補共建和諧社會

　　大陸自十七大宣布農村學童從小學到初中的九年教育學雜費全免，旨
在減輕農民的負擔，期待在沿海地區「富起來」之後，將重點轉放在發展
中西部與偏遠地區，讓農村能夠富裕起來，並完成全面小康目標。要促使
城鄉均衡發展，邁向「全面建設小康社會」，在這樣的過程中「教育」扮演
相當重要的角色，不但要培訓下鄉服務的大學生村官，同時也要針對農村
民眾提供教育學習的機會。大陸的大學生「村官」計畫，其本質與意涵正
與臺灣在六〇年代開始推行的媽媽教室與小康計畫一致，臺灣的小康計畫
是以防貧、脫貧為宗旨，推行「家庭即工場」、鼓勵創業、輔導就業，住宅
興建、提供救助安置、政府優惠貸款及相關教育訓練為主要，計畫推行了

六年後臺灣從實施時的近七萬五千戶貧戶銳減為七千戶，可以看到小康計畫良好的績效；媽媽教室則是從家庭的實質生活層面開始，提供婦女衛生保健的知識，增強農業生產與技藝的能力，改善家庭與美化生活環境，甚至包含兒童教育及學前教育的課程，這些內容都是與大陸的大學生「村官」在農村所要推行工作相互一致。

落實「小康社會」的理念，培養學員具備進入農村所需的文化能力（cultural capability），引導學員在一系列的學習經歷中，設計出適合當地農村的實作方案與行銷的能力。

第一，學習課程：提供臺灣社會小康計畫的實施內涵。

第二，思考課程：探討臺灣農村的成功經驗以為借鑑。

第三，行動課程：示範社區與農村建設考察，汲取經驗。

宗旨在培育具有倫理化、科學化、藝術化、經濟合理化」的建設及推動人才，以締造和諧的社會，建設富強的國家。進而創造一套具可行性與前瞻性的新農村建設實踐方案。

一、課程說明

本課程強調實體力行之精神，即王陽明先生所提倡之知行合一，即知即行之生活哲學。也是深感知識之延伸在於實務的運用，承襲於理論知識與技術實務兼籌並重的實用教學，更與相關產業具有良好互動與合作關係，讓所學的專業知識能在實務的工作崗位上有所發揮。新農村建設培育計畫，整合學習、思考及行動三大特性之下的學習性、討論性與回饋性的課程。規劃：

（一）創意特性的學習性課程

學習型課程以課堂中專題講座為主，內容如下：1.社區組織與發展，2.志工訓練與管理，3.小康計畫，4.方案設計與評估，5.倫理教育與服務，6.衛生保健，7.食品科技新發展，8.產業與創新管理，9.文化創意產業專題，10.創意設計。以上課程旨在培養學員的社會工作專業知能與進入農村所需

具備的文化能力（cultural capability），引導學員在一系列的學習經歷中設計
出適合自己當地農村的實作方案，不僅如此，更具有方案設計與行銷的能
力。同時，此方案加強對農業生產品與技藝創新的敏銳度及發展產業管理
的能力，課程中也提出推行衛生保健的知識與倡導身心健康的基本概念。

（二）思考特性的討論性課程

此課程以工作坊與社區、校外參訪為主，其中工作坊將設計團體動力、
個人自我成長認知與助人溝通等相關課程，並進行實務團體活動與討論，
促進學員職涯中的自我認識與發展，並協助學員能有效的與農民溝通，得
以提供適當的協助與服務。幫助學員了解農村的社區型態，增加真實的感
受與體驗。

（三）行動特性的回饋型課程

課程規劃以行動創造實質的回饋，小組分享為主軸，由先前的學習與
思考特性的課程內容進行討論，將課程所學經過討論與分享來刺激學員思
考，擴充更廣闊的思維框架，進而創造屬於因地制宜的可行性方案，這樣
的方案整合學習知識、實務教學、實地參訪與分組討論，創造適合自己當
地農村需求的方案。

整體課程以學習、思考與行動三大課程特性取向，傳統與現代兼顧、
人文與科技整合、通識與專業齊觀、本土與國際並行、軟體與硬體並重和
學校與社區融合，規劃出新農村建設中的人才培訓實踐計畫。如下圖：

新農村建設人才培育規劃構想

一、傳承：發揮擴大辦學特色

二、理念：參酌美國社區學院

三、內涵：老人/社區/婦女教育

四、方式：課室教學/實地參訪

五、整合：學校特色及教學資源

六、合作：結合社區發展協會

七、拓展：編撰教材、製作教案

八、作為：理念推廣至大陸友校

九、延伸：種子培訓、師資培育

十、強化：以社區為範疇

28

二、預期效益

　　針對新農村建設的靈魂人物──「大學生村官」培訓執行現況的了解，回應村官對「如何迅速有效融入農村連結人際情感」、「創造改革致富的有效組織」、「創意行銷、設計」等軟性知識的迫切需求，以及對農業社區成功轉型經驗、「實地考察」的具體期待，設計了一個具備「學、思、行」的培訓實踐計畫。

　　培訓計畫，在一流學者的專題講座中領略符合中國大學生村官所需且實用的知識，特別是小康計畫如何在大陸落實、創意行銷與設計等知識如何成功運用在農村的產業行銷工作上、臺灣的農村社區如何轉型成功的經驗，同時，透過社工系師資與資源，安排具有社會工作實務經驗與曾參與社區發展工作的資深社工員、社區指導員來擔任培訓課程的指導員，利用小組討論的時間與學員們討論白天課程所學，同時也安排了具備相關知識理論基礎的本校社工系碩士生或大學部四年級學生，共同陪伴成員參與課程及討論，在不同文化思考脈絡刺激下，經過討論與思辯，將臺灣當地的

成功經驗結合大陸村官既有的基礎之上，因地制宜，進而創造一套具備可行性與前瞻性的新農村建設之實踐方案。

結語

統整而言，本諸於「實踐是檢驗真理的唯一標準」，借鑑臺灣「小康計畫」到大陸「全面建設小康社會」的實踐，是一項強化社會本身的體質與競爭力的構思規劃；兩岸同心協力共同塑造社會建設的新價值與新文化作為，以協力發展兩岸高品質的人文素養及生活水準。臺灣小康計畫的精神與經驗正呼應著「民生是歷史的重心，文化是生活的核心。」此亦為推展新農村建設的精髓，全面建設小康社會的目標。

「思路決定出路，態度決定高度。」二十一世紀是一個知識經濟的世紀，也是一個全球化的時代，更是一個競爭激烈的時代。以今日社會觀察，臺灣的發展歷程，並非依憑物質資源及財貨資源，實賴人力資源。然而創造人力資本尚需教育啟蒙，尤其是全民的素養。「小康社會」所倡議的是社區居民在學習的作為中，發展出，帶動整個社會能永續發展。這項經驗應可以援引至大陸「全面建設小康社會」的發展，發揮保存、運用並創新的知識、精神、文化、歷史、地理的特色，進而使民眾開創美好的未來，所形塑的和諧社會，並隨時代的發展，融注於庶民生活之中，發揮敦厚尚禮的文化之邦，促使經濟更加發展、民主更加健全、科教更加進步、文化更加繁榮、社會更加和諧、人民生活更加殷實。兩岸攜手合作共同達成我民族同胞所期待「安居樂業」社會的典範，以為中華民族與中華文化創造輝煌的新頁與篇章。

上｜彰化二水家政中心書法班受邀到敏惠醫專推展書法活動。
下｜彰化二水家政中心指導民眾運用草繩編結水牛栩栩如生。

上｜彰化二水家政中心邀請民間藝人辦理稻草美學研習活動，與社區民眾共同編織草繩水牛，以傳承農村攜手合作團結協力精神。

下｜彰化二水家政中心能結合傳統文藝，推展書法活動，充分發揮社區教育的積極功能。

第三十章　邁向文化大國的建設

前言

「一個民族的偉大在於能以文化為根基，方能淵源流長；
　一個民族的振興在於能以文化為基石，方能安家興邦。」

　　文化不僅是生活的匯總，更是生存的依託。中華文化源遠流長、亙古不衰，具有精神聚焦的特質和久遠傳播的生命功能。經史子集的宏論，九流十家的哲學、老莊孔孟的道德、韓柳歐蘇的策論、左班司馬的史學、程朱陸王的義理、杜李王韋的唐詩、綺麗清新的元曲、氣象萬千的小說，都能使我們在潛移默化中淨化心靈、提升精神境界，不僅使我們感悟人生哲理，懂得為人處世的準則，還可以添加才氣靈氣，增長聰明智慧。

　　四書典籍包蘊著中華文化的精髓，而《大學》乃四書之首，其中第一章即言：「大學之道，在明明德，在親民，在止於至善。古之欲明明德於天下者，先治其國；欲治其國者，先齊其家；欲齊其家者，先修其身；欲修其身者，先正其心；欲正其心者，先誠其意；欲誠其意者，先致其知。致知在格物，物格而後知至，知至而後意誠，意誠而後心正，心正而後身修，身修而後家齊·家齊而後國治，國治而後天下平。自天子以至於庶人，壹是皆以修身為本。」由小至大，逐步漸進。而「物有本末，事有始終，知所先後，則近道矣。本立而道生。」

　　中華民族以家庭為社會單元形諸久遠；然而隨著時事遷移，家庭與社區互有所長，社區成為生活的重要領域，亦是文化展現的社會單元。社區文化是一個社區得以存在和發展的內在要素，亦傳承著中華文化的核心價值。它是人們在社區這個特定的地域性社會生活共同體中長期從事物質與

精神活動的結晶。一個社區的風土人情、風俗習慣、經營方式；社區成員
的心理特質、為模式、價值觀念等無不體現著社區文化。為期傳承中華文
化實賴社區予以發揚，談文化建設，「社區」是一重要的落實點。「社區」
並不是狹隘的村社部落，「社區文化」更不是民俗廟會活動而已；「社區」
是我們的「生活家園」。過去，在農業社會裡，我們說「家園」，指的是自
己的住家和田園；今天，每一個人的家園，就是我們居住所在的社區空間，
讓每個社區都能成為守望相助、敦厚崇實的文化家園，成為大家所期盼堆
壘建設文化大國的文明社會。本文根植於此，對中華文化於社區建設的實
踐略加陳述，以應全球化時代，中華文化的振興與發揚。

壹、中華文化的核心──〈禮運・大同〉章

　　文化是為個體參與社會，與他人互動的依據。而社會本身是文化的直
接表現和具體作為。文化存在的方式和發揮作用的領域是文明。社會歷史
過程要在物質因素和精神因素、人與自然、人與社會的相互聯結、相互作
用的統一之中才能達成，因而文化成為社會職能體系。中華文化的概念，
乃是由極具差異的眾多族群、地方土著及外來移民的各種文化宗教特徵，
經過長期交流與融合而衍變生成的社會價值系統，成為統一的「民族記
憶」。若就其核心則以〈禮運・大同〉章為代表，「大道之行也，天下為公，
選賢與能，講信修睦，故人不獨親其親，不獨子其子，使老有所終，壯有
所用，幼有所長，鰥寡孤獨廢疾者皆有所養；男有分，女有歸，貨惡其棄
於地也不必藏於己，力惡其不出於身也不必為己，是故謀閉而不興，盜竊
亂賊而不作，故外戶而不閉，是謂大同。」〈禮運・大同〉的開務成務，以
天下為公建樹社會的樞機，創設天下一家的共同生活制度。據當代史學家
錢穆在《中國思想史》一書裡說：「〈禮運〉其代表了古代新儒家思想。根
據儒家態度，要來解決全部複雜的人生問題，而求達到一理想人生的新境
界，完成一理想的人文社會的烏托邦。」〈禮運・大同〉一方面說明必須建
立一個持續道德價值觀繼續存在的社會，並針對這應時之際的小康社會，

討論要如何才能把一切做得好，使它基本上可以照料人民。但若把「大同」
和「小康」二章對照，就會發現儒家是論述大同社會的理想，必須由確立
小康再到大同。儒家崇尚建立「仁」的人生，並崇尚一個人人可以從良心
出發做人做事的社會，確保任何一種社會制度皆可因此而趨向公正，以使
人生活在安定繁盛、分享財富和平等互助的世界。所以，〈禮運‧大同〉內
含儒家以至中華民族的各種道德價值觀以及社會理念，說明中華文化把「大
同」視為最理想的社會。透過中西文化的比較更能看到這其中的差異與特
質，如下表：

表 30-1　中西文化的比較大要

項目		西方文化	中華文化
價值	對內	自由、平等、人權、法治、制衡	誠信、忠孝、仁愛、信義、禮數、責任、和善
	對外	強權、實力、先進、占有、控制	恩威並施、以德服人、懷柔友善、道義互惠
取向		目的性，工具性	價值性，情感性
特質		1.個體與全體的對立性 2.防範集體或個人權威的壓迫，發展了民主與法治 3.對外為利益與權力擴張，加速的成為強權 4.對內民主對外霸權	1.強調的是大對小的關注與小對大的信賴 2.道德的五常倫理轉化為政治上的三綱體制 3.整體的和諧化，上下的溝通協調，左右的相互合作互惠之路 4.把自由民主與社會和諧及道德責任結合在一起來發展社會
實例		1.希臘城邦各自發展有利自我生存繁榮的政治體制 2.羅馬帝國的發展則導向了專制獨裁的軍法社會 3.資本主義以及科技發展在其工具性上形成了目的性	1.儒道文化：道家進行了人與自然的整合，儒家則關注人之在社會中的價值實現，發揮了人性中的共同價值積極進取。 2.王道作為：「先求諸己，然後求諸人」，「返身而誠，則善莫大焉」。

（資料來源：作者整理）

　　中國文化的特徵是一種「自主自強之德、返本之德、創化之德、求同存異之德、包容之德、信任之德。然後開展仁道，尋求義道，建立禮制。」孟子曰：「以力假仁者霸，霸必有大國。以德行仁者王，王不待大——湯以七十里，文王以百里。以力服人者，非心服也，力不贍也；以德服人者，中心悅而誠服也，如七十子之服孔子也。《詩》云：自西自東，自南自北，無思不服，此之謂也。」亦即行為的規範，在乎個人的修己以及人，知己以安人，推己以立人。至於如何最終解決人類的福利、世界的和平問題，從儒家的觀點，在發揮「子帥以正，孰敢不正」的精神，以示範代替強加。足見以儒家傳統思想為核心的中華文化，在二千多年前就已經了解「軟實力」的重要性。

　　中華傳統文化與社區教育有著密切的關聯，表現在二個方面。首先，中華傳統文化幾千年來歷來是教育的基本內容，同時也在教育中不斷積累、豐富、解釋、梳理和發展，同樣也為今天的社區教育提供了一種本土化的文化教材，拓寬了社區群眾接觸、交流、學習和實踐傳統文化的機會。而社區教育則為傳統文化在基層的傳播提供了社會化教育平臺，為傳統文化走入現代群眾生活提供了教育通道。其次，二者之間存在互促共進關係。中華傳統文化依託社區教育得到傳承、豐富和發展，打破了在少數專才中傳承的局限，更加緊密地融入群眾生活，走入大眾時代。社區教育則借助傳統文化的力量，加速了自身的鄉土化進程，拓展了實踐的深度和廣度，提升了教育的人文內涵和道德影響力，同時也在世界社區教育運動中增添了中國元素和中國特色。

　　中華傳統文化走入社區，形成一股新的「社區傳統文化教育」風潮，為社區教育實踐注入了活力，也對社會建設和社區發展產生積極的作用。

一、有助於深化社區建設的文化內涵

　　和諧社區建設呼應傳統文化和人文精神的賦歸。我們構建和諧社區，面臨的最突出問題就是社會發展的新趨勢，以及「以民為本，以民生為重」的核心價值。而社區建設作為面向生活、服務居民的實踐方式，正積極將

中華傳統文化精髓引入社區，力求實現弘揚傳統文化、提升民眾素質、促進社區發展三者的有機融合和同步推進，以期對社會建設產生積極推動作用。這種體現社區的傳統文化，從草根著手，從基層入手，潛移默化中對作為社會基本單元的社區進行文化的營造，以催生具有時代精神和民族特點的社會文化。

二、有利於提升社區民眾的文化傳承

社區是介於國家社會與家庭團體之間，為現代人追求居住環境品質，提升品味的基礎單位。社區是最基層，最小規模的共同體。培育公民的社會意識可以自社區開展，用群眾能接近和接受的方式，把優秀文化展現在群眾面前，促進民眾素質的提高，不僅修身養性，也形成一種重視傳統、發揚光大的社會意識。中華文化以「孔孟之學」為核心，以「禮運人同」為理想，強調文化自社會而來，又發揮著社會功能，使人們透過不斷自我啟蒙，促進社會循文明向上提升。

社區發展是一種多目標、長遠性、綜合性的社會建設事業，旨在透過社會運動方式與教育過程來培養社區意識，啟發社區民眾發揮自動自發、自助及人助的精神，貢獻人力、物力、財力，配合政府行政支援、技術指導，以改善社區居民之經濟、社會、文化等環境，提升其生活品質。觀諸臺灣社區建設的發展分為幾個時期：

表 30-2　臺灣社區建設的發展時期

類別	時間	主軸	特色
倡議社區	五〇、六〇年代	政治力	政府採取集中一元的治理，政治表現強調由上而下，以帶動社區集體意識的凝聚與發展。
生活社區	七〇年代	經濟力	高度工業化為臺灣創造經濟奇蹟，然造成的外部性使逐漸個別性需求萌芽。
文化社區	九〇年代	文化力	加入文化與價值元素，追求精神層次的意涵。
福利社區	二千年	社會力	隨著政黨輪替，展開一連串福利的社區運動。

（資料來源：作者整理）

　　若要產生效益就得做好內部扎根、外部傳播工作，進而召喚更多志工和專業工作者的加入，要體現與達到預期目標，就必須將「以人為本」的原則貫穿於服務活動之中。這不僅表現在應以最大限度地滿足社群成員日益增長的物質、文化需求為立足點，以完善地強化人的整體素質，促進人的全面發展為根本目的，進而滿足其社會參與、社會交往、文化娛樂、醫療保健、心態調適等發展需求，使社群服務進一步朝著為居民創造一個安全、健康、舒適、方便、優雅的社區發展來建置社會。倡導、培育成員社會責任意識與社會發展觀念，發揚社會參與自助互助精神，從而提高其人文素養與程度，努力發揮自身優質潛能，建構優質的生活環境。

　　總體而言，臺灣地區從正式推展社區發展工作以來，大抵是一個以基礎工程建設為主軸，且「由上而下」的發展方式；而社區活動也多是「自利型」、「受惠型」、「消費型」和「自我成長型」之層次。近幾年來，因為人民經濟及教育水平的提升，而產生了福利社區化的要求，也開始出現了社區發展「由下而上」的轉變，「利他型」、「互助型」和「公益型」的社區行動也逐漸獲得了響應。今天的社區建設正在不遺餘力地為群眾創造安居樂業的良好環境，在提高人民生活水準和生活品質上，發揮著服務作用，在促進經濟和社會協調發展、社區營造與發展上，發揮著推動作用。

貳、社區工作的體現——社區建設

　　實踐大學創辦人　謝求公一心期盼我國能傳承中華文化邁向「文化大國」，於一九七二年出任臺灣省政府主席，便揭示：「現在世界上有所謂『政治大國』『軍事大國』『經濟大國』均以富強為目標，所重視的是物質的發展，只知有國而不知有天下，人受物慾所驅使，爭權奪利的結果，只有增加人類社會的不安。我國自古以來，便建立了『修齊治平』的政治哲學，『身修而後家齊，家齊而後國治，國治而後平天下。』所重視的是人與人的關係，講求道德倫理。以修身為起點，進而求一家、一國以至天下的和諧，循序推進，以達到世界和平為目的。我們的祖先既早就選擇了這樣正確的

方向，經數千年來的努力，中國文化有其輝煌的成就，已為我們奠定了『文化大國』的基礎，因此我們有能力去建設『文化大國』，要實現這　理想，端在如何努力而已。」其高瞻遠矚及高風亮節仍指引我們社會的努力方向。

一九六五年政府頒布《民生主義現階段社會政策綱領》，確立了社區發展為社會福利措施七大要項之一，同時並明確規定「以採社區發展方式，促進民生建設為重點」。歷經多年推展，取得豐碩成果，為因應社會環境之變遷，使社區發展工作法制化，並期改變社區體質，使其更能達到民主、自治、自助之目標，於一九九一年修訂發布《社區發展工作綱要》採人民團體型態運作，協助地區成立社區發展協會，以推行社區公共設施、生產福利、精神倫理等三大建設。隨著社會的變遷，產生新的社會現象，為回應社會需求新的社會工作模式發展有其必要。

一、精神倫理建設

為凝聚社區居民意識，提升社區居民精神生活，由社區發展協會推動，辦理各種生活講座、社區刊物、兒童、青少年育樂休閒活動、婦女及老人健康活動、社區運動會、媽媽教室、民俗文化技藝活動、社區性福利服務等，以達成敦親睦鄰，促進社區居民互動的目標。貫徹心靈改革，推動精神倫理建設，倡導辦理多元化育樂活動以提供公民參與的機會，藉以拓展身心，不僅達到寓教於樂之效益，同時兼具淨化心靈之教育作用，俾以健全居民身心發展，增加民眾間之互動，引導居民迎向圓融健康之境域。藉由精神倫理建設的角度切入，民眾開始走出家門，主動去關心社區的人、事、物，社區的生活變得更為豐富與多元，社會工作人員則是從旁協助的推手，讓社區營造內化為社區工作。社區居民與知識分子投入家園再造的故事，在各地不斷上演，不論是為了兒童安全，齊力改善上下學路線，或是投入在地文史資料的採集、整理，大家的努力與付出確實令人動容。凝聚社區意識，改善社區生活環境，建立社區文化特色，由點而線至面，循序完成打造新故鄉，形塑新生活環境的理想。在檢視社會發展脈絡中，居民在組織的過程中，培育了民主精神及公共事務的能力。過去被忽略的「社

區」觀念，也就是凝聚共同體意識的問題，為了因應新時代環境的需求，以「人」為主體的社群概念，必須成為精神倫理建設的中心。精神倫理建設在社區生活中非常重要，其效果有：

表 30-3　精神倫理建設的功能

功能	內涵
改善生活品質	現代家庭日益核心化，透過公共產品的方式提供文化娛樂設施，可以有效地提升居民的生活。
促進民眾參與	透過精神倫理建設，促進民眾參與公共事務的積極性。以居民集體的方式為社區提供公共服務，參與公共文化活動之後，居民參與集體事務的熱情也得到提高。
發揮民主培育	精神倫理建設發揮了社區參與的作用，文化活動必須透過組織的方式來完成。社區居民經由研習討論，一起將社區過去或現在的生活經驗及產業文化予以記錄、傳承進而創新，也在不斷的交流討論中增加彼此的情感，提升居民對社區環境與人、事、物的關心。
發揮公共論壇	居民們在文化活動中聚集在一起，除了娛樂之外，也會自主地談論社區問題。發揮了公共論壇的作用，資訊得到有效溝通。

（資料來源：作者整理）

目前臺灣地區已設有社區活動中心超過四千餘所，提供社區辦理地方性青少年、婦女及老人活動，並作為社區居民平日休憩聚會之場所。協助社區發展協會充實社區活動中心設施設備，以加強社區活動中心之各種功能，使社區活動中心能對社區民眾提供有效且多功能用途的服務。社區精神倫理建設的工作種類有：

表 30-4　精神倫理建設的工作項目

項目	內涵
社區文教康樂活動	依據社區特色及需要，配合國家慶典、民俗節日、舉辦文化、育樂、藝文、民俗等活動，舉辦各種專題講座或自強活動，加強民眾對社區的向心力。
推展社區居民活動	由社區發展理事會負責計畫推動，內容如：慢跑、登山、土風舞、郊遊、太極拳、健身操及各種球類，或民俗才藝聯誼活動，或配合媽媽教室舉辦婦女康樂活動，配合社區長壽俱樂部選擇中、老年人的健身活動。透過組織學習來探討社區資源、凝聚社區向心力及建立共識。

社區青少年的服務	協調各校充實運動器材及設備，平時供校內學生使用，課餘及假日開放供社區青少年使用。寒暑假期間，舉辦青少年育樂營。組織各級社區童軍，進行各種訓練及野外活動，以啟發、陶冶青少年心智。為推動在地文化活動，鼓勵社區居民，不管大人、小孩、老人、男人、女人、親子及祖孫，學習傳統的文化活動。
社區媽媽教室活動	利用社區適當場所，成立媽媽教室，由鄉鎮市區公所、婦女會、農會、衛生所、學校、社區發展理事會等單位共同輔導。家政教育、衛生教育、家庭計畫等活動可透過媽媽教室廣為推行。
倡導勤勞節約風氣	獎助節省婚、喪、喜、慶費用，捐作獎學金、社會慈善事業及社區維護、活動經費；鼓勵各寺廟宗教團體，積極辦理文教康樂活動。倡導保健、社會建設等或產品展示及正當康樂活動，以轉移風俗。並透過相互的資訊提供，彙集各地農村社區人文發展現況及問題點等，結合地方人文開發的內涵，提升心靈生活、社會關係。
歷史文物景觀維護	開發新社區，要維護原有生態景觀及歷史文物，鼓勵在社區內適當公共建築物內設置文物陳列室，以保護文化遺產。以「由下而上」、「自主參與」的社區營造精神，引導居民「尋找社區目標」、「發展地方特色」、「建構在地文化」，讓農村居民的生活更好，而且可以將農村的好讓大家分享。
充實社區活動設施	社區的力量是大家一點一滴努力匯集起來的，透過大家的努力、老照片收集、耆老訪談、田野調查……等，將生活文化、產業文化、節慶文化……等，彙製相關資料，以提供後代認識，進一步將過去文化創新運用，結合現代生活需求，開創服務新契機。
充實社區圖書設備	社區圖書室設於社區活動中心、寺廟或其他適當場所。發動機關、團體、學校、書店及社區民眾與旅外鄉親捐書並協調文教、新聞、農林及衛生單位提供文宣資料、農業推廣及醫療保健等資料陳列縣市、鄉鎮圖書館，經常性巡迴服務。
提高社區老人參與	因為有了老年活動的參與，這樣大家的參與熱情提高了。文化娛樂活動與以往不同，具有群眾性和娛樂性，居民依個人興趣參加，每種娛樂活動由參與者個人，透過非正式組織的方式，自發形成組織者和引導者。使活動形式越來越豐富，並產生互動的網絡。
開創文化創新產業	文化創意產業的發展相當受到政府及社區所重視，社區以本身所具備的條件並結合當地文化特色以推展社區產業，不僅有助於社區文化之保留，亦有助於紓解地方財政壓力。但是，社區的地方產業發展臻於成熟，並不必然代表此社區之產業能永續發展，其必須有良好的行銷策略與搭配，以創造機會與因應市場變化，此為社區產業永續發展的關鍵所在。

（資料來源：作者整理）

　　社區還有開發文化創新產品，透過培育在地人力，利用在地資源開發社區產品，例如臺中市霧峰區桐林社區利用修剪廢棄的枝條，做成會動會跳的玩偶。彰化縣田中鎮太平社區利用玉米葉做的玉米娃娃。高雄林園林內社區的迷你糠榔掃帚，讓產品具有商品的魅力，使生活智慧及創意產品走入都會區，讓人們分享社區的美好。又如新竹縣新埔鄉巨埔社區的「跑旱船」、屏東縣南州鄉大埔社區「犁牛情」、臺南市下營區大屯社區「鬥牛陣」、雲林縣西螺鎮安定社區的「步馬陣」、彰化縣田尾鄉新生社區「內山姑娘要出嫁」……等，除了傳承傳統文化，有些社區選擇創新活動，如「超級變裝秀」、「稻草人說故事」、「西瓜蓮霧藝陣」、「戲劇團」……等，激發青年參與的熱情與活力。

　　工業化、都市化為發展導向，造成社區居民價值觀念的改變，導致社區原有的空間型態、景觀元素、設施建築設計、環境生態的尊重與關懷等特質衝擊，衍生生活、生產、生態各面向的環境問題，因此如何加強社區人力素質提升，為推動社區永續與多元發展的關鍵。創新社區的人文發展，並積極推動激發在地居民對社區人文的熱忱、關心及創意投入，是整體與長期發展的基礎工作。

二、經濟生產建設

　　從總體來看，現代社區具有經濟、社會和生態三大功能。經濟功能實質上是社區的產業功能，而社會與生態功能，為社區提供的公益功能。現代社區是集生產和生態建設於一體，承載生物技術、工程技術和資訊技術。它充分利用和依託運用現代生產方式和條件，對環境資源和社會文化資源進行綜合開發利用，發展高效、集約的商品，並致力於延伸產業鏈，尋求產業化架構中的一、二、三產業融合，目標是引導和滿足多元化、多層次的消費，促進經濟增長，達到生態環境保護與產業開發的和諧發展，實現經濟、社會、生態的可持續發展。

表 30-5　經濟生產建設的功能

功能	內涵
經濟功能	主要是指提供優質、衛生、無公害的產品以滿足消費需求，透過提高經濟效益，精緻產業結構，增加就業機會，提高收入，使社區創造經濟的新增長。
社會功能	主要是指為居民提供接觸自然、體驗觀光、休閒的場所與機會，從而促進人類的可持續發展，達到改善和提高整個社會的福利水準。
生態功能	主要是營造優美宜人的生態景觀，改善自然環境，維護生態平衡，提高生活環境品質，防治城市環境汙染，以保持清新、寧靜的生活環境。

（資料來源：作者整理）

　　發展現代社區的現實意義，有利於經濟結構；改善生態環境；有利於居民的生活品質上得到保證；有利於資源的綜合利用，從而對族群社會工作具有重大的意義。現代社區於經濟建設上強調運用「創新經濟」，創新經濟的提法源於創意產業。創意產業不僅僅是創意產品，還要創意文化活動、創意產業形態。創意產業的特色和優勢就在於透過創意把文化藝術活動、產業技術、產品和產業活動、市場需求有機連接起來，形成多層次的產業鏈，讓人們充分享受產業價值創新的成果。積極挖掘和開拓文化生產力在產業發展中的巨大潛力和價值空間，文化和科技的有機融合將產生巨大的引導作用，推動社區建設的發展。因此，現在許多社區以本身所具備的特點，結合當地文化創作和商業機制來作為行銷的工具，其不僅有助於社區文化之保留，亦有助於促進社區之永續發展。藉由結合藝術創作和商業機制，以創造具本土文化特色之產品，藉以增強社區的文化認同與增加產業的附加價值。

　　在隨著現代化的發展趨勢下，人們的物質生活相對於過去臺灣早期農村社會愈不予匱乏，正如 Maslow「需要層級理論」所指出的，當人們對於下層需求愈獲得滿足，相對的對於追求更高層次的需求將相對變得重要，因此當國人在物質生活已獲得滿足的情況下，對於更高層次的需求如文化精神的需求將逐漸的獲得重視。諸如：旅遊觀光農業園區經營主要集中在果樹、蔬菜、苗木、花卉種植，設施農業、特色養殖等和旅遊觀光設施相配套。主要類型有：農業觀光型、農園觀賞採摘型、畜牧養殖觀賞型和綜合觀光型等。這些各具特色的旅遊觀光農業園區，有力地拓展了農業的文

化傳承、生態保護、觀光休閒等多種功能,從各個方面展現了創新農業產業化的發展水準,成為都市居民休閒觀光的理想場所,旅遊觀光農業園區每年定期舉辦的桐花節、米粉節、櫻花祭、神轎繞境等節慶活動吸引了眾多公民的眼光。

三、基礎工程建設

社區公共設施改善,以「社區改造運動」之精神推動,且須符合「居民需要、專業參與、民主決定、全民監工、永續經營」的原則,由下而上引導社區居民參與公共空間及視覺景觀的整體改善,使社區之公共設施改善確為地方居民所需,並達成環境之永續經營管理。主要辦理社區排、汙水處理設施、閒置空地及廢棄房舍、建物拆除之綠美化、環境保護、自然保育、網路及資訊之基礎建設、垃圾清理或資源回收設施、運動、休閒及文化設施、廣場、公園綠地之興闢與植栽、廟宇及社區活動中心之修繕、人行空間、巷道、社區道路之改善、簡易平面停車場等多項改善建設項目之先期整體規劃、細部設計、工程建設等。由社區居民、生產團體發揮自主、自律精神,與地方行政單位及民間團體,共同根據社區實際情形,重視社區居民意願,擬訂該地區產業行銷及生活發展計畫,以發展產業及繁榮社區。建立社區資源資料庫,普查既有相關人文、自然、產業及文化資源。培育當地建設種子人員及自發性組織,協助調查既有之社區組織資源,以活絡當地經濟與文化活動。辦理以社區整理及維護為主軸的社區更新規劃建設,補助產業生產環境與生活環境實質更新改善工程。輔導社區居民成立社區發展協會,共同維護管理社區更新硬體建設成果,並辦理住宅輔建,推動產業發展與環境綠美化,以維護社區建築景觀。

有鑑於現代社會,是一個借重網路資訊為人際溝通方式,而長久以來,內部扎根依賴行動者四處奔走串連,費時費力;外部傳播仰賴大眾媒體垂憐報導,罕見績效。現在,網路科技普及,眾多簡單而強大的網路工具開放公眾免費使用。同時,如 Treveillion(1997)所指出:網絡的建構係將當代社會工作者所著重的「夥伴」、「增能」以及「社區」做直接的連結,其

將網絡的建立界定為「使得個別的個人、團體或組織，能在社網絡中彼此連結，以促進溝通和積極的合作，以開創給參與者之選擇和充權的機會。」由此可見，社會福利網絡的建構對協助服務對象解決問題或滿足其需求是不可或缺的。社會工作者可以運用這些工具打造自己的媒體、交流彼此的訊息、串連各自的力量，對內增進溝通聯繫的效率和品質，對外形成一股新的傳播力量，補充、監督大眾媒體。因此，在基礎工程建設上宜包括網路資訊工程。

近幾年，社會運用網路工具從事的工作可以粗略分為六種：

第一，是建立官方網站，作為對內溝通、對外宣傳的重要基地；

第二，是開闢網路論壇，即時交流訊息、研商對策、協調行動；

第三，是建構參與平臺，讓支持者共同貢獻訊息、觀點、資源；

第四，是擴人展開一連串聯繫行動，如網友聯合提供服務資訊；

第五，是進行知識管理，如有系統儲存、分享、更新行動知識；

第六，是創辦專屬媒體，以期能對於社會發聲、擴大其影響力。

如同美籍學者佛里曼（Thomas Friedman）於著作《世界是平的》所述一般，網路資訊引為社會工作的特點。要促進傳播力量，需要鼓勵和培訓更多住民參與，最直接的方式就是舉辦網路工作坊。培訓對象既可以是社區成員，也可以是青年（高中生、大學生），讓青年學生能藉由網站了解社區文化、探討社區議題，進而支持、參與服務工作。在這個群組上隨時交換訊息和觀點，協調和整合行動，如此運用社群本身的人力與社會資源來解決問題，使社群發展工作能更落實推行。其內涵為：

表 30-6　運用網路工具從事的社會工作簡表

項目	內涵
鼓勵參與	在參與平臺方面，可先從建立群組開始，讓社會工作者在群組上推薦好文、交換意見，也讓更多網友藉由這個群組認識議題，進而支持、參與。
聯繫分享	運用網站，以網路聯繫加強實體行動的力量，塑造出一個互信的社群，在既有的報導之外，加入部落格訊息的綜合導覽，成為資訊的交流平臺。匯集行動方面，應先加強網路的相互認識，再逐步從認識、交流、走向增能行動。

學習平臺	運用網路，尤其是易學易用的部落格等工具，創辦媒體進行內部聯繫和對外傳播，可望逐步凝聚成一個行動聯盟、發展出一個媒體平臺。
傳播訊息	社區發展工作已經融入社區民眾自治、自覺的投入，公部門成為扮演輔導、共創資源、社會總體經營的角色，社區及民間的社團參與規劃，從而共同營造精緻、永續、高度滿足地區性需要的社區軟、硬體建設。

（資料來源：作者整理）

「只要有寬頻，只要有雄心，不管你在哪裡，都不會被邊緣化。因為，競爭的立足點變平等了，小蝦米和大鯨魚可以平起平坐了。拜科技之賜，團體與個人之間的互動聯繫可以更靈活，更細膩。」（T. Freeman）從這個角度看，社區在建立官網、知識管理、創辦媒體三個面向上可以著力。因為，抹平的世界，也是無限機會的世界。更快速而廣泛地向社會傳播訊息和觀點，以此爭取更多公眾支持和參與，達到傳播效果。藉由網路密集溝通聯繫，可以代表分散各地的社群，不斷對有關議題發表意見，彙整、導讀各個部落格的訊息和觀點。

四、福利服務建設

「福利社區化」則是具體地將社會福利體系建構在社區服務基礎上，針對社區中有需求的對象或弱勢的族群，給予周全福利服務之必要性，並有效維護民眾基本福利權。將福利服務體系或機構建構在社區基礎，與社區充分結合，規劃出社區服務體系，不僅可突顯社區發展的專業性，亦可整合社區資源，提升福利服務績效，而接受福利服務之對象亦能維持其家庭和社區生活，增加福利服務品質和效率。「福利社區化」可說是社會整體福利服務網絡的社區基層組織，所有活動，都應以社群成員對社區的歸屬感與參與度和不斷強化及其主觀能動性的發揮為基準，運用「助人網絡」，透過多個作為：1.個人網絡、2.志工連結、3.互助網絡、4.鄰里協助、5.社區資源，以達成「福利社區化」的目標。

（一）家政教育

臺灣的發展歷程是開發中國家的典範，其成功原因除了有勤奮的民眾、一流的技術、適當的政策導引外，教育是社會興起的重要內容，族群社會工作者應該致力於發掘當地人的能力和資源，推動另類教育項目。借鑑早期農村環境與生活品質未盡理想，婦女地位普遍不高，接受教育機會不多，透過臺灣各級農會輔導成立家政班，培訓班幹部與班員，希望藉由健全的組織與家政教育，加速環境改善及提升農家婦女人力素質。家政推廣教育工作從早期一九六〇年代初期以食物與健康、家庭改善及簡易縫紉為重點，傳播生產改善、家庭生活及環境改善新知為主軸，至一九七〇年代增加家庭害蟲防治、兒童保育、美化家庭環境與副業技能訓練。近年更因應社會經濟環境變遷，著重終身學習與預防醫學，推動在地老化與健康老化，以及開創新收入來源與增進高齡者福祉工作，加強婦女經濟事業發展與高齡者健康照護工作，如輔導婦女開創副業計畫、田媽媽輔導經營計畫，創造婦女就業機會；改善高齡者生活，建立照護網路，並開創居家照顧服務及訓練，在期進一步培育婦女取得專業技能證照，創造婦女就業機會，使婦女成為改善社區生活與經濟的重要支柱，也大大提升婦女的社經地位。家政推廣教育即為社區建設重要的一環，是提升社區婦女知能、改善生活的關鍵性工作，也是安定社會的重要力量。

家政教育需要政府、各級學校及各層面熱心人士共同推動與參與，更需要志工的投入，持續以現代化的創新觀念，推動符合婦女與高齡者的家政工作，培育更多的優秀婦女，讓他們在社會及經濟有更大的揮灑空間，也讓高齡者在地過著快樂的銀髮生活，打造更具和諧、安定的社區。

（二）社會救助

儘管從工業化後期以來，各國紛紛建立了社會保險和其他社會保障制度，但社會救助仍然是各國社會保障制度中最為穩定的基本制度之一。在當代社會，各國都根據自身的條件而建立了適合本國國情的社會救助制

度。臺灣早在計畫經濟時代就建立起了政府負責與依託經濟相結合的社會救助制度。以《社會救助法》為針對特殊困難者的救濟制度，以及由國家承擔責任的災害救濟制度，包括資源的支持者、服務的提供者、需求的發掘者、人力的動員者與資源的整合者，藉以增加社群的活力並提升社群居民的生活品質。

社區居民因著自身的需求與自身的問題，應用社區內外在資源，必要時並配合政府協助及專家學者的指導，最終目的則以提高社群居民生活品質，改善社區問題為目標。但社區最寶貴的資產，莫過於社區裡的人，人無法完全抽離所生活的環境，社區的人際網絡正是社區照顧的重要關鍵。社區工作於社會救助上，一方面統整公部門資源，由政府提供經費，一般需求者不需直接付費，像是福利社區化中，社政單位、衛政單位、民政單位、警政單位、及公立學校所提供的服務都屬於公部門資源。例如：社區發展協會、財團法人、福利基金會、社團法人、協會及社區的教會廟宇等提供實際的服務，來照顧家中失能老人或身心障礙者或幼小兒童、病患，礙於現實面以至家庭的功能及支持網絡已逐漸減弱，因此要讓受照顧者持續在家中得到照顧，盡可能維持基本生活能力，讓主要照顧者能獲得支持，由在地人服務在地人，促進強化健康有活力的社區。

（三）醫療衛生

相較於現代醫學，社區保存民間傳統保健智慧，同時強化環境衛生及預防醫學將是社會工作於社區推動醫療衛生的重點。社會工作強調，營養保健及預防醫學概念之學習應由居民教育著手，使家庭了解營養保健及預防醫學之重要性，由飲食、生活習慣來帶動家庭健康維護。因此輔導強調營養保健概念外，由年輕時即建立及維持家庭良好的飲食習慣，以維繫家人健康及減少失能的發生。進一步更積極推動輔導生活改善，組成自主性之自助與互助組織，提供營養保健、休閒育樂、生活調適與經驗傳承課程，並協調衛生、醫療單位等在地資源，辦理健康檢查以評估健康狀況，據以提供健康保健與居家生活照顧服務。藉由生活改善班的推動，學習並提升

自我健康管理能力，提升生活品質，輔導鄉鎮成立生活改善班，學習自我健康管理。

（四）關懷中心

社區工作藉由在地資源，不論受照顧者是否有問題存在，親朋好友原本與受照顧者就存有某種關係，這種關係可能是基於親戚，或地緣的鄰居關係，或情感的朋友，或是其他對照顧者服務所參與的團體，如寺廟教會等，非正式資源就發揮了不少功能。誠如美國學者 John Mcknight 所言，社區是一種親戚、朋友、鄰居、鄰里社團、俱樂部、公民團體、地方上的企業、教堂、廟宇、種族團體、工會、政府及傳播媒體，具有共同使用的社會性地域（social place）。有效發揮志工力量，志工所提供的不計物質及金錢的服務，志工與受照顧者由陌生人的關係，建立起對照顧者問題的解決，而志工所提供的服務一旦滿足了受照顧者後，這種關係就可能宣告結束，但後續可再做不定期的關懷訪視。貫徹落實福利社區化，推行成功社區服務模式，擴大社會各界的參與，共同構建美好和諧社會。

參、文化融入社區建設的範例——臺灣推動小康計畫

Davies（1999）認為文化的發展背景是建立在具有理想（ideals）、抱負（aspirations）與實踐（practice）等價值特徵的基礎上。社區是指一定地域性的社會生活共同體。這種共同體是指聚集在一定的地域的社會個人、群體和組織在社會互動的基礎上，依據一定的社會文化規範結合而成的地域性社會生活共同體。既是一個地域性概念，同時也是一個社會文化的概念，是社區概念的內在含義。西方著名哲學家泰勒（Tylor）就把文化定義為「一種複雜叢結的整體。這種複雜叢結的整體包括知識、信仰、藝術、法律、道德、風俗、以及任何其他的人所獲得的才能和習慣。這裡所說的人，是指社會的每一個分子而言。」這個定義的意思是指人類所有的東西，凡想得出的，都網羅在內，這種定義都是把文化解釋為人類知識的總集。

一、彰化二水家政中心

臺灣省小康計畫（The Plan to Help the Needy in Taiwan）於一九七二年臺灣光復節，由當時省政府主席　謝東閔先生宣布實施。由於當時正值臺灣光復後的鄉村經濟轉型，剛剛起步進入輕工業階段。所引用「小康」一詞採自於《禮記‧禮運》篇孔子之語，是指雖政教修明，人民康樂，為大同之世的前沿階段，故謂之為小康之世。小康之境雖不若大同世界的深厚崇高，但卻為邁向大同境界必經的歷程。

以二十世紀七〇年代臺灣的社會狀況，乃以我國傳統小康之名與內涵，並以家庭為基本照顧單位，連結鄰里社區現代化及社會政策的推動，得便因應當時臺灣社會全面提升，積極朝向民生經濟建設，與生活文化品質的提升的目標。若能激勵民眾勤儉持家的精神，以及人窮志不窮的信念，一定能順勢開發民眾的潛能，跳脫困境的挑戰，促進社區生產力。以增加財產，藏富於民，解決臺灣貧窮問題，防止新貧戶為目的，透過民間均富、小康之家而邁向大同世界之意。

臺灣的小康計畫的特色是以家庭及社區為中心，緊密與社區各機構脈絡工作結合，推動各項救貧防貧方案。小康計畫達成了階段性成功的社區發展輔導工作方案，協助民眾度過危機，提供因應的資源策略。小康計畫有助於我們對臺灣的社會力及經濟趨勢的展望，重視社會福利乃是社會資本的累積、人力資本的提升、社會基礎的穩定及社會安全的維持。社會救助相關業務部門應積極進行政策與方案的整合與協調，避免福利服務的提供發生片段，並調和所得維持社會服務的功能。強化人力資本的投資，提高職業訓練的效果，連結經濟發展。同步創造就業機會，提升青年、中高齡人口群的就業能力、鼓勵創業，公民美學、知識社會的落實。

二、柳營社區高齡健康促進

社區高齡健康促進，係以貫徹「活到老、學到老、樂到老、活得好」的精神，希望藉著各項參與活動，讓中老年人在活動當中交誼、擴增視野，

在活動當中活健筋骨，增進身心的健康，並且在生活當中享受優質、活力的智慧人生。在活動理念上，具有如下之特色：

表 30-7　社區健康促進特色簡表

項目	內涵
健康生活化	以提供中老年人健康促進為重心，進行「健康檢視，運動處方」，搭配活動安排多元、多樣、生活化。
學習終身化	以實用為主，可充分應用在日常生活當中，再加上健康資訊，作為提升生活品質的終身學習場所。
活動多元化	涵蓋飲食營養、人文藝術、醫療保健、生態保育、運動休閒，以能滿足人員的需要。
教材生活化	所規劃之課程，完全以健康增進提升生活品質為目的，簡易活潑具生活化。
教學生動化	所聘任之師資搭配學生服務學習，以融入社區高齡者的互動，能了解學員需要，引領學習生動化的要求。
地點社區化	校區深入各社區，除了有助於社區老人健康生活外，更有利於各地區的推展深根運動。

（資料來源：作者整理）

肆、大陸推展的建言──農村社區服務

　　隨著社會的變遷，知識社會成為今日的特徵，因此，社區也必須是一個成長型的社會，蛻化為成熟型的社會，也就是說，要從物質的富裕，轉化為生活的舒坦。而另一方面，現代科技和資訊的進步，往往使得一個人離開校門，所學的知識面對知識半衰期日益縮減。從社區的教育與學習著手才是社區發展的活水，社區想要發展良好，必須從社區居民的教育著手，而社區教育成功的關鍵又以社區學習最為重要，Plested 和 Dale（2001）也提出社區學習就是社區發展的概念。因此，不斷的求知和學習乃是必要的。制式的學校教育和成人教育已經無法滿足這種需求，即使是退了休的人，也需要適應退休後的新生活，也需要有人來提供資訊和指導。包括醫療衛生、休閒運動、社會福利、文化藝術、創作欣賞等知識，社會不同年齡階層的人都有需要，但是都得透過正式的學習過程才能獲得完整的知識。即

使像健康教育、環境教育、消費者保護的知識和政策等，我們也有義務讓社區居民，有機會學習和討論，如此社會體質才會強壯起來。那麼教育的理想就走向人性化、多元化和開放性的方向。

因應高齡化社會的到來，社區居民想要獲得營造社區的知識、技能或態度，端賴居民透過學習的管道，使其能力能獲得開展。運用「終身學習」理念，鼓勵各級學校及社區團體，開辦「社區大學」、「推廣教育」或「社區讀書會」等方式，試圖從學習型個人、家庭、組織到學習型社區，全面塑造終身學習社會。以促進社區學習體系的建立，增進社區學習的機會與風氣，以塑造社區學習的文化。社區教育的目標是培養和塑造有知識、能力、以社區發展為己任的優秀公民，要達到此目標，必須在知識、行為和感情三個方面使工作對象有較大的進步。

上左｜兩岸農村社區志願服務隊於彰化社區展開健康促進活動。
　右｜兩岸農村社區志願服務隊於彰化社區展開健康促進活動。
下左｜兩岸農村社區志願服務隊於敏惠醫專展開兒童夏令營活動。
　右｜兩岸農村社區志願服務隊於彰化二水家政中心展開社區關懷活動。

上左｜實踐大學彰化二水家政中心羅素卿主任為兩岸農村社區志願服務隊解說小康計畫。
上右｜兩岸農村社區志願服務隊師生參觀實踐大學高雄校區。
　下｜兩岸青年教育交流有助於彼此認識與了解，也建立雙方的相互借鑑。

表 30-8　社區學習簡表

項目	內涵
知識	掌握社區生活或共同問題的知識及資料；理解資料之間的相互關係，並能有效地分析問題；在掌握和理解資料的基礎上能夠觸類旁通；在正確分析、評估問題和政策的基礎上提出創新的建議。
行為	熟練掌握與群眾溝通的技能，善於表達對他人的關懷和愛護，能理解文件和有關資料，懂得行政和會議的技巧，擁有社會行動和基層動員的能力。
感情	誘導居民，改變其對參與、社會公義、公民權益的觀感和價值取向；也可透過行為反思的方法澄清價值觀，是其在社區活動中由冷漠、消極、被動轉向熱情、積極、主動。

（資料來源：作者整理）

社區建設是如同由 Popple（1995）所提之「社區教育模式（community education model）」，這是一種「意圖藉由將教育和社區結合為更緊密與平等的關係，以改變社區工作和實務的方向」。教育的方法是對話性的，透過對話有機會去發現社區的「衍生課題」，激發民眾對於課題的覺察。探究的對象在於社區，是人們對現實所覺知的程度、是人們的社區發展觀，以啟發居民對社區事務關心、且為社區的行動作準備，以改變社區中固有迷思，導引社區改變方向。在此模式中社區工作者扮演教育者（educator）及促進者（faciliator）角色（Popple, 1995）。社區建設也是「行為改變模式（behavioral change model）」，是對於社區發展工作的新思維，透過新知識的傳遞、公民社會理念的宣導，期待透過社區民眾集結的力量，能夠在社區中創造新的思維與工作模式。強調社區發展的成敗，可由社區居民行為改變的情形來斷定，認為只要社區居民的價值觀念或態度改變了，行為也會跟著改變。社區工作者主要任務，在於運用學習原理的教育計畫，來改變社區居民的價值觀念、態度及行為模式。在此模式下社區工作者扮演著社會變遷推動者，教育需求確認者、課程規劃者、教育提供者、激勵促進者等角色，藉由教育過程來增強居民推動社區工作的權能。

結語

邱吉爾曾言「我寧可失去一個印度，也不願失去莎士比亞。」荀子說：「儒者在朝則美政，在下位則美俗」，主張儒者即使退隱，仍可以善盡化民成俗的社會責任。

文化的發展就是一個動態變遷的過程，衝突、融合導致文化要素不斷進行選擇與重組，推動了文化的嬗變，它又成為歷史和每一代人的認知圖標，只要有足夠的彈性，它們就會為文化加添薪柴。每一文化體系本身都有其相對的獨立性，要相互涵化，不僅需要多數的容讓與少數的願意，更需要去提煉一套足以為彼此認同的理念。兩岸人民都享有一個共同的族群意識和族體文化認同的觀念，建立交流規劃，統籌規劃交流重點，發揮導

引力量，使民間有所依循。兩岸都應該致力於共同塑造一個健康的兩岸文化發展沃壤，作為重建兩岸關係的基石。兩岸的文化交流，既可以讓彼此的文化得到學習、成長、切磋、支援的空間，創造更具豐富人文素養和鑑賞文化的能力，使得具有創時代意義的作為，都會受到兩岸的尊重和肯定，不因地域而分歧，不因語言而隔閡；在文化的發展史上，也才能承先啟後。適當的交流與溝通的確是縮短彼此社會差距的最佳途徑，兩岸文化整合的主要精義，除整合資源外，最大的價值，乃在於開發、培養出時代性及最具中華民族風貌的文化新內涵，以攜手共同朝向「文化大國，貢獻寰宇」而奉獻努力。

參考書目

文建會（1999），《社區總體營造理念與實務研討會會議手冊》，臺北：文建會。

王政彥（2002），《終身學習社區合作網絡的發展》，臺北：五南。

李天賞（2005），《臺灣的社區與組織》，臺北：揚智。

呂寶靜（2005），〈支持家庭照顧者的長期照顧政策之構思〉，《國家政策季刊》，4
（4），頁 26～40。

林振春（2001），〈學習型社區的推動策略與實施現況〉，《成人教育》，60，頁 2～
10。

林萬億（2006），《臺灣的社會福利：歷史經驗與制度分析》，臺北：五南。

教育部（1998），《邁向學習社會：推展終身教育，建立學習社會》，臺北：教育部。

陳淑芬（2010），〈臺灣長期照護服務體系的發展〉，《護理雜誌》，57（4），頁 5～
10。

黃源協（2000），《社區照顧：臺灣與英國經驗的檢視》，臺北：揚智。

葉至誠（2010），《社區工作與社區發展》，臺北：秀威。

葉至誠（2012），《老人長照政策》，臺北：揚智。

賴兩陽（2002），《社區工作與社會福利社區化》，臺北：洪葉。

謝孟雄（1990），《社會工作與醫療》，臺北：桂冠。

蘇景輝（2003），《社區工作：理論與實務》，臺北：巨流。

Brookfield, S. (1984). *Adult learners, adult education and the community.* British: Open University.

Hall, D., & Hall, I. (1996). *Practice social research-Project work in the community.* London: Macmillan Press Ltd.

Sen, Rinku. (2003). *Stir it up: lessons in community organizing and advocacy.* Jossey-Bass.

秀威經典　　　　　　　　　實踐大學數位出版合作系列
　　　　　　　　　　　社會科學類　PF0213　健康網 06

從小康計畫到共好社會

作　　　者 / 葉至誠
統籌策劃 / 葉立誠
文字編輯 / 王雯珊
責任編輯 / 徐佑驊
圖文排版 / 楊家齊
封面設計 / 葉力安

出版策劃 / 秀威經典
發 行 人 / 宋政坤
法律顧問 / 毛國樑　律師
印製發行 / 秀威資訊科技股份有限公司
　　　　　　114 台北市內湖區瑞光路 76 巷 65 號 1 樓
　　　　　　電話：+886-2-2796-3638　傳真：+886-2-2796-1377
　　　　　　http://www.showwe.com.tw
劃撥帳號 / 19563868　戶名：秀威資訊科技股份有限公司
　　　　　　讀者服務信箱：service@showwe.com.tw
展售門市 / 國家書店（松江門市）
　　　　　　104 台北市中山區松江路 209 號 1 樓
　　　　　　電話：+886-2-2518-0207　傳真：+886-2-2518-0778
網路訂購 / 秀威網路書店：http://store.showwe.tw
　　　　　　國家網路書店：http://www.govbooks.com.tw

2017 年 12 月　BOD 一版
定價：420 元
版權所有　翻印必究
本書如有缺頁、破損或裝訂錯誤，請寄回更換

國家圖書館出版品預行編目

從小康計畫到共好社會 / 葉至誠著. -- 一版. --
臺北市：秀威經典, 2017.12
　　面；　公分. -- (社會科學類；PF0213)(健康
網；6)(實踐大學數位出版合作系列)
　　BOD 版
　　ISBN 978-986-94998-8-0(平裝附數位影音光碟)

　　1.社區總體營造　2.社區工作　3.社區發展　4.彰
化縣二水鄉

545.0933/121　　　　　　　　　106018191

讀 者 回 函 卡

感謝您購買本書，為提升服務品質，請填妥以下資料，將讀者回函卡直接寄回或傳真本公司，收到您的寶貴意見後，我們會收藏記錄及檢討，謝謝！如您需要了解本公司最新出版書目、購書優惠或企劃活動，歡迎您上網查詢或下載相關資料：http:// www.showwe.com.tw

您購買的書名：＿＿＿＿＿＿＿＿＿＿＿＿＿＿＿＿＿＿＿＿＿

出生日期：＿＿＿＿＿年＿＿＿＿＿月＿＿＿＿日

學歷：□高中 (含) 以下　　□大專　　□研究所 (含) 以上

職業：□製造業　□金融業　□資訊業　□軍警　□傳播業　□自由業
　　　□服務業　□公務員　□教職　　□學生　□家管　　□其它＿＿＿

購書地點：□網路書店　□實體書店　□書展　□郵購　□贈閱　□其他

您從何得知本書的消息？

　□網路書店　□實體書店　□網路搜尋　□電子報　□書訊　□雜誌

　□傳播媒體　□親友推薦　□網站推薦　□部落格　□其他＿＿＿＿＿

您對本書的評價：（請填代號　1.非常滿意　2.滿意　3.尚可　4.再改進）

　封面設計＿＿＿　版面編排＿＿＿　內容＿＿＿　文／譯筆＿＿＿　價格＿＿＿

讀完書後您覺得：

　□很有收穫　□有收穫　□收穫不多　□沒收穫

對我們的建議：＿＿＿＿＿＿＿＿＿＿＿＿＿＿＿＿＿＿＿＿＿

＿＿＿＿＿＿＿＿＿＿＿＿＿＿＿＿＿＿＿＿＿＿＿＿＿＿＿＿＿＿＿

＿＿＿＿＿＿＿＿＿＿＿＿＿＿＿＿＿＿＿＿＿＿＿＿＿＿＿＿＿＿＿

＿＿＿＿＿＿＿＿＿＿＿＿＿＿＿＿＿＿＿＿＿＿＿＿＿＿＿＿＿＿＿

11466
台北市內湖區瑞光路 76 巷 65 號 1 樓

秀威資訊科技股份有限公司　　　　收

BOD 數位出版事業部

∙∙

（請沿線對折寄回，謝謝！）

姓　　名：＿＿＿＿＿＿＿＿＿＿　年齡：＿＿＿＿　性別：□女　□男

郵遞區號：□□□□□

地　　址：＿＿＿＿＿＿＿＿＿＿＿＿＿＿＿＿＿＿＿＿＿＿＿＿＿＿＿

聯絡電話：(日) ＿＿＿＿＿＿＿＿＿＿　(夜) ＿＿＿＿＿＿＿＿＿＿＿

E-mail：＿＿＿＿＿＿＿＿＿＿＿＿＿＿＿＿＿＿＿＿＿＿＿＿＿＿＿